El síndrome de *burnout*

Tu guía para no quemarte.
Sal del estrés laboral y reconecta con la vida

Dr. Carlos Cenalmor

VERGARA

Papel certificado por el Forest Stewardship Council®

MIXTO
Papel | Apoyando la
silvicultura responsable
FSC® C117695
www.fsc.org

Penguin
Random House
Grupo Editorial

Primera edición: enero de 2025
Primera reimpresión: enero de 2025

Printed in Spain – Impreso en España

ISBN: 978-84-19820-52-5
Depósito legal: B-19.260-2024

Compuesto en Llibresimes, S. L.

Impreso en Black Print CPI Ibérica
Sant Andreu de la Barca (Barcelona)

VE 2 0 5 2 5

A mi madre, por su amor incondicional.
A mi padre, por mostrarme la belleza misteriosa del mundo.

Gracias a los dos por el regalo de la vida

ÍNDICE

PRÓLOGO   7
TEST DE *BURNOUT* Y MI E-MAIL DIARIO   10

1. El verano eterno   11
2. ¿Qué es *burnout*?   23
3. Las reglas del juego   32
4. Lo que hay detrás del *burnout*   43
5. La sociedad del cansancio   54
6. Haz *mindfulness* y quédate igual   72
7. Desconectados   89
8. Cuerpo: la base de todo   102
9. Perfeccionismo: «Está bien, pero podría estar mejor» .   121
10. Deja de ayudar   138
11. El arte de amar(te)   159
12. Naturaleza. El lugar de donde venimos   174
13. Herramientas para reducir el estrés   185
14. Atención, planificación y dopamina   208
15. *Ikigai* en el trabajo   219
16. Decisiones   234

BIBLIOGRAFÍA   238
ALGUNAS SORPRESAS   255

PRÓLOGO

Conocí a Carlos Cenalmor cuando le hice una entrevista sobre *burnout* para el pódcast del Slow Medicine Institute.

Iba a ser solo una entrevista al uso, como tantas y tantas que he realizado. Sin embargo, acabó siendo mucho más, pues me hizo darme cuenta de que yo misma tenía *burnout* desde hacía mucho, muchísimo tiempo. En ese momento me sentí un poco tonta, culpable incluso. Yo, que divulgo sobre salud y autocuidado, había caído en el síndrome del trabajador quemado. Antes de la entrevista, pensaba que simplemente estaba sobrecargada con el trabajo y que necesitaba aprender a gestionar mejor mis actividades como autónoma.

Gracias a Carlos descubrí que el *burnout* es mucho más que «estar un poco sobrecargado de trabajo», «sentir estrés», o, en mi caso, «estar siempre ocupada» y tener una pila de correos y mensajes por contestar. Entendí por qué me había dado un ataque de pánico en un tobogán acuático cuando estaba de vacaciones y supuestamente relajada.

Este libro es muy necesario. Su enfoque global es especialmente de agradecer, porque va mucho más allá de «aprender a gestionar el estrés», algo que suena muy bien, pero que es un brindis al sol cuando se trata de *burnout*.

El trabajo es mucho más que nuestra forma de ganarnos la vida. Ocupa una gran parte del tiempo que pasamos despiertos. Puede ser la vía para dar salida a nuestra vocación y creatividad. Es el ámbito en el que generamos muchas de nuestras relaciones personales. Pasamos mucho tiempo trabajando. Clásicamente se decía que, de las veinticuatro horas del día, ocho eran para dormir, ocho para trabajar y las otras ocho para el ocio, la familia, el autocuidado... La realidad es que en la sociedad del cansancio y de la autoexplotación a menudo acabamos por dedicarle muchas más horas. En cuanto a energía mental y corporal, a veces el trabajo consume toda la que tenemos disponible.

Pero no es una cuestión solo de horas y de energía. El *burnout* tiene unas causas profundas que, como nos cuenta el doctor Cenalmor, van mucho más allá de «no saber gestionar el estrés». La personalidad, la autoexigencia, nuestra desconexión del cuerpo y de la naturaleza y otros factores sistémicos y sociales hacen que el *burnout* sea muy frecuente; tanto que en la población trabajadora es el principal problema de salud. Sin embargo, no se suele diagnosticar.

La falta de diagnóstico puede deberse, en parte, al hecho de que las manifestaciones del *burnout* sean tan diversas. Desde dolores de cabeza, cuello o espalda, hasta ansiedad y depresión pasando por problemas digestivos, incluidos el SIBO (sobrecrecimiento bacteriano del intestino delgado) o el síndrome del intestino irritable pueden tener su origen en el *burnout*. La persona afectada irá vagando de una consulta a otra y recibiendo parches para cada uno de esos problemas sin que nunca se llegue al origen de sus males.

Para solucionar el *burnout* en lo individual o incluso en el ámbito social, lo primero es conocerlo, saber por qué se produce y ser consciente del enorme problemón que tenemos entre manos. Una vez hayamos tomado conciencia de la magnitud del *burnout* como problema silencioso y no reconocido, podremos plantear soluciones. Las descubrirás en este libro. Estas necesariamente pasan por otorgar herramientas a la persona quemada, pero no es suficiente. Proponer soluciones simplistas únicas como meditar o hacer ejercicio se queda muy corto para conseguir la sanación del *burnout*. Es más, incluso puede hacer que la persona quemada se sienta culpable: «Si me estoy cuidando, ¿por qué sigo mal?».

Esto sucede porque, de la misma manera que un probiótico por sí mismo no solucionará una disbiosis cuyas causas son unos hábitos inadecuados, o que un antidepresivo no resolverá los verdaderos motivos de una depresión, tampoco un parche para «manejar mejor el estrés» actuará sobre las causas profundas del *burnout*.

Por supuesto que meditar o hacer ejercicio ayudarán al bienestar integral de la persona, pero se debe ir mucho más allá. Porque, como dice Carlos Cenalmor en este libro, estamos desconectados. De nosotros mismos, de los demás, de la vida, de la naturaleza, de nuestro propósito.

Te doy las gracias, Carlos, por escribir este libro. Ojalá que muchas personas lo lean y descubran lo que les pasa, y que recorran de tu mano el camino para conectarse de nuevo a la vida, al verano eterno, a la felicidad y al bienestar.

SARI ARPONEN

TEST DE *BURNOUT*
y mi e-mail diario

Cada día, envío un e-mail gratuito a mi comunidad. Es un mensaje breve —3 minutos de lectura— en el que te voy transmitiendo herramientas, reflexiones e historias inspiradoras, para ayudarte a vivir con más equilibrio entre la vida personal y profesional. Al escribir estas palabras hay ya más de 10.000 personas recibiendo este correo diario.

Y tú puedes ser una más simplemente abriendo este QR o copiando el enlace que hay debajo en tu navegador.

Además, cuando te suscribes te envío mi test de *burnout* para que puedas saber cómo están tus niveles de estrés laboral o de riesgo de *burnout*.

Puede ser un gran punto de partida para leer este libro.

https://carloscenalmor.com/test-libro

1

El verano eterno

¿Recuerdas cómo te sentías en tus veranos de la infancia? Esa sensación de paz, de ligereza, ese disfrutar del juego y de la vida sin preocupaciones... De niños, esos tres meses nos parecían toda una vida, una eternidad.

Este recuerdo ha marcado los últimos años de mi vida, en los que muchas veces me he hecho esta pregunta: ¿Por qué no podemos volver a sentir aquello? No hablo de dejar atrás nuestras responsabilidades o los retos del día a día de manera radical, no creo que sea necesario. La cuestión es otra. Si lo piensas, ahora somos adultos libres y tenemos el control sobre nuestra vida. Entonces, ¿por qué nos esforzamos tanto en construir vidas llenas de agobio, tensión y estrés? ¿Por qué vamos con la lengua fuera a todos lados en una carrera que nunca acaba? ¿Y por qué la propia sociedad o nuestros entornos laborales nos llevan a la hiperactividad, al cansancio y a la desconexión de nuestros hábitos más naturales? A pesar de llevar toda una vida dedicada a entender la mente humana, no tengo una respuesta clara para estas preguntas. Pero sí creo haber encontrado algo importante: **el camino de vuelta al «verano eterno»**, a una vida en la que puedas volver a sentirte **conectado, en paz y libre a diario**. Y eso es lo que quiero compartir en este libro.

Te invito a traer a tu memoria esas imágenes de los veranos de cuando eras un niño, esa sensación de libertad, amplitud y conexión. Volveremos a ellas pronto.

Ahora piensa en cómo es tu vida en este momento. Si tienes

este libro entre las manos, probablemente el **estrés** está presente en ella. Seguramente el trabajo te absorbe y se lleva lo mejor de ti, hasta el punto de que apenas te deja tiempo o energías para nada más. Y, sin embargo, es muy probable que lo que haces te encante o incluso que sea tu vocación. O te encantaba... hasta que el nivel de estrés empezó a ser tan alto que perdiste la conexión y el disfrute por tu trabajo, y los resultados que antes eran muy importantes para ti, poco a poco han empezado a darte igual.

Sientes que algo no encaja, que **tu cuerpo y tu mente están sufriendo**. Te despiertas una o varias veces en mitad de la noche dándole vueltas a la cabeza. El agotamiento va ganando terreno. Te cuesta concentrarte como antes e incluso tienes fallos de memoria que te extrañan. Todos estos factores han provocado que seas menos eficaz en el trabajo y que tengas que esforzarte más aún. Pero, a pesar de ese esfuerzo extra, dudas más que nunca de ti mismo, de tus capacidades y de tu valor en la empresa o en tu negocio. Nunca te ha costado tanto tomar decisiones e incluso te planteas que no eres tan bueno como la gente piensa, que todo ha sido cuestión de suerte.

En estas circunstancias, es posible que tu vida personal también se esté resintiendo. Llegas a casa más cansado e irritado y el estrés acaba descargándose contra quienes más quieres y menos se lo merecen. Tus hijos te echan de menos, extrañan al padre o a la madre que antes eras y que ya apenas está en casa, ya sea física o mentalmente. Las responsabilidades externas al trabajo se acumulan y cargas con ellas como una losa pesadísima que no sabes cuándo vas a poder gestionar. Tu cuerpo ha empezado a sufrir achaques que el paso de los años no es capaz de explicar: problemas de digestión, lesiones o contracturas musculares, un sistema inmune debilitado, que te lleva a ser presa de la gripe más leve, picores y erupciones de la piel, problemas de tiroides, autoinmunes...

Quizá identifiques algunas de estas situaciones, o todas... Si las puedo describir con detalle no es tan solo por haberlas estudiado mucho, sino porque yo mismo las he vivido. Se trata del **síndrome de *burnout*, la pandemia silenciosa del siglo XXI**, y es la consecuencia que tiene en nosotros el **estrés excesivo** que soportamos día a día, y que finalmente nos acaba llevando a la enfermedad. Y a cosas peores que la enfermedad. El *burnout* (también llamado síndrome de desgaste profesional o síndrome del trabajador quemado) se relaciona sobre todo con el **estrés laboral**; sin embargo, mi experiencia me ha mostrado que cualquier tipo de estrés por exceso de actividad puede quemarte. Hablaremos de esto con más calma en otros capítulos.

Un porcentaje importante de la gente sufre *burnout*, aunque **pocos saben lo que les pasa**. Incluso si conoces el término, seguramente no entiendas la gravedad y la profundidad que tiene. Aunque ya ha pasado casi medio siglo desde que Herbert Freudenberger y Christina Maslach definieron el *burnout*, la realidad es que, durante mucho tiempo, se le ha dado poca importancia, considerándolo como una reacción inusual al estrés laboral más que como una enfermedad con todas las letras. Sin embargo, eso está cambiando. Mientras los estudios y las estadísticas alarmantes aumentan, también la OMS (Organización Mundial de la Salud) lo reconoce como un problema de salud.

No es fácil saber qué tanto por ciento de la población en edad laboral sufre *burnout* de forma más o menos grave, porque los datos varían bastante por países y según los estudios, pero un porcentaje bastante sensato —incluso conservador— sería un 30 por ciento. En medicina, estos números relacionados con cualquier problema de salud son una auténtica barbaridad, y lo seguirían siendo aunque fueran la mitad o un tercio de la cifra mencionada. Pero es que, además, el problema empeora cada año: en 2023, España batió su récord en bajas laborales vinculadas a problemas de salud mental, un 13,6 por ciento más que el año anterior y el doble que siete años antes. Por otro lado, se sabe que los problemas de salud mental cuestan a la economía mundial entre el 1 y el 3 por ciento del producto interior bruto, una cantidad ingente de dinero, suficiente para resolver muchos problemas de nuestro mundo, de la que se estima que una parte muy significativa se deriva a cuestiones relacionadas con el estrés laboral (podría estar cerca de la mitad).

Y esto es solo la punta del iceberg, porque el estrés laboral y el *burnout* provocan muchas otras enfermedades cuando se agravan. Sobre todo, hace que perdamos calidad de vida y nos incapacita para disfrutar de nuestro día a día y para conectar con todo lo que vivimos.

Insisto: estamos ante una pandemia de proporciones enormes y aún no nos lo tomamos lo suficientemente en serio. En gran parte es así porque **normalizamos vivir estresados y sin tener tiempo para nada**. Asumimos que no hay otro estilo de vida posible y pensamos que quejarse por ello es de vagos o débiles. Ya sea que el estrés te lo cause el trabajo u otras tareas no remuneradas (tu cuerpo y tu mente no distinguen de dónde viene el estrés), cuando estás en tensión demasiado tiempo, acabas sufriendo *burnout*. Y este libro pretende ayudarte a evitarlo, en el trabajo principalmente, pero también en los demás ámbitos de tu vida.

Otra manera frecuente de menospreciar el problema es pensar: «Mi problema es mi jefe/mi empresa/mi sector... En cuanto cambie de trabajo, dejaré de tener *burnout*». Aunque esto sea una posibilidad, he visto a muchas personas ir saltando de empresa en empresa, de jefe en jefe o incluso de sector en sector, y sufrir *burnout* tras cada cambio. Porque, muchas veces, el problema lo llevamos con nosotros. De hecho, tan solo una de cada diez personas a las que he ayudado a salir del *burnout* han necesitado cambiar de trabajo.

A lo largo del libro, iré explicándote todo esto poco a poco y dándote mis mejores herramientas para solucionarlo. Para empezar, poniendo el listón bien alto, te voy a contar cómo fue mi historia con el *burnout*, quizá así evites repetir los mismos errores que yo cometí.

Burnout en la pandemia

En el año 2020, el COVID-19 y mis propias decisiones equivocadas, me llevaron a sufrir todos y cada uno de los síntomas de los que te hablado más arriba. Aunque es cierto que no eran del todo desconocidos para mí. Por si aún no me tienes bien ubicado, mi nombre es Carlos Cenalmor y soy médico, psiquiatra y psicoterapeuta. Es decir, soy médico especialista en la mente, en concreto, en ayudar a las personas a salir del estrés laboral y del *burnout*. Aunque soy psiquiatra, mi enfoque es que los problemas de salud mental no se solucionan solo con pastillas. De hecho, intento recurrir a la medicación lo menos posible y siempre busco resolver los problemas desde un punto de vista integral: cuerpo, mente y espíritu. Las tres dimensiones de la vida de las personas y las tres dimensiones **a las que afecta el *burnout*.**

Pero retomando el relato, la pandemia me llevó a mi tercera y última crisis. En aquella época, como buen madrileño soltero de treinta años, compartía piso con unos amigos cerca del centro de Madrid. Tenía mi propia consulta, donde ejercía mi profesión, y las cosas me empezaban a ir muy bien. Tan bien que el exceso de trabajo comenzó a arrollarme. No sabía gestionar la cantidad de pacientes que me llegaban, ni organizar mis tiempos para mantener unos hábitos saludables; tampoco valoraba lo suficiente lo que hacía. Por no mencionar las cuestiones legales y administrativas extra que tenemos que gestionar los autónomos. Había estado trabajando hasta hacía poco en un gran hospital, donde ya había sufrido el *burnout* propio de los trabajos en grandes organizaciones: sobrecarga de tareas, frustración por la falta de tiempo o de recursos, conflictos con el equipo y con los jefes, guardias de veinticuatro horas sin dormir... y muchas otras cosas... Por ello, había decidido salir de allí y empezar a trabajar en el sector privado, para conseguir una mejor calidad de vida y disponer de la libertad de ayudar a mis pacientes con el tiempo y el mimo que consideraba necesarios.

Al principio, mi aventura como psiquiatra autónomo estuvo llena de ilusión y ganas, pero el trabajo empezó a aumentar. Entonces llegó el confinamiento y, como el resto de los mortales, acabé encerrado en mi casa. Como no conocía bien el funcionamiento de mi cuerpo, pensaba que estar metido en casa me iba a generar, como mucho, algo de agobio, pero nada más, así que tomé una decisión muy equivocada: dedicarme más intensamente que nunca al trabajo. «Total —pensé— no tengo mucho más que hacer». Pero el estrés que arrastraba de mi etapa en la sanidad pública, unido al que estaba sintiendo como autónomo, que empeoró con esa decisión, acabó dando la cara.

Empecé a sentirme cada vez más cansado. La agilidad mental que me caracterizaba se esfumó y me costaba mantener la atención en mis pacientes cuando tenía sesiones online con ellos. A pesar del agotamiento, dormía peor: me costaba dormirme porque le daba vueltas a la cabeza y me ponía cada vez más nervioso; y, cuando al fin lo conseguía, me despertaba a las cuatro o cinco horas pensando en las cosas que tenía que hacer. A veces me autorrecetaba pastillas para el sueño, para lograr alguna noche de descanso más prolongado. Pese a todas estas señales y pese a ser psiquiatra, no me daba cuenta de que el problema lo estaba generando yo mismo, porque me había marcado unas metas de trabajo que no eran realistas y no estaba dispuesto a escuchar lo que mi cuerpo y mi mente me estaban diciendo. Finalmente, llegó la verdadera crisis.

Un día me desperté con un dolor en la espalda desconocido para mí que me bajaba por la pierna izquierda. A los pocos días, apenas podía caminar: resultó ser una hernia lumbar que me dejó paralizado justo cuando podíamos empezar a salir a la calle o al campo, y cuando lo necesitaba más que nunca. Mi estado de ánimo tampoco era bueno y la sensación de sentido y de propósito que siempre había caracterizado mi vida había desaparecido. No te diré que el trabajo me dejó de llenar, pero sí que lo hacía mucho menos que antes. Tenía una incómoda sensación de desilusión y vacío que no sabía cómo solucionar. De hecho, hubo momentos en los que me planteé si la vida tenía sentido, si merecía la pena..., pues vivir me exigía demasiado esfuerzo y me devolvía demasiado poco. Una parte de mí sabía que todo aquello tenía que ser pasajero, pero otra no lo tenía tan claro. Mucha gente con *burnout* acaba teniendo este tipo de ideas, incluso hay quien llega a desear la muerte.

Renacer

Yo había hecho mucho trabajo personal de psicoterapia y de aprendizaje en mi vida y aun así nada me libró de esa crisis. Y ahora solo puedo sentir gratitud por ello. Tenía que llegar al fondo de ese pozo para aprender cosas que ni el mejor psicoterapeuta me hubiese podido enseñar. Y también tenía que aprender lo que era el *burnout* para ponerle nombre y ayudar a otras personas con este problema; al principio, a profesionales sanitarios quemados tras la pandemia, y luego, a todo tipo de personas.

Debido a mi lesión, comencé a hacer más deporte y a entrenar fuerza, algo que nunca había hecho antes, y entendí los beneficios que tiene de una forma mucho más personal que lo que había leído en los libros de medicina. También volví a conectar más con mi cuerpo, a escuchar su lenguaje: me di cuenta de que, si me pasaba trabajando, **el estrés me hablaba en un idioma característico** que podía identificar antes de encontrarme peor. Esto resultó ser una habilidad fundamental para no recaer. Por otro lado, y sospecho que fruto de esa mayor conexión conmigo mismo, empecé a valorar más y más el contacto con la naturaleza, especialmente con la montaña, algo que siempre había estado en mi vida y que en ese momento se transformó en una necesidad. Fue entonces cuando me planteé seriamente que quizá Madrid ya no era mi lugar. No soportaba el exceso de ruido y la contaminación, la oscuridad plana del asfalto o la obligación de vivir hacinados en pequeños pisos, como si no hubiera espacio de sobra en el mundo que nos rodea. Además, la saturación mental y social constantes ataban mi vida y sabía que me estaban impidiendo evolucionar. Cada vez que salía de Madrid y veía otros entornos, más incómodo y enfadado me sentía con la ciudad.

Finalmente, cuando ya había dejado bien atrás el *burnout*, decidí dar el paso y mudarme. Lo había ido preparando todo durante meses, transicionando mi consulta a un servicio online, así que sabía que podía irme a donde yo quisiera. Mi pensamiento entonces fue: «¿Cuál es el lugar de mis sueños?», y la verdad es que no tenía la respuesta. Tuve que salir en su búsqueda, hasta que finalmente encontré un sitio que tenía muchas papeletas (o quizá él me encontró a mí, no lo sé): el valle de Benasque, en los Pirineos aragoneses, donde están los picos más altos y salvajes de la cordillera más imponente de España. Desde ahí escribo ahora estas líneas.

Pasé de vivir en el centro económico, político y social de mi país a vivir en un pueblo de montaña en medio de un valle aislado. Tanto que la carretera de acceso, que daba miedo, era célebre por sus curvas cerradas y su estrechez. Mucha gente pensó que me había vuelto loco: era evidente que en la ciudad me iba bien y parecía que me iba a ir cada vez mejor. Pero para mí eso no significaba nada. Yo me veía atrapado en una vida que, simplemente, no era la que yo quería.

Así que acabé en un lugar al que solo vienen a vivir los fanáticos de la montaña y los guías que trabajan en ella, y algunos teletrabajadores locos, como fue mi caso. Me instalé en un piso con terraza, vistas a la montaña y chimenea que me costaba lo mismo que mi habitación en Madrid. Un espacio en el que me sentía realmente cómodo y seguro para dar los siguientes pasos en mi vida. Y lo más importante: pasé de la saturación de estímulos y de gente al espacio mental y a la sencillez. De la ciudad a la naturaleza.

Pero no te voy a engañar: no siempre ha sido fácil estar aquí. Aunque no lo parezca, soy una persona muy sociable y la soledad me ha acompañado mucho estos años. Pero eso me ha servido para valorar mucho más los contactos con mis seres queridos, que ahora son menos frecuentes, pero de más calidad. En lo que respecta al trabajo, tampoco fue fácil. Pese a haberlo preparado todo, a los pocos meses de llegar aquí estaba casi en números rojos, tenía poco dinero..., pero me sentía más libre que nunca, con un paraíso entero de montañas y naturaleza para mí. Y tenía tiempo para disfrutarlo. Curiosamente, de ese espacio vital y mental, de ese paso atrás y ese aire nuevo, salió mi proyecto online en torno al *burnout* laboral que me ha llevado en poco tiempo a crecer más en lo profesional de lo que había imaginado.

Mi día a día aquí no es tan diferente del tuyo: sigo siendo un trabajador más de la era digital, con su portátil, su móvil y su lista de tareas infinita que nunca acaba. Sigo teniendo momentos puntuales de estrés por exceso de trabajo que no puedo evitar cuando se me acumulan demasiadas cosas. Pero lo que ha cambiado es cómo me conozco a mí mismo, cómo trato mi cuerpo y cómo tengo de claro que **la vida va primero**, antes que el trabajo. Porque este es una parte de mi vida, no al revés. Y esto lo digo sabiendo que mi trabajo es una de mis grandes pasiones, a veces hasta la principal. Pero eso no ha hecho que deje de cuidarme de diferentes maneras ni de vivir **ni una sola semana de mi vida** desde que estoy aquí.

Lo que me han enseñado estos valles es parte de lo que te quiero contar en este libro unido a mi propia experiencia, a mis conocimientos sobre la mente y a lo aprendido de las cientos de personas a las que he atendido y escuchado en su camino para dejar atrás el estrés laboral y el *burnout*. Sé que todo lo que yo he aplicado a mi vida lo puedes aplicar tú a la tuya, y sin necesidad de mudarte a las montañas o de cambiar dramáticamente de vida. Porque lo importante está en el **día a día**.

Uno de los frutos de todos esos aprendizajes fue la creación de mi método CIMA para salir del *burnout* y del estrés. Lo llamo así porque es un camino de ascenso a la mejor etapa de tu vida, tengas la edad que tengas. Este método me ha permitido ayudar a muchas personas de manera sistemática y a la vez personalizada. Muchos de los que han realizado el programa habían probado ya la medicación, la psicoterapia tradicional y el *coaching*, habían leído libros de autoayuda y probado terapias alternativas..., pero solo esto consiguió ayudarles. ¿Por qué? Porque es un método integral, que atiende a todas las dimensiones de la vida de la persona y se centra de forma específica en el estrés laboral y el *burnout*. Nadie ha creado, hasta la fecha, nada parecido.

Es imposible transmitir en un libro todas las vivencias y conocimientos que ofrezco en un programa de tres meses de duración como CIMA, pero trataré de compartir en estas páginas la esencia de este método. Guárdalo como un tesoro y ponlo en práctica lo antes posible para beneficiarte ya mismo de él.

A la caza del verano eterno

Uno de los seguimientos científicos más fascinantes que se han realizado nunca es el «Estudio sobre el Desarrollo Adulto» de la Universidad de Harvard, que comenzó en 1938. Ese año entrevistaron a un grupo grande de adolescentes de diferentes clases sociales, a los que fueron reevaluando durante más de ochenta años. Este estudio nos ha regalado una información muy valiosa sobre los factores que contribuyen a una vida plena y feliz.

Hace poco, se reveló uno de los datos más impactantes: que la mayor causa de **arrepentimiento** de los hombres en sus últimos años de vida era haber dedicado **demasiado tiempo al trabajo**. Eso los había llevado a perder conexión con otras áreas de su vida, especialmente con sus seres queridos.

En cuanto a las mujeres, su principal motivo de arrepentimiento era no haber sido **fieles a sí mismas** y haber tomado sus decisiones pensando demasiado en lo que los demás iban a opinar sobre ellas, incluidas sus familias. Hay que tener en cuenta que vivieron en una época en la que la mujer apenas trabajaba fuera del hogar. No me sorprendería que, si el estudio se repite con las generaciones actuales, los patrones de arrepentimiento entre hombres y mujeres se parecieran mucho más.

Alguien a quien estaba ayudando a salir del *burnout* a través de mi programa me dijo estas palabras: «Me doy cuenta de que he dejado pasar los años sin disfrutar de la vida y del mundo. Quiero volver a viajar. Antes me encantaba. **El mundo está ahí y no me lo quiero perder**». Si hay algo doloroso en el *burnout* es justo eso: que **te hace perderte la vida**. No solo porque el trabajo absorba tu tiempo o tu energía, sino porque el estrés nos lleva neurológica y espiritualmente a vivir desconectados de lo que nos rodea. He conocido a muchas personas con mucho dinero, pero totalmente incapacitadas para disfrutarlo. Porque su mente y su cuerpo estaban quemados y, por tanto, perdida su capacidad de disfrute.

Por otro lado, tampoco tiene mucho sentido que dediquemos casi un tercio de nuestra vida a trabajar y que no disfrutemos de ello. El otro día, un amigo que había estado de baja tres meses por una operación de rodilla me soltó la siguiente frase: «No puede ser que estar lisiado en tu casa sin poder moverte sea mejor que ir a trabajar. Algo estamos haciendo mal como sociedad».

Para mí, vivir en ese verano eterno del que te hablaba en las primeras líneas es **volver a vivir conectados**. Con todos los aspectos de nuestra vida, lo cual incluye el trabajo. Es recuperar el equilibrio que permite que esas sensaciones de conexión, de paz y de disfrute de nuestra infancia, esas que sentíamos en los veranos que no parecían acabar nunca, se reactiven dentro de nosotros. Y para lograrlo es fundamental volver a escuchar la naturaleza de nuestra especie, algo que hemos dejado de hacer, especialmente en el último siglo.

Esa conexión está dentro de ti. El verano eterno está a tan solo un paso de distancia.

A tan solo unas páginas.

Comencemos la aventura.

Me fui a los bosques porque quería vivir de verdad. Desde lo más esencial de la vida, y ver si podía aprender lo que ella me tenía que enseñar. Quise vivir intensamente y abandonar todo lo que no era vida… para no darme cuenta, en el momento de mi muerte, que no había vivido.

H. D. THOREAU, *Walden*

2

¿Qué es *burnout*?

«Me dedico a ayudar a las personas a salir del *burnout*». «Ah ¿y eso qué es? No lo había escuchado nunca».

Si me dieran un euro por cada vez que he tenido esta conversación, podría comprarme mi propia montaña.

Poca gente sabe lo que es el *burnout* o síndrome del trabajador quemado. La mayoría lo confunde con estar estresado o saturado. Hay quien ni siquiera ha escuchado nunca el término. Incluso si crees que sabes lo que es..., créeme: no lo sabes.

Padecer *burnout* no significa simplemente pasar por una etapa de estrés alto y de cansancio o estar harto de tu trabajo. Supone la destrucción de tu cuerpo, de tu mente y de tu espíritu. Una destrucción lenta... pero firme. Una destrucción que deberías intentar evitar a toda costa. Y si ya estás dentro, deberías poner toda tu energía para salir de ahí.

Por suerte, estás a punto de dar los primeros pasos en la dirección correcta.

Lo que dice la OMS

Lo primero que conviene destacar es que el *burnout* está incluido en la undécima edición de la Clasificación Internacional de las Enfermedades (CIE-11) de la Organización Mundial de la Salud. Aunque lleva ya muchos años en la lista, fue hace muy poco, en el 2022, cuando realmente se le prestó verdadera atención. Esto explica que, incluso entre los profesionales de la salud, se conozca y se entienda tan poco. Sin embargo, estamos viendo un aumento cada vez más rápido de la presencia de este término tanto en las políticas de prevención de riesgos laborales de empresas y gobiernos como en las búsquedas de Google y redes sociales. A la gente le preocupa y le interesa. Sienten que hay algo importante detrás de esa palabra. Y, sin duda, así es.

Porque —y aquí llega lo segundo a destacar— la principal causa del *burnout* es el **estrés crónico**, algo que la población mundial está padeciendo cada vez más. Básicamente, cuanto más estresado estés, tanto en intensidad como en tiempo, más riesgo tienes de sufrir *burnout*. Pero vayamos con calma.

La OMS define el *burnout* o síndrome de desgaste profesional como «el resultado del estrés crónico en el lugar de trabajo que no se ha manejado con éxito».

Según esta definición, el *burnout* es una consecuencia del estrés crónico, es decir, el *burnout* no es el estrés en sí mismo. Es algo diferente y muy peligroso.

Por otro lado, afirma que el origen de ese estrés crónico es el **trabajo**. El trabajo ocupa una parte muy importante de nuestra vida, en torno al 25 por ciento del tiempo que pasamos despiertos; de algunos, bastante más. Además, no es raro que sigamos pensando en él terminada la jornada laboral. Por este motivo, sabemos que es una de las principales causas de estrés en la humanidad. Además, nuestra mente relaciona el trabajo con la supervivencia de forma directa —conseguir dinero, comida, un techo y el respeto de nuestros semejantes—, lo que intensifica aún más la ansiedad que nos genera.

Pero te diré algo: a nuestra mente no le importa el origen de nuestro estrés. Hay actividades que estresan igual que el trabajo, pero que no están consideradas como tal por una cuestión cultural. Por ejemplo, el cuidado del hogar, de los hijos, de personas mayores, colaborar en una ONG... Si has sido padre o madre, no hace falta que te explique la carga extra que esto supone. De hecho, muchas personas que me piden ayuda para salir del *burnout* lo hacen poco tiempo después de haber tenido su primer o segundo hijo. La suma de todos los estreses de tu vida es la que te lleva al *burnout*, aunque es cierto que lo más habitual es que el trabajo sea la principal fuente.

Por último, la OMS nos dice que el *burnout* se da porque el estrés no ha sido manejado con éxito. Ojo. Esta parte de la definición es la que me parece más errónea, o, más bien, peligrosa, pues asume que el problema es de la persona al cien por cien, que no ha sabido gestionar bien ese estrés crónico que ha aparecido por arte de magia. Es decir que, si trabajas en un ambiente tóxico, con mucha presión y acabas con *burnout*... el problema es que **tú** no tenías las herramientas o la madurez suficiente para gestionarlo. Este pensamiento provoca que muchas de las personas con las que trabajo, además de *burnout*, carguen con el peso de la culpa y la vergüenza por creer que no han sido lo suficientemente fuertes y que por eso han acabado quemadas. Sienten que ellas son el problema y que son bichos raros. Por eso, una de las herramientas que utilizamos en mi equipo para ayudar a la gente con *burnout* es ponerla en contacto con otras personas en la misma situación: así les hacemos ver que lo que les pasa no es tan raro, y empieza la recuperación.

Con esta parte de su definición, la OMS quita el foco de lo externo, de lo ambiental, cuando la realidad es que hay ambientes o ritmos de trabajo que son imposibles de sobrellevar. **No hay manera de gestionar con éxito el estrés crónico.** La única forma sana de hacerlo es evitarlo. Punto.

Así que el primer mensaje que te quiero enviar es que, si sufres síntomas de *burnout*, no pienses que eres raro o que estás enferma. Simplemente, tu cuerpo está reaccionando de una manera muy lógica a un estilo de vida y a un modo de trabajar que no es nada lógico, sino antinatural.

¿Qué siente alguien con *burnout*? Los síntomas

Te voy a explicar ahora cómo **vive** alguien con *burnout*, lo que experimentan las personas que lo tienen. Quizá tú. Para ello, me apoyaré en lo que los investigadores han descrito sobre el *burnout* hasta la fecha, pero centrándome en lo que sé que es más importante y frecuente tras haber tratado a cientos de personas con este problema. No encontrarás estas descripciones en ningún otro sitio.

- **Agotamiento físico.** El estrés empieza a minar tu cuerpo. Te despiertas cada vez más cansado, con menos fuerza para afrontar el día, lleno de trabajo y de responsabilidades. Tu estado de ánimo va a peor y tu motivación, también. Va pasando el tiempo, el estrés continúa y comienzan a aflorar diferentes problemas de salud. Llegados a este punto, he visto de todo: problemas digestivos, desde digestiones pesadas con alteración de la microbiota hasta enfermedades digestivas autoinmunes pasando por colon irritable; infecciones recurrentes; las lesiones deportivas y físicas se hacen más frecuentes, como ciáticas o hernias lumbares (esto me pasó a mí); contracturas musculares; dolores de cabeza inexplicables, vértigos; caída del pelo y calvas; eccemas y problemas en la piel que van y vienen; enfermedades autoinmunes, como la psoriasis; mayor riesgo de cáncer; aumento de la tensión arterial, problemas de corazón, infartos...

Como ya he dicho, he visto muchos casos así. Más adelante entenderás que el *burnout* va destruyendo poco a poco todos los sistemas de nuestro cuerpo.

Cuando yo era residente de psiquiatría, el antiguo jefe de mi madre falleció por un *burnout* grave y los consecuentes problemas físicos asociados. Llevaba toda la vida trabajando muy duro, estresado e irritado, pero con la mente puesta en la jubilación, para la que tenía ingentes cantidades de dinero ahorradas. Pero dos o tres años antes de jubilarse falleció de un infarto, consecuencia de un proceso de *burnout* crónico. Como ves, el *burnout* no es ninguna broma.

- **Agotamiento mental**. No solo tu cuerpo se va erosionando..., tu cerebro también. Las personas con *burnout* son conscientes de cómo van perdiendo su capacidad de atención y de focalización, de cómo tareas que antes hacían rápido y sin mucho esfuerzo, les suponen un enorme desgaste de energía por lo difícil que les resulta concentrarse. Esto las lleva además a procrastinar y a posponer el trabajo, que se va acumulando sin piedad. También se suelen asociar al *burnout* la pérdida de memoria, los lapsus mentales frecuentes y, en general, una sensación de procesamiento mental lento, que, aunque al principio sé da en las últimas horas del día, con el tiempo va colonizando toda la jornada. He llegado a tratar a personas con pérdidas de memoria de meses, poca broma.

La calidad del sueño también empeora y aparece el insomnio. Te despiertas de madrugada, o antes de tiempo, o simplemente no duermes profundamente. Entras entonces en una espiral de agotamiento: estás agotado mental y físicamente durante el día, pero por la noche no recuperas, por lo que al día siguiente tampoco eres eficaz y terminas más estresado aún por no haber cumplido tus objetivos. Te acuestas entonces con ese estrés extra y duermes peor aún. De esta manera, vas descendiendo poco a poco al fondo del pozo.

Finalmente, nuestro estado de ánimo se va resintiendo: estamos tristes, apagados, desmotivados y no es raro que aparezca la ansiedad o incluso que se desencadene una depresión. Por supuesto, es muy común que haya nerviosismo y sensación de estrés, pero hay personas que, por algún motivo, no presentan este síntoma, por eso lo he dejado para el final.

Mi mayor crisis de *burnout* se dio durante la pandemia de CO-VID, como ya he mencionado en el primer capítulo, cuando decidí dedicar al trabajo más tiempo del que era razonable. Acabé con claros síntomas depresivos. Estaba agotado mentalmente, desmotivado, y la vida se me hacía muy pesada. Estaba tan exhausto que atender a mis pacientes por la tarde sin dormirme resultaba todo un reto. Durante las vacaciones, pasé unos días en Galicia con mis padres y mi madre me decía que me veía muy apagado. Y lo estaba, sin duda alguna, mucho más de lo que yo quería admitir. Esos días en la costa fueron muy sanadores y supusieron el inicio de mi cambio definitivo.

- **Desconexión emocional o despersonalización.** Este es uno de los síntomas más específicos del *burnout*. En medicina decimos que un síntoma es específico cuando te ayuda a distinguir una enfermedad de otras muy parecidas. Y eso es lo que sucede con la desconexión emocional del trabajo. Dejas de sentir interés por lo que haces, por esas tareas que antes te suponían un reto motivador, por los resultados. De pronto, te dan igual. En lenguaje coloquial, estás quemado, has perdido la motivación. Dejas de arrimar el hombro y de creer en los valores o en la empresa y caes en el **cinismo**. Este término se usa para describir la actitud de aquellas personas que sienten que están de vuelta de todo y que se ríen de la ilusión y la entrega de los novatos. Cuando dices para tus adentros: «qué iluso, ya escarmentará este y verá las cosas como yo». Han perdido cualquier ápice de idealismo o ilusión y aquellos a quienes antes deseaban ayudar —clientes, pacientes, alumnos— se convierten en su peor enemigo. Su mayor problema. Así, su objetivo es que les molesten lo menos posible y no es raro que se muestren irritables con ellos. Puede incluso que se lleven esa irritabilidad a casa y la vuelquen contra los suyos. Este era el principal problema de un directivo con *burnout* al que ayudamos hace poco.

Es importante que sepas que la desconexión emocional no solo afecta a la vida laboral, sino también a otros ámbitos. Tal vez empieces a sentir que las cosas de las que antes disfrutabas ahora no te saben a nada. No eres capaz de conectar. Ni con tu serie favorita, ni con tus ratos de relax (que se ven invadidos por rumiaciones sobre el trabajo), ni con tus seres queridos. De hecho, dejas de generar recuerdos de momentos que quizá son importantes. Uno de los primeros usuarios de mi programa para el *burnout*, un comercial de alto nivel, me contó sorprendido que estaba disfrutando de una serie que ya había visto en su etapa de mayor estrés... y de la que no recordaba prácticamente de nada.

Con la desconexión emocional perdemos uno de los bienes más valiosos de nuestra vida, aunque no seamos conscientes de ello: la capacidad de experimentar de verdad lo que vivimos.

Los mejores ejemplos que he visto de despersonalización se han dado sin duda en mi propio sector, el sanitario. Cuando trabajaba en un gran hospital en Madrid y era un médico joven deseoso de cambiar la vida de las personas, observaba a mis mayores y veía en ellos una irritación constante, una gran habilidad para escaquearse e incluso un trato agresivo o una manera despectiva de hablar a los pacientes. Entonces me preguntaba si yo acabaría así. Como ya te he contado, unos años después dejé la sanidad pública. Empecé a sentir parte de todo aquello que había jurado evitar y me dio miedo. Pero las emociones no se deciden…, llegan para avisarnos. Así que irme fue el único camino que encontré para, efectivamente, no acabar siendo un cínico dentro de un sistema que nos maltrataba cada día de mil maneras distintas.

- **Desconexión espiritual.** Finalmente llegamos al nivel más profundo del *burnout*: su capacidad de enfermar hasta nuestra propia esencia. Con el *burnout* olvidamos el sentido de lo que hacemos y hasta de nuestra vida. Dejamos de autorrealizarnos a través del trabajo, que es probablemente lo más bonito y poderoso que este puede ofrecernos, y nos sentimos vacíos. Esto es especialmente doloroso para aquellas personas que se dedican a algo por vocación o para aquellas a las que esta las encontró trabajando. El *burnout* les deja un enorme vacío. Acaban desorientadas porque ya no saben dónde buscar esa felicidad y esa plenitud que antes sentían. Hay una frase que dice: «Haz de tu pasión tu trabajo y no volverás a trabajar». Pero me temo que no funciona así. Por mucha vocación que tengas, si te pasas, te vas a quemar igual. Y, de regalo, vas a perder esa inspiración. Sin duda, la vocación ayuda a evitar el *burnout*, pero esa protección tiene un límite.

Hace poco daba una formación sobre *burnout* a un grupo de abogados. Cuando acabé de hablar, una mujer levantó la mano y me dijo llorando: «Me acabo de dar cuenta de que estoy enferma».

La abogacía es una de esas profesiones en las que la vocación y la consciencia profesional se utilizan para justificar unos niveles de estrés absurdos y antinaturales que, con frecuencia, llevan a quien la ejerce a sentir un gran vacío vital, que algunos solo consiguen llenar con drogas o con una mayor carga de trabajo.

Algo importante

Como has visto, el *burnout* es un **problema integral**, pues afecta a las tres dimensiones del ser humano: cuerpo, mente y espíritu. Por lo tanto, la solución a este problema debe enfocarse en estos tres niveles. Para que los resultados sean reales y duraderos, la solución también debe ser integral y es siempre mi manera de trabajar.

También es importante que sepas que no todo el mundo que sufre *burnout* muestra todos los síntomas que he expuesto. Me he encontrado casos muy variados y curiosos, de personas que «resisten» mucho el estrés. Por ejemplo, hace poco hablaba con Fran Collado, gran emprendedor y gran persona (en mi canal de YouTube puedes ver la entrevista que le hice). En su caso, a pesar de tener *burnout*, no se sentía «desbordado, ni estresado». Tampoco tenía insomnio ni estaba triste. Pero el nivel de estrés que soportó durante años por intentar mantener su empresa a flote activó en él una enfermedad autoinmune: la psoriasis. Al principio, los médicos no sabían qué le pasaba, hasta que finalmente aparecieron otros síntomas de *burnout*.

Efectivamente, hay gente que resiste mucho. Hay quien llega a los cincuenta habiendo trabajado de más toda su vida y entonces enferma gravemente. Hay quien sigue al pie del cañón, luchando por su empresa o su institución, cuando su cuerpo ya está haciendo aguas. Pero no lo olvides: el estrés se acumula y acaba emergiendo. Cualquier resistencia al *burnout* es un arma de doble filo, pues este **es una respuesta natural de tu cuerpo a un nivel de estrés agresivo y dañino.** Es como tener fiebre cuando hay una bacteria infectándote: si no la tuvieras, quizá no te podrías defender a tiempo.

Lo importante es que entiendas que ningún método de trabajo que te lleve al *burnout* merece la pena. Lo pagarás con tu salud, con tu felicidad y con la de quienes te rodean. Quizá pienses que en tu empresa o en tu sector no hay otra manera de hacer las cosas. Es posible que te equivoques y que sí que haya otra manera de enfrentar el trabajo donde estás. Y si no te equivocas tú, entonces es tu sector el que está equivocado.

Puntos de resumen:

- El *burnout* está incluido en la Clasificación Internacional de las Enfermedades de la OMS y cada vez tiene más relevancia en las instituciones y en la sociedad.
- Es un problema integral, afecta a la mente, al cuerpo y al espíritu; por tanto, hay que buscar soluciones integrales, si queremos verdaderas soluciones.
- Si tienes *burnout*, no pienses que eres débil o inferior. Tu cuerpo simplemente está expresando de forma natural el exceso de estrés que ha estado soportando.
- Si tú trabajo no se puede hacer sin acabar en *burnout*, seguramente te estás equivocando de método. O puede que todo tu sector lo esté haciendo.
- Si quieres revisar tus niveles de *burnout* de forma sencilla, te recuerdo que lo puedes hacer aquí a través de mi test:

https://carloscenalmor.com/test-libro

3

Las reglas del juego

Antes de ponerme a teclear estas líneas, hice una búsqueda en Google: «Cómo gestionar el estrés». Invariablemente, todas las páginas que aparecieron venían a decir lo mismo: medita, haz deporte, respira, sonríe, socializa, etc. Ninguna planteaba ir mucho más allá para intentar sobrevivir al estrés. Así, todas llevaban a la misma idea terrible: es normal vivir estresado, pero hay una gran variedad de técnicas para sobrellevarlo. Y, partiendo de esta idea, la conclusión lógica es la siguiente: «Si sigues sufriendo los efectos del estrés, es porque no lo estás gestionando adecuadamente o porque eres irresponsable, débil o estúpido».

Este mensaje tan peligroso, que es el mismo que se desprende de la definición de *burnout* que hace la OMS, es el que quiero rebatir. No, la cuestión no es ser un gran «gestionador del estrés». Esa imagen que nos han vendido de una persona superexitosa que tiene un trabajo muy exigente, una vida social completísima, una —o incluso varias— relación de pareja excitante, va de viaje, atiende a su familia, posee riqueza y que, gracias a meditar cinco minutos al día, lo hace todo con una tranquilidad y un estado de ánimo perfectos, como seguramente sospechabas, no es real. Detrás de muchos perfiles de Instagram que muestran ese tipo de vida hay gente profundamente desconectada y con la mente herida por el estrés. Como suelo decir, cuando alguien te muestra una foto increíble de su vida en las redes, tú no sabes lo que esa persona está sintiendo.

Mi mensaje al respecto es claro: **hay unas reglas del juego**, un límite de lo que puedes pedir a tu cuerpo y a tu mente. Y más te vale no saltarte esas reglas... En contra de lo que dicen algunos gurús, no se trata de volvernos seres humanos todopoderosos que traspasen sus límites, sino de lo contrario, de volver a habitar dentro de ellos para vivir conectados y sin *burnout*.

¿Quieres salir todas las noches a cenar y beber teniendo que trabajar al día siguiente? Vale, pero entiende que eso tendrá unas consecuencias. ¿Quieres trabajar doce horas al día durante varios meses? Ten en cuenta que tu cuerpo y tu mente acabarán sufriéndolo. ¿Organizas un viaje en el que no vas a dormir ni a comer bien? Luego no te sorprendas si no lo disfrutas como esperabas y acabas deambulando como un zombi durante los diez días que dura a pesar de haber pagado trescientos euros al día.

Pero antes de ver las reglas, te quiero hablar de lo que en medicina llamamos fisiopatología del *burnout*. Es decir, de lo que le sucede a tu cuerpo cuando padece esta enfermedad.

El estrés es bueno

Aunque suene contradictorio, esta afirmación es nuestro punto de partida: el estrés no tiene nada de malo. Aunque tiene muy mala prensa, la realidad es que, lejos de ser perjudicial para nosotros, el estrés es necesario y saludable... **siempre que se dé en la dosis adecuada**.

Cuando hablamos de estrés, nos referimos a la activación de los sistemas del cuerpo y de la mente para afrontar un reto. El estrés no es algo que llegue de fuera, sino un **estado interno de nuestro organismo**, algo que nos «hacemos» a nosotros mismos. Es una estimulación sana y natural que, curiosamente, nos convierte en «superhéroes» por un momento, pues tiene los siguientes efectos:

- **Aumenta la fuerza muscular, la velocidad, la agilidad y la resistencia física.** No sé si has hecho escalada alguna vez, pero si quieres comprobar que esto es verdad, súbete a una pared y verás que eres capaz de mucho más de lo que pensabas; una alternativa es correr delante de un perro agresivo... Si prefieres algo menos intenso, piensa en un deporte: es más probable que superes tus marcas en una competición, con el estrés asociado, que en un entrenamiento.

- **Aumenta la velocidad mental, la concentración y, por extensión, la memoria.** Un porcentaje amplio de la población, entre el que me incluyo, ha experimentado lo eficaz que es nuestro cerebro comprendiendo y memorizando la noche antes de un examen. Esta capacidad de focalización la despierta el estrés agudo. Esto explica por qué muchas personas solo superan la procrastinación cuando se acerca la fecha límite de un proyecto concreto. Durante la fase de estrés agudo, tu cerebro está hiperactivo y tiende también a dormir menos.

- **Estado de ánimo.** Es habitual tener una seguridad y una determinación excepcionales durante el estrés agudo, un estado de ánimo especialmente elevado ante los retos. Por eso, el estrés es adictivo y los deportes de riesgo o, mejor dicho, el trabajo duro, nos dejan un vacío cuando se acaban. Pero ya hablaremos de esto. También es cierto que si la amenaza es grande, el miedo nos puede paralizar, pero si se supera, nuestro estado de ánimo es todavía más pletórico.

- **Activación de defensas.** Nuestro sistema inmune y sus células se hiperactivan en momentos de estrés, lo cual permite defendernos de posibles infecciones con más facilidad.

- **Activación metabólica y cardiovascular.** Para que toda esta actividad se pueda sostener, nuestro cuerpo libera mucha glucosa a la sangre y aumentan la frecuencia cardiaca, la presión arterial y la velocidad de respiración, para obtener más oxígeno. Digamos que el generador de energía del cuerpo funciona a pleno rendimiento para poder activar al máximo cada una de nuestras células.

- **Otros sistemas, como el reproductor, el digestivo, etc.,** son relegados a un segundo plano por razones evidentes. En el estado de alerta toca sobrevivir. Ya pensarás en perpetuar la especie y en alimentarte cuando todo pase.

Si analizamos lo que ocurre en nuestro cerebro cuando todo nuestro organismo se activa de esta manera, veremos que está generando altas cantidades de neurotransmisores, como la dopamina o la serotonina —lo cual explica ese estado de ánimo alto y la parte adictiva del estrés—, y también noradrenalina. En la sangre encontraremos niveles elevados de cortisol, la más famosa de las hormonas del estrés, y también adrenalina.

Esta capacidad de convertirnos en superhéroes por un tiempo recibe también el nombre de **alostasis**, y es la manera en la que la evolución ha dotado a los seres humanos y a otros animales para superar las amenazas mortales que los han perseguido durante cientos de miles de años. Nos ha sido útil para luchar con depredadores, para huir de serpientes o arañas potencialmente mortales y para evitar cualquier cosa que nos generara sensación de miedo o peligro. A la vez, el estrés es el arma que nos sirve para **superar retos**. Es la herramienta que nos hacía ser especialmente ágiles y agudizar nuestros sentidos a la hora de cazar, recolectar o recorrer grandes distancias. Hoy en día, hemos cambiado ese tipo de retos por otros como entregar proyectos en plazos imposibles, enfrentarnos a clientes difíciles, a jefes poco comprensivos, etc. Pero la base sigue siendo la misma. Si bien es cierto que las amenazas ya no son mortales ni esenciales para nuestra supervivencia, en la mayoría de los casos, nuestra mente las sigue percibiendo igual de peligrosas y por eso activa la misma respuesta de estrés.

El estrés es malo

En el apartado anterior dije que el estrés es algo necesario y saludable, pero me aseguré de añadir que «siempre que se dé en la dosis adecuada». Como sucede con tantas otras cosas, una dosis elevada lo convierte en veneno. He aquí el núcleo del asunto y del funcionamiento del *burnout*: el estrés en su justa medida es bueno, pero en exceso, es tóxico.

Debemos dividir el estrés en dos categorías: estrés agudo y estrés crónico.

En medicina, cuando hablamos de que algo es agudo, nos referimos a que dura poco tiempo. Por lo general, horas o días. Mientras el estrés dure un tiempo limitado, todo va bien: estamos dentro del margen del superhéroe que utiliza adecuadamente sus poderes y los mantiene bajo control. Lo contrario a lo agudo es lo crónico, es decir, aquello que se prolonga excesivamente en el tiempo: semanas, meses o años. Es entonces cuando surgen el gran problema y la gran toxicidad del estrés, cuando el superhéroe empieza a verse dominado por sus propios poderes y pierde el control. Si el cuerpo intenta mantener esa activación por más tiempo de lo que puede sostenerla, empiezan a aparecer los siguientes problemas:

- **Pérdida de fuerza, de resistencia y de masa muscular.** Un nivel de cortisol elevado y constante tiende a destruir las proteínas musculares para reaprovecharlas en cosas más urgentes como generar energía —recuerda, el cuerpo está en estado de supervivencia—. Esto provoca una debilidad que favorece que haya más lesiones y, además, como se producen menos proteínas nuevas, todos los mecanismos de reparación del cuerpo se enlentecen y cualquier daño es mucho más difícil de reparar.
- **Pérdida de concentración, de velocidad mental y de memoria.** El enorme gasto de energía que supone el estrés para el cerebro no se puede mantener. Como no le hemos dado tiempo ni espacio suficiente para recuperarse, este empieza a cansarse y a fallar. Aparecen entonces los lapsus de memoria, la dificultad para mantener la atención en tareas rutinarias, los despistes, etc. El propio hipocampo, una parte del cerebro muy relacionada con la memoria, deja de generar nuevas neuronas y circuitos correctamente, hasta el punto de que puede disminuir su tamaño. En el capítulo anterior, te conté la historia de un paciente que no recordaba nada de una serie que había visto pocos meses antes... Aquí tienes la explicación.
- **Estado de ánimo bajo.** En línea con lo anterior, llega un

momento en el que el cerebro no puede mantener nuestro estado de ánimo alto. Los neurotransmisores están asociados a la activación emocional (serotonina, dopamina) empiezan a mostrarse en niveles más bajos de lo normal. Nuestra mente se agota y surgen la tristeza, la apatía, la dificultad para conectar con lo que vivimos.

- **Bajada de defensas.** El sistema inmunológico, que vivía una época dorada en la fase de estrés agudo, entra en crisis y podemos observar cómo células importantes, como las NK *(natural killer)*, que nos defienden de bacterias, virus y células cancerosas, empiezan a disminuir su actividad. También se reduce la producción de glóbulos blancos y de células especializadas. ¿Te has preguntado alguna vez por qué en momentos de mucho estrés enfermas más? Aquí tienes la respuesta.

Por otro lado, la alteración del sistema inmune por estrés facilita que nos acabemos atacando a nosotros mismos y por eso las afecciones autoinmunes como la psoriasis, los trastornos tiroideos o las enfermedades inflamatorias intestinales están estrechamente relacionadas con el estrés crónico.

- **Metabolismo y sistema cardiorrespiratorio.** Todo el sistema de generación de energía de nuestro cuerpo comienza a sufrir importantes daños por estar sobreexigido durante demasiado tiempo. Hemos pisado el acelerador más de lo que el motor está diseñado para soportar. El aumento de la tensión arterial se vuelve crónico y, por tanto, empieza a dañar el corazón y las arterias, lo que con el tiempo puede causar infartos de corazón o cerebrales (ictus). Por su parte, la producción de glucosa excesiva provoca intolerancia y, más adelante, diabetes. La tiroides puede fallar también y desarrollamos hipotiroidismo, algo que he visto con frecuencia en personas con *burnout*. La sensación de fatiga es constante, pues cuesta más obtener la energía necesaria para afrontar el día a día. Y si te interesa perder peso, te costará mucho más.

- **Otros sistemas.** Son muy frecuentes los problemas digestivos asociados al estrés crónico. Cuando nuestro estómago e intestinos funcionan demasiado tiempo en modo reserva, acaban apareciendo úlceras, se altera la microbiota o se desarrollan enfermedades autoinmunes. Igualmente, todo lo que tiene que ver con la sexualidad se anula, perdemos la libido a marchas forzadas. De hecho, el estrés es uno de los peores enemigos del deseo y el disfrute sexual, incluso en dosis bajas. El cuerpo está obsesionado con sobrevivir y no hay espacio para más.

Si eres observador, imagino que ya te habrás dado cuenta de una cosa: las consecuencias del estrés crónico se parecen sospechosamente a los síntomas del *burnout* laboral. Recuerda que, según la OMS, el *burnout* «es el resultado del estrés crónico en el lugar de trabajo que no se ha manejado con éxito».

Desde mi experiencia, lo que siente alguien con *burnout* no es diferente a lo que se sufre cuando se tiene estrés crónico. El *burnout* es la cara visible de este gran problema de nuestra sociedad y de nuestra cultura. Como diríamos en medicina, es el síndrome del estrés crónico (síndrome = conjunto de síntomas que aparecen juntos y que tienen la misma causa). Y es lógico que esté tan relacionado con el trabajo, pues, como ya hemos dicho, este ocupa una gran parte de nuestra vida y además es una fuente de estrés profunda y poderosa, pues nos plantea grandes retos y conlleva responsabilidades. Con el trabajo nos jugamos muchas cosas: nuestra posición en la sociedad, nuestra supervivencia básica y nuestro nivel de comodidad; de él, de lo que aportamos a la sociedad, también depende nuestra autorrealización.

Comprender los matices psicológicos del *burnout* y saber prevenirlo te ayudará a estar mucho más protegido frente a la gran pandemia de nuestro tiempo, la que pienso que es la enfermedad más extendida y dañina: el estrés crónico. Una pandemia silenciosa y también silenciada.

Las reglas del juego

Hace poco me invitaron a un pódcast de emprendedores para hablar sobre el riesgo de *burnout* en este colectivo profesional, al que también pertenezco. El entrevistador me hizo la pregunta del millón: «Entonces, ¿cuánto tiempo podemos estar en una situación de estrés de forma saludable?». Por la cara que puso, mi respuesta no le gustó nada: «La realidad es que si dura más de unos pocos días, ya empieza a ser dañino». Era una persona acostumbrada a maratones de meses de trabajo y me comentó que no había tenido vacaciones durante varios años seguidos, algo muy típico en los emprendedores y, en general, en las personas muy involucradas con su trabajo.

Pero la realidad es la que es y las reglas del juego son las que son: si estás pisando demasiado el acelerador, tu cuerpo no va a tardar en notarlo y debes tomar medidas rápidamente. Es cierto que la gravedad de las consecuencias va a depender de muchos factores: de la intensidad del estrés, de cuál era tu punto de partida, de cuánto te estés cuidando en esa etapa, etc. Sin embargo, ante este tipo de preguntas, siempre doy respuestas cerradas porque no quiero lanzar un mensaje impreciso. Si al escucharme llegas a la conclusión de que puedes trabajar como un loco durante unas semanas y que, gracias a aplicar unos «truquitos», no va a haber consecuencias, te estás llevando una idea equivocada.

Si quieres evitar el *burnout* (y, a estas alturas, espero que así sea), tienes que entender dos cosas que los médicos sabemos bien, aunque a veces se nos olvida aplicarlo:

1) Una enfermedad solo se cura cuando **descubres la causa y la eliminas**. Cosa que, por cierto, los medicamentos de los disponemos hoy en día en salud mental **no** hacen (ansiolíticos, antidepresivos...); tampoco los que usamos para las enfermedades crónicas más frecuentes y, curiosamente, más asociadas al estrés crónico (hipertensión, diabetes, disbiosis intestinal, etc.).

2) La mejor cura para cualquier enfermedad es **prevenirla**. Ninguna medicación podrá superar jamás una buena prevención. Esta idea es la que defendemos los nuevos médicos divulgadores en salud, y además pensamos que puede ayudar en la tarea de salvar unos sistemas sanitarios públicos cada vez más precarios y cuya única solu-

ción es empastillar a la población con medicamentos que no curan nada —no eliminan las causas de las enfermedades—. Sobre este tema, te invito a escuchar lo que dicen la doctora Sari Arponen o el doctor Borja Bandera, ambos grandes médicos y personas.

De estas dos premisas clave podemos extraer, en mi opinión, la gran conclusión: el estrés crónico y el *burnout* no pueden «gestionarse», solo **evitarse**. Esta es la realidad.

Si te dijera que puedes seguir llevando esa vida alocada que te estresa constantemente y en todas las facetas de tu vida, pero que con unas herramientas de gestión del estrés vas a estar bien, te estaría engañando. Te estaría animando a seguir corriendo con una pierna rota, aunque, eso sí, tomando mucho paracetamol para no sentir el dolor. Te estaría dando un antihipertensivo o un antidiabético para «curarte», en lugar de recomendarte a un entrenador personal accesible o a un nutricionista adaptado a tus necesidades que realmente solucionen el problema de raíz. No. Vivir **sin estrés crónico ni** *burnout* es el verdadero objetivo, y no vivir gestionándolos.

Para ser capaces de evitar el estrés, solo hay un camino: identificar sus causas y eliminarlas. Y eso es lo que aprenderemos a hacer en lo que queda de libro.

Sé que esto te puede sonar duro o imposible, que quizá pienses que en tu vida ya no hay vuelta atrás, que ya no puedes dejar de vivir con la lengua fuera. Sé que tienes la tentación de dejar de leer porque, en el fondo, estás buscando algo que te permita seguir con tu estilo de vida hiperactivo, pero sin sufrir los desagradables efectos del estrés crónico. Y también sé que por este motivo poca gente se atreve a escribir con claridad sobre el estrés, por miedo a que nadie lo lea. Así que seré claro: si buscas un libro que te dé cuatro herramientas que te hagan sentir bien durante unos días, pero sin que nada cambie realmente, las librerías e internet están llenos de ellos. Ahora bien, si quieres reflexionar en profundidad sobre tu vida, sobre tu salud física y emocional, de la mano de alguien que ha experimentado el *burnout* y que lleva años aplicando con éxito este nuevo enfoque, estás en el lugar correcto.

Hablaremos también de productividad y, si haces lo que te propongo, no solo podrás mantenerla de forma saludable, sino que incluso aumentará. Pero, honestamente, ese no es mi objetivo principal, sino una consecuencia de todo lo demás.

Iremos con calma. El programa que he diseñado para ayudar a las personas a salir del *burnout* se llama CIMA por varios motivos: subir montañas es duro, pero la recompensa al llegar a la cúspide y disfrutar de unos paisajes increíbles merece infinitamente la pena. También se llama así porque cuando escalas una montaña, debes encontrar tu ritmo. Debes centrarte en cada pequeño paso, en cada pequeño hito, sin cansarte. La primera vez que ascendí un pico de más de 5.000 metros (el volcán Iztaccíhuatl, en México) iba con un guía que empezó a caminar delante de mí a un ritmo que, al principio, yo pensaba que era una broma. Íbamos extremadamente despacio, como ancianos paseando por el parque. A los pocos minutos me quejé de ello, pero él me respondió: «Cuando nos acerquemos a la cima, lo entenderás». Y te aseguro que, al alcanzar los 4.800 metros, lo entendí perfectamente, pues cada paso que daba me dejaba sin aire. Necesitábamos llegar allí con todas las fuerzas que fuéramos capaces de conservar para así lograr hacer cima.

Déjame ser tu guía en este ascenso. Sé que lograr el objetivo es posible y que hay resultados reales. Analicemos las causas del estrés y del *burnout* para que las puedas eliminar de tu vida para siempre. Al ritmo que sea necesario para ti. El premio será recuperar tu salud, tu felicidad y tu capacidad de conectar con la vida.

Puntos de resumen

- El estrés agudo es una respuesta fisiológica sana y natural de nuestro cuerpo a los retos gracias a la cual obtenemos más energía física y mental durante un tiempo corto.

- Si el estrés agudo se prolonga en el tiempo, aparece el estrés crónico, que es dañino para la salud física y mental.
- El *burnout* es la cara visible del estrés crónico, es su síntoma físico y mental. En medicina lo podríamos llamar «síndrome del estrés crónico».
- El estrés crónico y el *burnout* no se gestionan, se evitan.
- La única manera de evitar el *burnout* es atacar sus causas.

4

Lo que hay detrás del *burnout*

En el año 2024, fue muy sonada la pregunta 84 del examen MIR. El MIR es una prueba a la que nos enfrentamos los médicos en España cuando acabamos la universidad para poder acceder a la especialización o residencia. Depende del Ministerio de Sanidad. En la famosa pregunta describían a un médico que quería hacer bien las cosas, pero que estaba saturado por la carga de trabajo, la burocracia y la falta de tiempo. Acumulaba retrasos de dos horas en su consulta que acababan generando conflictos con los pacientes, hartos de esperar. Cuando terminaba su trabajo, no le quedaba tiempo para sus aficiones, su familia o hacer deporte. Los fines de semana se quedaba descansando en casa, sin apenas energía, por la paliza de la semana. Daban, además, algunos datos de su personalidad, como que era perfeccionista y preocupado. En resumen, la pregunta describía una situación bastante habitual para los médicos, los sanitarios y muchos otros perfiles laborales. Pero, y ahora viene lo bueno, tras esa descripción la pregunta decía: «¿Cuál de las siguientes sería la orientación diagnóstica? (es decir, ¿qué le pasaba al médico?)». Estas eran las opciones:

1. Trastorno esquizoide de la personalidad.
2. Trastorno narcisista de la personalidad.
3. Trastorno obsesivo-compulsivo de la personalidad.
4. Trastorno de la personalidad no especificado.

Sí, se lucieron con la preguntita... Las redes ardieron y muchos colectivos médicos se echaron encima de la comisión examinadora quejándose de que la pregunta culpaba al propio trabajador de una situación que no dependía únicamente de su personalidad. Recuerdo que, tras ver la pregunta, un amigo me dijo: «Los médicos sois increíbles, os atacáis entre vosotros mismos». Es bien sabida la falta de recursos y de personal que atraviesa la sanidad pública en España, y más la atención primaria. La propia ministra de Sanidad pidió que se anulara la pregunta, aunque finalmente se quedó como estaba.

Es verdad que si lees la pregunta con detenimiento —y más si te has entrenado para responder con eficacia preguntas test como esta—, está claro que quieren que respondas con la opción número 3. Pero el mensaje de fondo que se lanza es que, si no eres eficaz ni saludable en tu trabajo, la causa está en ti, en que tienes alguna alteración de la personalidad. Y esto es obviamente incorrecto. Y más en un entorno laboral difícil.

Por otro lado, la pregunta describe un caso bastante claro de *burnout*, algo a lo que ni se hace mención. Luego te contaré un caso muy similar al de la pregunta que me encontré en mi propia consulta.

La situación que se plantea en la pregunta del MIR es un buen ejemplo de cómo a la hora de enfrentarnos al *burnout* como sociedad lo hacemos con la mirada equivocada. No tenemos claro qué es lo que nos lleva al *burnout*. No tenemos claras sus causas. Por tanto, no tenemos claro dónde actuar o qué cambiar. Precisamente para que tú sí tengas claras todas estas cosas comparto este sencillísimo esquema:

Causas del *burnout*

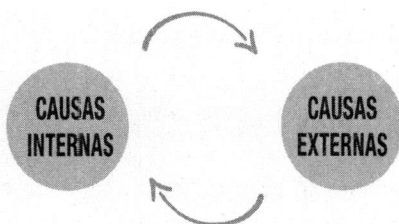

CAUSAS INTERNAS   CAUSAS EXTERNAS

Las causas del estrés crónico y del *burnout* son siempre de dos tipos: externas e internas. Ambas son reales, ambas empujan y ambas requieren solución. Y lo más importante: ambas están relacionadas y se **potencian** entre ellas.

Causas externas

Es todo lo que está fuera de la persona. Entre ellas estarían la propia sociedad y cultura que le rodea, la organización/empresa/institución en la que trabaja o el grupo o equipo con el que se relaciona cada día. Todos estos aspectos nos transmiten una corriente de mensajes constante que nos empuja a vivir y a actuar de una manera que conduce al estrés. Esas películas y series de grandes ejecutivos que se enriquecen, que no duermen y que viven siempre estresados pero «felices» son también causas externas de tu propio *burnout*, pues te empujan a emularlos. También lo son las circunstancias de tu entorno de trabajo: desde el sistema informático que utilizas —si es una herramienta de tortura que enlentece los procesos o si funciona de manera rápida y fluida—, la cantidad de interrupciones diarias que tienes, la carga de trabajo, las responsabilidades, el número de reuniones y su utilidad o inutilidad, el estado emocional de tu equipo, los valores de tu empresa, etc. Veremos todo esto con más calma en los dos siguientes capítulos.

Causas internas

Son aquellas **inherentes** a la persona, como su capacidad para conectar con su cuerpo y cuidarlo, sus herramientas de autoeficacia —por ejemplo, la gestión de la concentración o la planificación—, su conexión con un sentido en su trabajo y, por supuesto, su personalidad. También si eres perfeccionista, autoexigente, excesivamente complaciente con los demás o si no sabes decir que no. Las causas internas ocuparán la parte más importante de este libro por un motivo: está más en tu mano cambiarlas.

Relación entre las causas externas e internas

Como has visto, el esquema muestra unas flechas que conectan ambos tipos de causas para representar el hecho de que se potencian entre sí, por lo que también pueden frenarse entre ellas. Todo depende de la dirección en la que trabajes.

Voy a ponerte un ejemplo. Hace poco, una asistente de dirección que estaba haciendo mi programa para el *burnout* me contaba que en su empresa le estaban pidiendo cosas que eran imposibles de cumplir sin prescindir de sus vacaciones. Una de las tareas que le encomendamos fue aprender a poner límites a través de un protocolo que nosotros mismos diseñamos. Siguiendo nuestras instrucciones, expresó su opinión en la empresa. En contra de la imagen que se tiene de los gerentes y directivos, muchos están dispuestos a escuchar y a hacer cambios cuando un empleado se lo comunica. En este caso, fue así. La comunicación fue un éxito y dio comienzo a una nueva época en el trabajo de esta asistente: estableció las bases para vivir de una manera mucho más equilibrada, entre otras cosas, porque su entorno ya sabía cuáles eran sus límites reales. Así, cuando esta persona hizo cambios internos transformó también las causas externas que le llevaban al *burnout*. Uno de sus directivos le dijo: «Vaya, no tenía ni idea de que estabas tan agobiada». Esto ocurre mucho más de lo que piensas.

Un ejemplo de sinergia negativa en las causas del *burnout* es el que dibuja la famosa pregunta del MIR de la que te hablaba antes. Si a una personalidad con tendencia perfeccionista y complaciente —la personalidad típica de los médicos, lo sé porque soy uno de ellos— le añades unas condiciones de trabajo exigentes y con pocos recursos y le sumas a un montón de personas pidiendo favores a vida o muerte todo el rato, tienes un cóctel bastante mortal que te llevará a una situación de la que es difícil escapar. Aunque no imposible.

Las dos caras de la moneda

Hoy está de moda que algunos *coaches* y gurús de nuestra cultura lancen mensajes como «Tú puedes controlar cómo estás» o «Si quieres, puedes con cualquier cosa». Estos mensajes son muy útiles para mantener la productividad de los trabajadores en cualquier circunstancia, o al menos para hacer que se sientan responsables si no es así, independientemente de lo que pase en su entorno laboral. Esto está en consonancia con lo expuesto en el capítulo anterior: la idea de que evitar el estrés y llevar el estilo de vida hiperactivo que tanto nos gusta en la cultura occidental depende únicamente de aplicar herramientas de gestión. Esta perspectiva es, como veremos, la más culpabilizante.

Por otro lado, están los que defienden lo contrario: que el ser humano es incapaz de protegerse de la opresión externa y que la única lucha que merece la pena es la del cambio de las circunstancias laborales y culturales. Esta visión tiene raíces más políticas y su objetivo es la transformación de las estructuras e instituciones. La autorresponsabilidad y el crecimiento interno y psicológico del individuo no parecen contemplarse en su mirada del mundo. Esta concepción es muy invalidante, como también veremos.

A los humanos nos encantan las polaridades y tendemos a pensar que sobre cualquier tema solo hay una opinión correcta. O eres capitalista o eres comunista. O del Madrid o del Barça. O religioso o ateo. O estás con nosotros o contra nosotros. Esta manera de pensar está muy estudiada y nos atrae porque simplifica la vida. Hace sencillo un universo que es de por sí muy complejo... y, de paso, nos hace manipulables para los líderes de cada grupo, a los que les basta decir «apóyame para que los otros no ganen», pues así no vamos a preguntarles qué es exactamente lo que van a aportar y merece nuestro apoyo.

Por algún motivo, desde joven me ha costado identificarme y posicionarme con un polo o grupo determinado en cualquier aspecto de la vida. Siempre veo los fallos, las ventajas y la complejidad de todas las opiniones, y no puedo defender una postura o un grupo concreto al cien por cien. Esto me ha llevado a estar un poco más solo, pero me ha permitido tener una mirada integradora. Pienso que solo cuando logramos trascender esa visión bipolar de la realidad es cuando realmente avanzamos como sociedad y como cultura.

¿Por qué es importante esto para evitar el *burnout*? Porque si entendemos que las causas son dobles, comprenderemos que la lucha ha de hacerse también en dos direcciones.

Culpa y responsabilidad

Culpa

Una frase que suelo decir allá donde voy es esta: «Haz lo que tu sentimiento de culpabilidad te dice que NO debes hacer». Sí, has leído bien. Parece una locura, pero, según mi experiencia, es un buen consejo para la mayoría de las personas: si hay algo que te hace sentir culpable, probablemente es lo mejor que puedes hacer. Lo mejor para ti y para la gente que te rodea. A menos que seas un psicópata, este consejo te va a ayudar siempre.

¿Te cuesta decirle que no a ese compañero que siempre te pide favores hasta el punto de que prácticamente le estás haciendo el trabajo? Hazlo. Será bueno para ti y para él, que se hará responsable de lo suyo.

¿Te genera culpa venderle algo a un cliente o subir los precios? Hazlo. Así tu negocio podrá sobrevivir o tu producto será de más calidad; además, hará que tu cliente valore más lo que recibe.

¿Te sientes mal por descansar y desconectar, porque no es lo que se espera de ti (o lo que tú mismo esperas de ti)? Hazlo. Comprobarás cómo vuelves a sentirte bien y cómo estarás mejor con los que te rodean.

¿Por qué te cuento esto? Porque esta es una buena herramienta para protegerte de esa visión centrada en las causas internas del *burnout*, esa que dice que tú deberías poder con todo y que la solución está en ti, la que asegura que, independientemente del entorno, con las herramientas y la «gestión» adecuadas, puedes ponerte bien. Pues no, no deberías poder con todo. No eres un superhéroe ni un dios, por mucho que el estrés agudo te confiera poderes extra durante un tiempo. Nadie puede evitar el estrés crónico y el *burnout* si las causas externas traspasan unos límites.

La sensación de culpa y de debilidad es lo primero que tengo que trabajar con las personas con *burnout*, esos mensajes internos que les dicen «eres un blando, otros podrían con esto y tú no» y que los llevan a perpetuar situaciones de vida que son insostenibles. Una directiva de una gran multinacional de automoción —conoces la marca seguro— me contó cómo la culpa la estaba llevando a «participar en una competición que realmente no tengo mucho interés en ganar». Sentía que estaba desperdiciando los mejores años de su vida por inercia más que porque realmente su principal proyecto personal fuera el trabajo. También me dijo una frase muy interesante: «Me siento como un pez de colores en un mar de tiburones». Me gusta pensar que mi trabajo es rescatar a esos peces de colores que tantas cosas buenas pueden aportar a las empresas y al mundo antes de que se conviertan en un tiburón más.

Yo mismo he pensado durante mucho tiempo que haciendo un buen trabajo interno podía afrontar cualquier estrés o situación difícil sin sentirme mal. A los médicos y sanitarios nos han educado así. Recuerdo bien cómo en la pandemia de COVID circulaban los memes de personal sanitario con capas de superhéroes diciendo «podemos con esto». Y no, no podíamos. Así lo demuestra la gran cantidad de sanitarios con *burnout* y con estrés postraumático que atendí después. En mi caso, finalmente acepté que no era todopoderoso y decidí mudar de estrategia, y mi manera de trabajar; incluso dejé la gran ciudad y me fui a vivir a la montaña. Es cierto que esta última decisión no la tomé exclusivamente para evitar el *burnout*, tenía que ver también con mi deseo de disfrutar de la vida en el lugar que yo quería. Pero fue una buena demostración de cómo superar la culpa —la que sentía al abandonar el camino «trazado», mi consulta y a mis seres queridos— me llevó a crecer mucho más de lo que lo habría hecho simplemente «resistiendo y siendo fuerte».

Mucho cuidado con cualquier mensaje que te empodere «de más» y que obvie que todo lo que te rodea tiene un efecto en ti y forma parte de tu vida. Las causas externas del *burnout* están ahí: debemos saberlo y luchar por cambiarlas.

Responsabilidad

Las dos visiones de este problema tienen algo que enseñarnos, como ya he dicho. El enfoque interno tiene razón en algo: los primeros cambios que debes y puedes hacer casi siempre han de ser internos. Es una cuestión de logística: tu interior es lo que tienes más a mano para empezar a eliminar las causas del estrés.

Surge aquí entonces el sentimiento opuesto a la culpa: la responsabilidad. No sirve de nada dejarte llevar por la culpa para hacer cosas que realmente no quieres hacer o para quedarte paralizado y machacándote a ti mismo. En cambio, entender que, a pesar de que no eres el culpable de todas las circunstancias externas que te llevan a estar mal, sí eres el responsable de cambiarlas. ¿Por qué? Pues, básicamente, porque solo tú eres el responsable de tu vida. Y también porque, si no lo haces tú, nadie lo hará. No hay más. O analizas las causas internas que te llevan al *burnout*, como tu personalidad, tus herramientas de eficacia, tu enfoque de la vida..., y a partir de ahí empiezas a hacer girar la rueda en la dirección correcta, o nada cambiará. Recuerda que esto fue lo que hizo aquella asistente de dirección de la que te he hablado. El exterior seguirá igual si tú no haces nada; de hecho, lo normal es que todo siga su rumbo y vaya a peor. Solo si tú cambias, puede cambiar también lo que te rodea. Tienes que empoderarte y tomar las riendas de la situación que quizá te ha llevado a ser así injustamente. No te queda más remedio.

Antes de dejar Madrid y tomar una decisión tan radical, tuve que cambiar mucho dentro de mí. Y me llevó un tiempo. Entre otras cosas, tuve que aprender a gestionar mejor mi sentimiento de culpa, a escucharme más, a confiar en la vida o a entender que no pasaba nada si me equivocaba. Todas son habilidades fundamentales para vivir de verdad. Si no hubiera hecho este trabajo previo, habría sido difícil generar cambios en mi entorno.

Enfócate en las causas y vencerás

Hace un tiempo conocí a un abogado y asesor laboral que estaba interesado en iniciar mi programa personalizado para el *burnout*. Su historia era complicada: tenía una sobrecarga enorme de trabajo en la empresa, pero además era una persona muy perfeccionista que presentaba incluso síntomas de TOC (trastorno obsesivo-compulsivo), como el médico de la pregunta del MIR. Esta persona llevaba años acudiendo a terapia y tomando medicación psiquiátrica con pocos resultados. En la entrevista inicial que le hice para valorar si encajaba en el programa, observé que, junto a estos problemas psicológicos, padecía un *burnout* laboral claro. Trabajaba todos los fines de semana, no desconectaba nunca, ya no disfrutaba ni del trabajo ni de su vida y tenía síntomas físicos, como problemas digestivos por estrés crónico. En esa entrevista le fui muy claro: «Creo que te podemos ayudar, pero seré honesto: tu caso es difícil y tendrás que trabajar y tomarte muy en serio el programa para ver resultados».

Aunque es normal que las personas con *burnout* presenten problemas de salud mental extra, su caso era un poco extremo, pues parecía evidente que tenía una personalidad rígida que nos restaba posibilidades de éxito. Por eso quise dejarle clara la realidad de la situación y la responsabilidad que asumía al entrar en el programa. Él me dijo: «Mira, he probado de todo y entro con mucho escepticismo, pero quiero intentarlo». Finalmente, su caso fue uno de los mayores logros que hemos tenido y un orgullo para mí como psiquiatra.

¿Por qué tuvimos éxito donde la medicina y la psicoterapia tradicional habían fallado? Nunca lo sabremos a ciencia cierta, pero hay algo que, estoy seguro, jugó un papel fundamental: nuestro enfoque se centró en atacar las **causas** del *burnout* laboral. Y además de manera personalizada: no abordamos igual todos los casos y eso nos permite infiltrarnos en el sistema de causas de cada persona y golpear ahí con todas nuestras fuerzas.

Esta persona nos regaló una metáfora muy interesante: él veía su trabajo y su vida como el peligroso viaje de una diligencia. Como en las películas del lejano Oeste, viajaba rodeado de bandidos y posibles asaltantes. Al principio, él iba dentro de la diligencia, acurrucado en un rincón, muerto de miedo y dejando que todo le atacara y que le llevaran a donde no quería ir. Intentó entonces que le dieran alguna táctica mágica que le permitiera llegar a su destino antes y sin salir de ese rincón, pero nada funcionó. Con nosotros, poco a poco fue atreviéndose a salir, a mirar más por la ventanilla y a identificar las causas, tanto externas como internas, de su problema para, finalmente, subirse al pescante y tomar las riendas de la diligencia. «Ahora voy yo delante. Sigue habiendo cuatreros y demás peligros, pero al menos, aquí sentado, puedo decidir el rumbo».

Resumiendo, no hay una fórmula rápida y que no requiera esfuerzo que te vaya a sacar del *burnout*, pero hay una que sí funciona: la que se centra en lo que subyace al estrés que sufres, en sus causas. Sabiendo esto, podrás empezar a tomar el control para redirigir tu cuerpo, tu mente y tu espíritu. Ojalá puedas aplicarlo a tu caso y consigas volver a vivir plenamente.

Puntos de resumen:

- Las causas del *burnout* y del estrés son de dos tipos: internas y externas.
- Las causas externas son ajenas a ti, pero te afectan cada día: la propuesta de vida que has recibido de tu cultura, tus circunstancias laborales y el ambiente que te rodea.

- Las causas internas más importantes son tu personalidad, con todos sus rasgos, tu cuerpo y cómo lo cuidas, tus herramientas de eficacia y trabajo y tu sensación de autorrealización en el trabajo.
- Cuidado con los mensajes que te dicen que puedes con todo si tienes las herramientas adecuadas. Te llevarán a vivir dominado por la culpa y a no avanzar.
- Haz lo que tu culpa te dice que NO debes hacer.
- Asume la responsabilidad sobre tu vida: los cambios tienen que empezar por ti, pero sabiendo que no eres todopoderoso. Si no lo haces tú, nadie lo hará.

5

La sociedad del cansancio

> El ser humano moderno vive bajo la ilusión de que sabe lo que quiere, cuando, en realidad, desea únicamente lo que se supone socialmente que debe desear.
>
> Erich Fromm, *El miedo a la libertad*

Profundicemos ahora en las causas externas del *burnout*. Esto te va a dar muchas herramientas y comprensión para intentar evitarlo. Aunque empiezo con ellas por un motivo: porque tendemos a culparnos de un problema que no es solo nuestro, sino de toda una sociedad y una cultura. Además, si quiero ganarme el derecho a hablarte de los errores internos que puedes estar cometiendo y ayudarte a cambiarlos, me parece honesto que primero te muestre ese lado de la realidad que te está empujando al estrés sin que tú te des cuenta.

En este capítulo me centraré en mostrarte cómo la sociedad genera un ambiente y unas exigencias que nos llevan al *burnout*. En el siguiente, te hablaré sobre el entorno laboral específicamente. Tu cabeza va a hacer clic muchas veces, ya lo verás. Espero que al leer esto puedas dejar de normalizar lo que no es normal.

El manual de vida

Nada más nacer, nos entregan un manual sobre cómo vivir la vida. ¿Quiénes? Fundamentalmente, nuestros padres, pero también la sociedad en la que nacemos: nuestra familia, la escuela, los medios de comunicación y toda la cultura que consumimos activa o pasivamente.

Ese manual no se vende en las librerías. A veces incluso se evita nombrarlo. Pero está presente en todo lo que nos rodea, controlándolo todo. Y también dentro de ti.

Este libro de instrucciones lo conforman todas esas cosas que das por sentadas en la vida, especialmente aquellas de las que ni siquiera eres consciente. Estas son las más difíciles de descubrir y, por lo tanto, de cambiar. Podríamos decir que todo proceso de crecimiento psicológico se resume en eso: en comprender el manual que has recibido y reescribirlo.

¿Qué nos dice el manual? Básicamente, dos cosas:

1) Qué es el éxito en la vida.
2) Cuál es el mejor camino para conseguirlo.

El manual dice que todos los aspectos de tu vida han de girar en torno a estas dos ideas: tu trabajo y tu carrera profesional, por supuesto, pero también tu vida de pareja, tus aspiraciones sociales, tu manera de entender el descanso, la juventud y la vejez, el dinero, los *hobbies*, etc. Por motivos evidentes, no puedo hablarte aquí de todos los ámbitos a los que afecta, pero sí lo hago en el e-mail breve que envío cada día a mi comunidad, a la que estás más que invitado (tienes el enlace en las primeras páginas del libro).

Aquí me centraré en los aspectos que están más relacionados con el estrés crónico. En el fondo, todo el contenido de este libro tiene que ver, de una forma u otra, con lo que hay escrito en nuestro manual. Pero ahora pensemos en esas dos ideas principales.

¿Qué es el éxito?

Cuando entré en la carrera de Medicina, los profesores escribían en nuestro manual qué era el éxito para nosotros: conseguir una plaza fija de funcionario como médico en un gran hospital —de Madrid, a poder ser— y tener renombre en la comunidad científica por nuestras publicaciones.

Esa parecía la fórmula infalible de la autosatisfacción y la felicidad. Si lograbas eso, estaban garantizadas. Sin embargo, cuando miraba a mi alrededor y observaba a esos supuestos médicos exitosos en los grandes hospitales en los que me formé..., algo no me cuadraba. Salvo excepciones, no parecían realmente exitosos. Y mucho menos felices. Más bien estaban tristes, amargados y eran poco reconocidos para la gran labor que hacían. Además, siempre se estaban quejando de su sueldo. Para colmo, la plaza fija tan ansiada se había convertido para ellos en una jaula de oro que les impedía cambiar su vida laboral por miedo a la inseguridad de perderla. Los que, según ese modelo, tenían éxito, habían entregado su vida entera a la medicina, dejando de lado sus relaciones y sus aficiones. Tristemente, algunos eran unos psicópatas narcisistas que, al alcanzar el puesto de jefes de servicio o catedráticos, maltrataban a sus subordinados.

Empecé a sospechar que había gato encerrado en todo aquel sistema al que nos invitaban a entrar. Quizá a nuestros mayores les interesaba que las nuevas generaciones siguiéramos el mismo modelo de éxito no porque funcionara de verdad, sino para no tener que admitir que se estaban equivocando y que no eran felices. Este es un mecanismo psicológico muy típico para la transmisión del «manual de la vida»: vender un modelo de éxito, aunque no esté funcionando. Quizá con la esperanza de que tú consigas hacerlo real, de que les demuestres que no han sacrificado sus vidas para nada.

Personalmente, todo eso que me vendían no me atraía demasiado, no compartía esa idea de éxito. Y mira que lo intentaba para sentirme parte del grupo. Tener una plaza fija me parecía aburrido y arriesgado, demasiado esfuerzo para conseguir algo que no estaba seguro de que me pudiera llenar. También tenía la sensación de que nuestra formación era fría, de que no se hablaba nada o casi nada sobre la parte que a mí más me interesaba de la medicina: conectar con las personas, entenderlas, ayudarlas.

Por otro lado, la publicación en revistas científicas de impacto me resultó mucho menos romántica de lo que prometía ser: te ahogaba la burocracia, las revisiones infinitas y los egos hinchados en una batalla en la que, encima, el investigador era ninguneado constantemente. Entre otras cosas, nadie te paga por aportar a la ciencia, al menos en medicina; al revés, eres tú el que tiene que pagar para que te publiquen algo a lo que le has dedicado meses de tu tiempo. Fascinante.

Me pasé muchos años creyendo que no tenía vocación de médico, y más cuando veía que a mi alrededor todo el mundo parecía entusiasmado con esa idea que nos habían vendido. Casi al final de la carrera, descubrí que muchos otros estudiantes pensaban como yo, pero no se permitían el lujo de planteárselo y mucho menos de expresarlo. Recuerdo perfectamente lo que una amiga me dijo en los pasillos de los laboratorios de la facultad, ya en quinto de carrera: «A mí lo que me gustaría es aprender a hacer felices a los pacientes, pero de eso no nos han hablado en ningún momento». Esta era la idea que llevaba yo dentro desde primero, pero me daba miedo plantearla. Este es otro mecanismo por el cual el manual de vida funciona y se perpetúa: porque quienes lo reciben no se atreven a cuestionarlo.

El miedo a que el camino que te han marcado esté equivocado y a que, por tanto, tengas que emprender uno nuevo es muy grande. De esto habla Erich Fromm en su genial libro *El miedo a la libertad*, en el que explica que, en una época en la que los humanos podríamos ser más libres que nunca, preferimos que otros (ya sea la universidad, nuestra empresa, los políticos o el nuevo gurú de Instagram) nos digan lo que tenemos que hacer. La libertad da miedo y ese miedo aparece cuando te haces estas preguntas: «¿Y si mi camino tampoco es el correcto?», «¿Y si me **rechazan** mis compañeros por ser diferente?». Mejor seguir adelante sin pensar mucho.

En el penúltimo año de carrera tuve un profesor que fue fundamental para que yo me diera cuenta de todo esto, un maestro, con todas las letras, que me acompañó en una etapa clave de mi vida. Curiosamente, no era médico, sino arqueólogo. Un arqueólogo enamorado de la medicina que había creado una optativa llamada «Arqueología de la medicina», una de esas a las que nos apuntábamos diez alumnos de los cerca de mil que éramos en la carrera. Esa asignatura me enseñó que mi deseo de ayudar a las personas, de conectar con ellas y de sanarlas en lo más profundo, no era una idealización de un chaval de veintidós años, sino la esencia de la medicina desde su nacimiento. Ese era el deseo que latía en los sanadores o chamanes prehistóricos, en los sacerdotes de las grandes civilizaciones antiguas, en la medicina medieval y también en la medicina científica de los grandes médicos humanistas modernos como Gregorio Marañón —curiosamente, después me formé como psiquiatra en el hospital que lleva su nombre—. Recuerdo con cariño las tardes gastadas en esas clases junto a uno de mis mejores amigos, las conversaciones encendidas con nuestro profesor acompañadas de una cerveza. Podíamos habernos apuntado a cualquier otra «maría» que nos hubiera permitido saltarnos las clases y allanar la recta final de la carrera, pero allí estábamos, sedientos de algo diferente.

Tras comprender todo esto, lie una buena en la facultad: redacté un manifiesto y se lo leí a toda mi promoción después de una clase. También se lo transmití al decano, que me dio permiso para organizar luego unas Jornadas sobre la Vocación Médica que se mantuvieron durante casi diez años... Me sentí mucho más libre para seguir mi propio camino y eso me ayudó a tomar las decisiones correctas desde entonces. Entendí que por supuesto tenía vocación de médico, pero que era la mía, no la de los otros. Frente a lo que me habían transmitido y que yo no lograba aceptar, había identificado lo que sí me llenaba de mi futuro trabajo. Encontré un relato de éxito conectado con quien realmente soy que me liberó y me hizo tener fuerza para recorrer mi camino.

Después de esta historia, ¿qué te puedo decir sobre el éxito? ¿Qué es exactamente? ¿Hacerse rico, poderoso y alcanzar la libertad financiera? ¿Lograr una plaza de funcionario que te garantice una estabilidad de por vida? ¿Vivir en un chalet con tu pareja, un perro, un gato y dos hijos? ¿Teletrabajar desde Bali o desde un valle en los Pirineos? ¿Dedicarte a la cooperación internacional? ¿O vivir de tu huerto ecológico? ¿Ser el CEO de una gran multinacional? No hay una sola definición de éxito. **Hay tantas como personas caminando sobre la Tierra.** Así que la pregunta que te deberías hacerte es: ¿qué es para mí el éxito?

Pero antes, te invito a que analices cuáles son los mensajes sobre el éxito que has recibido en tu ambiente laboral y social ¿Encajan contigo o los has aceptado con los ojos cerrados? Es importante que entiendas que todo lo que he dicho no significa que tu idea de éxito no pueda ser parecida a la de otras personas. Al revés, sería una buena opción que te rodearas de quienes la comparten contigo. Y esa idea o esas personas pueden cambiar con el tiempo. Por ejemplo, yo ahora conecto mucho con otros emprendedores, especialmente con los digitales. También con mis viejos amigos médicos o psicólogos. Compartimos muchos puntos de vista sobre el trabajo y sus retos. Conecto además con cualquiera que busque una vida más libre y cercana a la naturaleza.

El mensaje no es que seas único. **El mensaje es que seas tú.**

Por cierto, cuando le envié este capítulo a una amiga para que me lo revisara, me dijo que le habría encantado poder leer el manifiesto que escribí en la facultad de Medicina. Así que decidí dejarlo por aquí, lo puedes descargar a través de este código QR o el enlace:

https://carloscenalmor.com/manifiesto

Cuando el trigo nos esclavizó

Ahora que entiendes cómo nos afecta la idea única de éxito, quiero ayudarte a identificar sus posibles trampas señalando los mensajes más importantes que existen en torno al éxito en nuestra sociedad, así como algunas circunstancias de nuestra época que nos llevan al *burnout*.

En este punto, podría hablarte de la industrialización, del capitalismo, de las grandes ciudades... Sí, todo eso ha sido clave para llegar a la sociedad estresante en la que vivimos, aunque a mí me gusta pensar que realmente empezó mucho antes. De esto habla Yuval Noah Harari en su obra *Sapiens*, uno de los libros que más me ha «volado la cabeza» a lo largo de mi vida. En él, Harari explica su teoría sobre cómo el paso de la vida nómada a la vida sedentaria hace unos diez mil años, fue quizá el **mayor error** de la historia de la humanidad, pues todavía hoy estamos sufriendo sus consecuencias.

Esta es una idea bastante extendida ya entre los divulgadores de salud, y es que, en el fondo, todos los cambios sociales que han derivado en la actual pandemia de estrés y enfermedades crónicas empezaron en ese momento, cuando decidimos dejar de ser tribus errantes y aventureras y nos asentamos en pueblos. Una idea que me encanta (y a la que no le dejo de ver su gracia) es que ese gran cambio lo desencadenó la especie que más éxito ha tenido expandiéndose por la Tierra, que no es el ser humano... sino el trigo. Sí, los humanos pensamos que tenemos el control, pero para nada. El control lo tiene ese cereal amarillo y aparentemente inocente que te rodea en tus paseos veraniegos por el campo. Aunque quizá después de leer esto ya no lo hagas tan tranquilo...

La teoría de Harari señala que nosotros no nos beneficiamos del trigo, sino que él nos «domesticó» a nosotros, logró que abandonáramos nuestro estilo de vida nómada —natural y genéticamente establecido durante cientos de miles de años— por otro sedentario que se centró en asentarnos en poblaciones para cultivarlo. Así, el trigo pasó de ser una planta silvestre más a convertirse en el vegetal más extendido del planeta. Es verdad que nosotros ganamos en estabilidad, sí, pero a cambio perdimos nuestro estilo de vida connatural, y eso nos genera todavía cientos de problemas físicos y mentales. El estrés crónico y el *burnout* entre otros. No estamos hechos para vivir permanentemente en un mismo lugar, mucho menos para vivir sentados en la misma silla.

Sé que la revolución sedentaria y el asentamiento en ciudades ayudó a aumentar la natalidad, a crear la escritura, a perfeccionar el conocimiento, el arte y la ciencia. Permitió lo que somos hoy. No hay duda. Pero... ¿era ese el mejor camino que podíamos tomar? Nunca lo sabremos.

Según este autor, probablemente, un humano nómada que sobrevivía a la infancia y era aceptado por su tribu era mucho más feliz y se sentía más pleno que cualquier humano de nuestro tiempo. La vitalidad, la fuerza, el reto de sobrevivir cada día, la conexión con la naturaleza y consigo mismo debían de ser totales. Y, por lo que sabemos, tenían una esperanza de vida sorprendentemente alta que solo se recuperó con la llegada de la medicina moderna.

Si te cuento todo esto es para que entiendas que muchos de los problemas de nuestra sociedad tienen, en el fondo, un origen común: **llevamos un estilo de vida opuesto a aquel para el que estamos preparados genéticamente.**

Esa transformación que comenzó hace diez mil años ha empeorado mucho en el último siglo. Nuestro manual social está muy equivocado en lo que a vivir sin estrés y sin *burnout* se refiere. Veamos diferentes maneras en las que la sociedad nos conduce al estrés crónico.

Sedentarismo

La ciencia ha demostrado que el sedentarismo es una importante causa de estrés y de pérdida de salud general en las sociedades occidentales.

Está claro que los trabajos que conllevan más movimiento no solo implican menor estrés, sino que alargan la vida. Un guarda forestal, un agricultor, un obrero de la construcción... En igualdad de condiciones que un dependiente, un consultor o un conductor, sin duda los primeros tendrán una vida más larga y equilibrada. Sin embargo, todos los trabajos asociados a la idea cultural de éxito están relacionados con el conocimiento —esos en los que te pasas el día delante el ordenador y produces con la mente—, que implican mucho sedentarismo. Desde pequeños nos educan para aguantar sentados muchas horas al día, tanto en el colegio como en casa. Nos premian por hacerlo bien. Estar tanto tiempo sentados está muy lejos de la actividad que nos aseguraría una vida más sana física y mentalmente.

Desconexión del cuerpo y de la naturaleza

Las civilizaciones nómadas vivían mucho más conectadas con su cuerpo y con la naturaleza. No les quedaba otra. Su conocimiento del medio, su interpretación y la intuición para predecir basándose en la información que les daba el entorno era lo que les permitía alimentarse y sobrevivir. Igualmente, la atención a sus sensaciones internas y la interpretación de estas debían de ser profundas e intuitivas, pues vivían en una época en la que no tenían muchas más herramientas para entender lo que les pasaba.

En la actualidad, hemos externalizado por completo esas funciones. Esperamos que un médico o un psicólogo nos diga qué significa lo que sentimos, ya sea física o mentalmente, y tenemos un lenguaje cada vez más pobre para comprendernos. También menos herramientas, porque esperamos que una pastilla o una técnica mágica nos cure cualquier problema. Esto genera un gran riesgo de *burnout*, pues cuando nuestro cuerpo empieza a hablar y a dar avisos de que tenemos demasiado estrés, no le hacemos el menor caso. Quizá no somos conscientes de nuestras propias sensaciones o quizá no sabemos interpretarlas y tendemos a acallarlas. A aguantar.

Cuando paseamos por un bosque y vemos cientos o miles de especies de plantas y animales en tan poco tiempo, no tenemos ni la menor idea sobre su potencial comestible, curativo o tóxico. Estamos desconectados de todo aquello que no nos han enseñado a valorar.

Hiperproductividad

Tras el paso de la vida nómada a la vida sedentaria hace diez mil años, nos dimos cuenta de algo: podíamos producir más de lo que necesitábamos para vivir. Eso sí que fue una revolución. Este descubrimiento favoreció, entre otras cosas, que algunas personas pudieran abandonar tareas como la caza, la recolección y el cultivo para dedicarse a tiempo completo a la sabiduría, la ciencia o el arte. Pero también aprendimos a acumular, porque sobraba y porque ya no había que cargar con las cosas de un lado para otro con el cambio de estaciones. Desapareció entonces la necesidad de trabajar para vivir y se abrió la puerta a algo nuevo: vivir para trabajar.

Esta concepción del trabajo se ha desarrollado especialmente en los últimos tres siglos. Las personas ya no solo trabajaban para sobrevivir, sino para mejorar sus condiciones de vida. El trabajo dejó de tener como objetivo la subsistencia y se convirtió en un fin en sí mismo, en una señal de poder y de éxito, en una cuestión cada vez más valorada por la sociedad.

Quizá pienses que el trabajo te da más dinero y, por tanto, más libertad y bienestar, y que por eso lo valoramos. Pero no es tan sencillo. Muchos de mis clientes con *burnout* tienen recursos de sobra para ser más libres o para vivir vidas más relajadas, sin trabajar tanto ni preocuparse por la productividad, pero en su manual de vida está tan grabada la idea de que el éxito es ser todo lo productivo que se pueda que no son capaces de parar. Para estas personas, el trabajo se ha convertido en una droga. No paran hasta que no llegan al agotamiento total y el *burnout*. Y eso si tienen suerte. Algunos no paran hasta la tumba.

Es por eso que autores como Erich Fromm, o más recientemente Byung-Chul Han, hablan sobre cómo los humanos nos hemos autoesclavizado a través del trabajo, de ahí que este último llame a nuestra sociedad «la sociedad del cansancio». En una época en la que deberíamos ser más libres y desapegados del trabajo, porque es fácil producir lo necesario para vivir, hemos creado una estructura social que nos obliga a trabajar hasta agotarnos y quemarnos.

Dinero

Un trabajo mal remunerado lleva al *burnout*. No obtenemos reconocimiento por el esfuerzo realizado y eso genera mucho malestar. Por no hablar de que la escasez de dinero y la pobreza generan estrés y la necesidad de trabajar más tiempo aún, o de tener varios trabajos. Este es un problema muy frecuente y poco mencionado cuando se habla del estrés. La precariedad social y económica propician el *burnout*.

Por otro lado, la relación tóxica con el dinero, la cual también está escrita en nuestro manual de vida, puede suponer otra causa de estrés. Si sientes que el dinero es «malo» y te da vergüenza hablar de él, difícilmente vas a mejorar tu situación económica y, en consecuencia, a evitar el estrés que te genera no tenerlo. O al revés: si piensas que el éxito se reduce a acumular una cifra considerable en tu cuenta, vas a llevarte una gran decepción cuando alcances dicha cifra y veas que hay muchas cosas relacionadas con el éxito que no se consiguen con dinero. Ten cuidado con lo que sacrificas para llegar hasta ahí, quizá no merezca la pena.

En el ya citado «Estudio sobre el Desarrollo Adulto» de Harvard, el psiquiatra Robert Waldinger explica que necesitamos una cantidad mínima de dinero para ser felices y tener cierta seguridad, y que, a partir de esa cantidad, el dinero apenas aporta nada al bienestar real de la persona (en el estudio se habla de setenta y dos mil dólares al año en Estados Unidos, aunque, a estas alturas, esta cifra habrá aumentado bastante debido a la inflación).

El dinero te da seguridad y sobre todo libertad. Yo soy muy claro en esto: me gusta el dinero. Me interesa por la libertad que me da para vivir como yo quiero, de acuerdo con mi definición de éxito, y para ayudar a más personas y hacerlo de forma más poderosa. Pero también tengo claro su papel. He experimentado, y también lo he visto en mis clientes, lo que dice el mencionado estudio: a partir de cierto punto no te aporta mucho más. Hace poco conocí a un CEO de una gran empresa que solo tenía cinco días de vacaciones al año, los cuales, además, tenía que aplazar o adelantar constantemente según las necesidades de su negocio. De poco nos sirve tener tanto dinero si no tenemos tiempo para gastarlo.

Precariedad laboral

Las condiciones laborales precarias provocan altos niveles de *burnout*. Un sueldo bajo y unos malos horarios son las primeras que nos vienen a la mente, pero hay muchas más. Como hablaré de esto en el siguiente capítulo, aquí solo te diré que durante mi formación pasé una temporada en un hospital de México. Si en Madrid las guardias de veinticuatro horas me parecían horribles e inhumanas (hacíamos seis al mes...), imagínate lo que pensé cuando descubrí que en México era «normal», en ese proceso formativo, pasar un año haciendo guardias un día sí y un día no. Con suerte, un día sí y dos no. Es decir, hacían diez o quince guardias al mes durante uno o más años. La que entonces era mi pareja pasó por esa tortura, y eso afectó a su vida personal de manera importante. ¿Cómo no iba a hacerlo?

Roles de género

El cambio en la percepción del hombre y de la mujer en las últimas décadas ha generado una paradoja en cuanto al *burnout*. Las mujeres son mucho más libres que antes, pero han entregado esa libertad a la autoesclavitud de la productividad: ahora se espera que trabajen fuera de casa, pero que además sigan cargando con la mayor parte de la responsabilidad familiar. Pero esto último ahora sucede de manera «no institucional» y por tanto menos reconocida.

Hace poco, una profesora que estaba haciendo mi programa para el *burnout* me dijo: «Soy madre y mi vida está llena de tareas que no se ven y que nadie agradece». En su caso, el peso de la maternidad en su *burnout* era más que evidente. Por supuesto, el trabajo con nosotros la llevó a hacer cambios en esa área de su vida.

En cuanto al hombre, además de seguir trabajando y cargando con la presión social del éxito masculino, ha de ser un padre presente, disponible e impecable.

A ambos sexos se les exige más. Creo que aún hay muchas cuestiones por resolver, como la duración de la jornada laboral, para que se dé un verdadero equilibrio de responsabilidades en la vida de hombres y mujeres, especialmente en la crianza de los hijos.

Individualismo

Uno de los mayores estresores del ser humano es la soledad. Y hoy estamos muy solos. Si comparamos las tribus nómadas, los pueblos-comunidad agricultores y ganaderos o los antiguos barrios de ciudad en los que vivían nuestros padres con las actuales urbanizaciones aisladas o los barrios gentrificados y anónimos, sin duda salimos perdiendo por goleada. Incluso los pueblos, como los que me he encontrado en las montañas del Pirineo, están muy vacíos; las comunidades que los habitaban se han reducido mucho o desaparecido. En general, vivimos más aislados y solos que nunca.

La personificación del éxito sigue estando representada en nuestras mentes por una persona autónoma, independiente y autosuficiente, alguien fuerte que no necesita de nadie. Y si no somos así, nos sentimos culpables. Esto se transmite también a nuestra forma de trabajar y de enfrentar los problemas vitales. La crianza de los hijos se ha convertido en otra gran fuente de estrés; al haberse perdido la vida en comunidad, la responsabilidad de los cuidados del bebé recae solo en dos personas (o en una si eres madre o padre soltero), y a menudo es una carga demasiado pesada. Sin la menor duda, la crianza está «pensada» para ser compartida, una responsabilidad tribal.

En una ocasión, tuve un paciente que se planteaba ser padre soltero. Yo le di mi opinión más sincera: tener un hijo es una carga enorme para una sola persona, y más en esta sociedad que te estoy describiendo. Hemos convertido la creación y educación de un hijo en un derecho, pero se nos olvida que ese supuesto derecho implica a otro ser humano, el cual requiere unas condiciones que garanticen su salud mental y física.

La gran ciudad

Nuestra megaciudades y capitales son la consecuencia final de que el trigo nos «domesticara». Ya no solo nos hemos asentado en un lugar, sino que hemos eliminado todo rastro de naturaleza en él. Nos hemos hacinado en casas-colmena en las que no recibimos la luz suficiente ni disponemos del espacio necesario para una vida natural. Salimos a calles de asfalto sobrecalentadas por la ausencia de vegetación. El ruido es excesivo, algo que altera nuestros niveles de estrés más de lo que pensamos. El aire que respiramos equivale a fumar un cigarro al día. La información y la publicidad nos bombardean en cada rincón, lo que hace que nuestro pensamiento no pueda dirigirse con claridad. Esto último es lo que más me sorprende siempre que voy a Madrid, a Barcelona o a cualquier otra gran ciudad. Mi mente se vuelve loca por la cantidad de luces, colores y estímulos que me rodean. Caminar por la calle se ha convertido en el reto constante de no entrar en cada tienda a degustar cada comida, a ojear cada libro, a probarme ropa nueva. Tal saturación social puede llegar a ser dañina: la dosis hace el veneno.

Uno de los motivos por los que me marché de Madrid era

porque sentía que estaba tan atado a tantas personas y a sus proyectos vitales que me había quedado sin espacio para mí mismo, para pensar en mi propio proyecto de éxito y construirlo.

Digitalización

Gracias a internet, estamos más conectados que nunca, supuestamente. Sin embargo, esto no elimina la soledad, nos conecta a medias, y encima nos estresa más. La obligación de responder correos, wasaps y demás mensajes nos obliga a dedicar el tiempo a interacciones de peor calidad que una conversación delante de un café y mirando a los ojos al otro. No te voy a engañar: para mí la tecnología ha sido clave, tanto en lo laboral como en lo personal, para mantener mis vínculos aun viviendo lejos de mis familiares y amigos. Pero la búsqueda de una comunidad física no se puede sustituir por eso.

Otro gran riesgo es la hiperconexión con el trabajo. La digitalización ha roto barreras que antes estaban bien definidas por los muros de la oficina, ahora puedes trabajar en cualquier parte. Y se espera que trabajes en cualquier parte. Peor aún: **tú mismo te fuerzas a trabajar en cualquier parte**. La dictadura de la hiperproductividad llega a cualquier rincón del planeta y de tu mente. Hubo un tiempo en el que eso de trabajar desde tu playa favorita era un sueño. Pero los que teletrabajamos sabemos perfectamente la trampa que hay detrás: tu paraíso personal puede dejar de serlo si lo utilizas solo para trabajar. Hay que saber separar muy bien los tiempos para evitar que esto pase.

Estigmatización de los problemas de salud mental

En muchos entornos (quizá a ti te pase) acudir a un psicólogo o pedir ayuda a un psiquiatra todavía es un tema tabú. Se lleva con vergüenza... o directamente se evita. A mí esta realidad se me olvida a veces, pues estoy rodeado de personas que lo tienen muy normalizado. Yo mismo he hecho horas y horas de formación psicológica o de terapia simplemente para conocerme o mejorar aspectos de mi personalidad. Pero, de vez en cuando, me encuentro personas que me dicen: «¿Eso no era para los locos?». Muchas de ellas apenas saben distinguir sus propias emociones o que viven de acuerdo con el manual sin saberlo. Entonces recuerdo que aún queda mucho trabajo por hacer.

Incluso a personas con cierto recorrido, sufrir *burnout*, ansiedad o depresión los enfrenta con la culpa y la vergüenza, y prefieren negarlo y ocultarlo antes que aceptar que están mal o pedir ayuda. Especialmente los hombres, que tendemos a asociar más nuestra valía a ser fuertes y autosuficientes, a hacerlo todo sin ayuda. Esta actitud no hace sino volvernos más débiles.

Del mismo modo, admitir ante la sociedad que estás quemado, que no estás enfocando bien la vida y el trabajo y que necesitas un respiro sigue siendo un desafío. Se ha avanzado mucho en este sentido, sobre todo tras la pandemia de COVID. Yo fui uno de esos psicoterapeutas y psiquiatras que en aquella época tenían la agenda repleta: ya no sabíamos a quién derivar a las personas que no podíamos atender.

Pero, a pesar de esto, la realidad es que aún queda mucho trabajo por hacer.

Ausencia de un relato de sentido

Vivimos una época de transformación rápida de valores. Personalmente, me encanta, porque nos invita a encontrar nuestros propios valores y nuestro propio relato del éxito. No nos queda más remedio que no conformarnos con lo que hemos recibido y conectar con nosotros mismos, ver qué nos sirve del manual heredado y qué no. Pero es verdad que para muchas personas esto ha significado olvidar el sentido de la vida. Y también del trabajo. La gente no sabe responder a la pregunta de por qué hace lo que hace, y mucho menos a la de por qué vive.

Los grandes relatos que respondían a estas cuestiones (como la religión, que explicaba por qué estamos aquí; o la estabilidad de un empleo duradero en una gran empresa, que te hacía sentirte parte de algo más grande; o las relaciones para toda la vida) se están difuminando. Vivimos en lo que el ya difunto Zygmunt Bauman llamaba la «modernidad líquida». Nada es sólido y para siempre.

Sin embargo, se sabe que la conexión con un sentido profundo y trascendente protege contra el estrés en la vida y contra el *burnout* en el trabajo. Y voy más allá: es necesaria para tener una vida plena y equilibrada, y está en nuestra naturaleza. Por eso, nuestros antepasados nómadas ya conectaban con la espiritualidad y la trascendencia, como sabemos gracias a sus expresiones artísticas y sus enterramientos. La falta de sentido es quizá la causa externa del estrés crónico más importante de nuestra sociedad. Como ya he dicho varias veces, el *burnout* tiene un componente espiritual que la propia OMS incluye en su definición.

Te animo a buscar esa trascendencia dentro de ti y en los últimos capítulos intentaré ayudarte a encontrarla.

Saliendo de la domesticación

Sé que este capítulo puede dejar un sabor de boca amargo. Y más si vives en una ciudad. Solo quiero dejar claro que no pienso que la solución al estrés —y a todos los otros problemas de los que hemos hablado— pase siempre por dejar la ciudad y emigrar a un valle entre montañas. Me temo que no cabemos todos aquí. Ni siquiera yo sé cuánto tiempo viviré en este lugar, quizá me asiente definitivamente en una casita con huerto y jardín o quizá emigre en busca de nuevas tierras. Para saber la respuesta, tendré que **escucharme**, a mí y a la vida. Y esta es precisamente la solución y la esperanza, la idea que te he querido transmitir con mi relato en la facultad de Medicina: encuentra **tu camino**. Para ello puedes utilizar parte de lo que has recibido de tus mayores y de tu cultura, cómo no, pero no olvides que todo eso solo tendrá sentido si tú puedes añadir algo nuevo. Así es cómo evolucionan las personas... y **cómo cambian las sociedades**.

Puntos de resumen:

- Todos tenemos un manual del éxito dentro de nosotros, heredado de nuestra familia y nuestra cultura. Una parte de ese manual nos está llevando al *burnout*.
- El manual se perpetúa porque quienes lo transmiten no se han parado a comprobar si de verdad les ha dado resultado.
- Quienes reciben el manual no se cuestionan si este les sirve y temen escribir uno propio por miedo al fracaso o al rechazo.
- Podemos buscar los orígenes del *burnout* en la propia revolución neolítica, aunque las principales causas han surgido en las últimas décadas.
- Las causas externas del *burnout* están relacionadas con lo que pasa en tu cuerpo, en tu mente y en tu espíritu.

6

Haz *mindfulness* y quédate igual

Causas del entorno laboral en el *burnout*

«Ayer no tuve tiempo ni para mear en toda la guardia». Esto se lo escuché a una médica y amiga con la que trabajaba en mi etapa en la sanidad pública en Madrid. A menudo, las guardias de veinticuatro horas en los grandes hospitales exigen un ritmo de trabajo tan insostenible que la posibilidad de no beber, no comer o no orinar es real.

El estrés agudo, ya te lo he dicho, te convierte en un superhéroe. El problema es que si dura demasiado... te pones en peligro. Desde el principio, yo me di cuenta de que iba a priorizar el poder mear sobre el bienestar de los pacientes. Compartía la responsabilidad de su salud o de su vida con otras personas y con todo un sistema sanitario, **pero la responsabilidad de mi cuerpo, de mi salud y de mi vida, no.** Esa era solo mía.

Imagínate una empresa, un negocio, una organización, lo que sea, donde las condiciones laborales y las exigencias son tales que llevan a sus empleados a desatender sus necesidades más básicas para poder sacar el trabajo adelante. Ahora imagínate que esos trabajadores empiezan a tener problemas de salud física y mental que los llevan a solicitar la baja. Cada vez son más frecuentes. Cada vez son más importantes y alarmantes, y además afectan a la productividad de la organización. Entonces, viendo el problema, los líderes de esa institución deciden hacer algo, y ese algo es...: «Organicemos un taller de *mindfulness*».

¡Claro! Grandísima solución. Después de ese taller de *mind-*

fulness o de meditación, los trabajadores... **se quedan como estaban**. Obviamente. De hecho, te aporto un dato interesante: de 2016 a 2022 (época que coincide con el florecimiento del *mindfulness* y con su presencia en las empresas), las bajas por trastornos mentales y de comportamiento se dispararon un 81,54 por ciento en España.* Y la tendencia, según todos los estudios, es al alza.

No tengo nada en contra de la meditación o *mindfulness*, me parece una herramienta interesantísima para ayudar a las personas a conocerse y a regularse. Su utilidad está respaldada por la evidencia científica. El problema lo tengo con lo bien que encaja con nuestro modelo de sociedad, ese que te dice: «Trabaja a destajo y vive con la lengua fuera; luego, medita cinco minutos al día... y sigue». Es decir, en mi opinión, se ha convertido en un *hack*, en una herramienta de gestión del estrés que pone un parche, sí, pero a cambio de algo mucho más esencial: ocultar las causas reales del estrés y el *burnout*.

Por eso, mi propuesta de cambio en las instituciones y en los entornos laborales siempre va a estar enfocada a animar a sus líderes a mirar lo que verdaderamente está afectando a la gente, en concreto, a través de dos herramientas:

1) Comunicarse con los trabajadores y **preguntarles** cuál sienten que es el problema, qué les quema. Pocos responderán que les hacen falta técnicas de meditación. Puede que alguien no sepa muy bien qué es lo que lo lleva a estar quemado, pero al menos dará pistas.

2) Conocer **cómo funciona el ser humano** y organizar el entorno laboral partiendo de ese conocimiento. Esto pasa por tener una mirada integral de las personas.

Como ya hemos comentado, el *burnout* es un problema de salud integral. Hay síntomas corporales (el agotamiento físico y todas las enfermedades que pueden derivarse de él), mentales (agotamiento emocional, desconcentración, fallos de memoria, despersonalización...) y también espirituales (falta de autorrealización, desconexión del trabajo y de la vida). Estamos ante algo muy complejo que hunde sus raíces en lo más profundo del ser humano. Por eso las intervenciones simplistas, como los talleres puntuales, difícilmente pueden ser una solución poderosa. Quizá ayuden a algunas personas, pero pueden distraer la atención de los verdaderos cambios estructurales que son necesarios.

En el capítulo anterior te hablaba de cómo la cultura y la sociedad nos llevan al *burnout*. En este, voy a repasar las causas externas relacionadas con el entorno laboral y con el funcionamiento de las organizaciones que con más frecuencia lo provocan. Podría escribir un libro entero sobre este único aspecto, pero mi intención es mostrarte lo que, según mi experiencia, es más determinante y común y hacerte pensar en algunas cosas sobre las que no se suele reflexionar. Ya estés en un puesto de responsabilidad o seas un trabajador de la parte baja de la pirámide, este capítulo te ayudará a comprender y te dará ideas de mejora.

Fiel a mi mirada integral, voy a centrarme en cada una de las tres dimensiones de la vida humana.

Cuerpo

Descansos, sobrecarga y cerebro

Nuestro cerebro no es una máquina. En la práctica, no es comparable a un ordenador, aunque la ciencia ficción nos haya hecho pensar que sí. Mi ordenador a veces se tira encendido semanas o meses sin apenas perder rendimiento. Y si noto algo raro, lo reinicio y en un minuto está como nuevo.

El cerebro, sin embargo, como parte de nuestro cuerpo, tiene unas reglas y unos límites muy diferentes. Más orgánicos. ¿Verdad que entiendes bien que no puedes levantar un coche con tus brazos? ¿Y que si lo intentas acabarás lesionado? Pues al cerebro le pasa lo mismo, pero como no se dedica a levantar peso, sino a tareas mucho más invisibles, no tenemos tan claras sus **limitaciones** y a menudo nos pasamos y lo quemamos —lo lesionamos—. No solo le exigimos cosas que no puede hacer, sino que además creamos **ambientes** donde no puede trabajar bien y esperamos que rinda al máximo. Este es un buen resumen de lo que pasa en muchas empresas, pequeños negocios o lo que hace incluso alguien que teletrabaja desde su casa.

Hace poco, una profesora me expuso sus intentos bastante infructuosos de concentrarse. Compartía despacho con otras cinco personas (administrativos, directivos, etc.), por lo que siempre había una conversación en el aire. Ella sufría *burnout* desde hacía años, así que su capacidad de concentración se había reducido. Así, estar en un ambiente en el que había mucha cháchara la desconcentraba y desesperaba cada vez más. Para intentar rendir a pesar de este problema, evitaba los descansos. Grave error, acababa agotada. Este sería un buen ejemplo de un mal ambiente laboral y de cómo la propia organización de los tiempos puede resultar dañina.

Es importante que los entornos de trabajo estén adaptados a las tareas que se han de desempeñar, y si el trabajo requiere concentración, el silencio es fundamental. Por otro lado, se sabe desde hace tiempo que las personas que hacen **descansos breves** son más productivas y están más sanas mentalmente. Hablaremos con más calma de esto en los últimos capítulos, pero los datos existentes, parar diez minutos cada hora parece lo más efectivo, aunque esto puede variar según la actividad y la persona. ¿Qué entorno de trabajo facilita o pauta tantos descansos? ¿Qué trabajador autónomo se los autoimpone? En la mayoría de los casos que conozco, la gente tiene una hora para comer en una jornada de ocho; algunos, con suerte, disponen de un parón extra de veinte minutos. Como es bien sabido, la productividad baja en picado en las últimas horas de la tarde, pero no es lo único que empeora al final de la jornada: también lo hacen la salud y el bienestar de las personas que a esas horas se van acercando al *burnout*.

Así que... idea importante: los ritmos y las cargas de trabajo deben estar organizados teniendo en cuenta el funcionamiento del cuerpo. Son las reglas del juego, no hay otras. La sobrecarga de trabajo es un factor estrella de riesgo de *burnout*, porque «lesiona» el cerebro.

Pero la cosa va mucho más allá, y es que la saturación puede afectar a las propias organizaciones en sí. Esta es una teoría muy bien desarrollada por Tom DeMarco en su libro *Slack* (libro que me recomendó un ingeniero que estaba siguiendo mi programa). En él, DeMarco explica que tenemos una idea equivocada de que la eficiencia máxima en una empresa se alcanza cuando cada empleado y cada directivo está saturado de trabajo, cuando no queda un recurso por utilizar. Es entonces cuando estamos aprovechando toda la potencia de la organización. Más o menos coincide con lo que pensamos sobre nuestro cerebro, que exprimirlo al cien por cien es la mejor opción. Pero como estarás intuyendo, esta idea no es correcta. Porque... ¿qué pasaría si alguien enferma, por ejemplo? Habría un número de tareas que se quedarían sin responsable. ¿Y qué margen de maniobra tendría la empresa para gestionar esas tareas? La respuesta es ninguno. Quizá las tareas salgan adelante, pero será porque las estará haciendo un profesional que ya estaba hasta arriba de trabajo y que, por tanto, tendrá que dejar otras de lado. Eso afectará a su vez a otros, que tendrán que asumir lo que él no ha terminado, para lo cual... tendrán que descuidar algunas de sus obligaciones. Se iniciará así una reacción en cadena muy peligrosa.

Trabajar al cien por cien todo el rato es antinatural, porque implica tener estrés crónico constante y, por lo tanto, quemarte. Y algo en lo que se piensa menos aún...: si todos los recursos están en uso todo el tiempo nunca se podrá hacer nada nuevo. Los trabajadores estarán saturados y no podrán ser creativos, innovar, encontrar un nuevo proceso que ahorre recursos y les permita, por ejemplo, hacer lo mismo pero en menos tiempo. Todo eso queda fuera del alcance de una empresa o de una persona que aspire a esa idea de eficiencia máxima. Así que quizá no sea un buen sistema.

Otro ejemplo de esta inoperatividad es la burocracia. Cada

vez vivimos más saturados por los papeleos y listas que hay que rellenar. Esta es una queja frecuente entre los profesores, como la del ejemplo anterior; también entre los médicos y entre muchos otros profesionales. De esa burocracia podría encargarse personal de apoyo, pero a las administraciones les parece más eficiente que lo hagan ellos porque ahorran costes. ¿Se hace? Sí. ¿Sale barato? Nada. Porque, aunque no contratan a un administrativo que haga ese trabajo, a sus profesionales más cualificados en sus respectivos campos no les quedan tiempo, ni energías, ni ganas para innovar o mejorar en su verdadero trabajo. Pero esto no se ve.

La cultura de la hiperproductividad nos lleva a pensar que más es siempre más. Y muchas veces es menos. Respetar los ritmos del cuerpo, dejar siempre algo de espacio, aligerar cargas..., acciones como estas son la mejor inversión.

Dinero

Algo muy material y corporal. Para algunas personas, no queda bonito hablar de dinero y a veces se dicen cosas como «La recompensa del trabajo no es solo el dinero/salario, no nos enfoquemos tanto en ello». Para otras, es el tema principal cuando se habla de condiciones laborales. Para mí, el dinero es **muy** importante. Un salario bajo simboliza para el trabajador una escasa valoración de lo que hace y encima impacta de forma directa en su calidad de vida, lo que puede favorecer la aparición de causas externas del *burnout*. Si la falta de dinero hace que tengas dificultades para sostener tu vida, se convierte en un estresor más. Si además eres un empresario que se está dejando la vida (literalmente, en muchos casos) por un negocio que al final te deja unos beneficios mínimos, la frustración puede ser enorme.

El dinero es la principal moneda de cambio en nuestro mundo. Yo te ofrezco algo valioso, por ejemplo, este libro, y tú, a cambio, me das algo valioso, dinero, que para mí se convierte en una herramienta para lograr mis objetivos y tener la vida que quiero. Utilizo la palabra «**herramienta**» con mucha intención:

puedo tener todo el dinero del mundo, pero si no lo utilizo con sabiduría, si no lo invierto en lo que de verdad me importa, puedo ser muy desgraciado. He conocido a muchas personas que ganaban grandes cantidades de dinero, pero a cambio de su libertad y de su salud. Sin embargo, el dinero, si lo sabes emplear bien, te facilita mucho llevar el estilo de vida que quieres. Te da libertad, si no te la quitas tú para conseguirlo.

Al final, el dinero es poder de acción sobre tu vida y sobre el mundo. Por eso, es un factor externo importante en el *burnout*.

Ergonomía

Cuando trabajaba haciendo guardias de veinticuatro horas, la habitación donde atendíamos a los pacientes urgentes de salud mental era un cubículo de apenas 8 m² sin ventanas, con las paredes blancas y totalmente desnudas, una mesa, un ordenador del pleistoceno y dos sillas. Tanto a los pacientes como a nosotros, los profesionales, nos daba la sensación de estar en una sala de interrogatorios ajena al paso de las horas. Un día me harté y encargué cuatro pósteres coloridos de lugares turísticos: los canales de Ámsterdam, una playa en Maldivas, sitios así... Nadie tenía muy claro quién los había puesto, pero todo el mundo decía: «¡Qué diferencia trabajar así!». Me recuerdo perfectamente mirando una de esas fotos y sintiendo alivio mientras escuchaba los malestares de la gente a las cuatro de la mañana.

Cuando hablamos de ergonomía, a veces pensamos solo en la calidad de las sillas o en la altura de las mesas de las oficinas. Pero todo influye: el tipo de luz al que te expones, los ruidos, los colores que te rodean, el ambiente emocional... Todo a tu alrededor tiene un impacto.

Mis recomendaciones a este respecto son directas y claras:

- Intenta siempre que haya **luz natural** en los espacios. Esto es clave para que el cuerpo sienta que está en contacto con la naturaleza y regule mejor los ciclos internos (ritmos circadianos) que afectan drásticamente al estado de ánimo, a la concentración, al estrés y a la productividad.

- Procura el **movimiento constante y los cambios de postura**: las mesas elevables son un grandísimo invento, pero el mejor de todos son las cintas para caminar mientras trabajas. Una interesante solución al sedentarismo, que, como mencionaba en el capítulo anterior, es responsable de una cantidad enorme de muertes en nuestra sociedad. Aun así, cuidado con pensar que ya no hace falta caminar o hacer deporte si tienes una de esas.
- Si teletrabajas, **separa tu espacio de trabajo de tu espacio de vida**. Si puedes destinar una habitación solo para el trabajo, mucho mejor. Si no, al menos distingue el espacio de alguna manera. Tu mente te lo agradecerá.
- En cuanto al ruido, busca trabajar en el **ambiente más aislado y calmado posible**. Un aliado interesante pueden ser las pistas o vídeos de ruido blanco. Este ruido tiene la cualidad de generar una barrera acústica relajante entre nosotros y nuestro entorno.
- Ahora que están de moda las oficinas abiertas, y que no son especialmente respetuosas con nuestra capacidad de atención, puede ser una buena herramienta utilizar esto.

Mente

Las soft skills que no lo son

Quizá el concepto que más odio en el mundo de la salud y el crecimiento en el trabajo es el de habilidades blandas o *soft skills*. Este término hace referencia a aquellas habilidades de comunicación, de gestión emocional y humanas en general son totalmente **cruciales** para el éxito en el trabajo, en la salud y en la vida. Pero que, a pesar de su importancia real, normalmente se las considera un añadido y tienen muy poca presencia en los planes de estudio o en las entrevistas de trabajo. Al contrario, aquellas a las que se presta más atención y se derivan más recursos son las llamadas habilidades duras o *hard skills*, o sea, las capacidades y conocimientos técnicos.

Mi posición no es que haya que beneficiar a unas o a otras, simplemente creo **que esa división es ficticia y errónea,** porque las habilidades de comunicación o gestión emocional, por ejemplo, son tan técnicas como aprender a programar o a administrar una base de datos. Necesitan su estudio y su práctica, y tienen una base teórica sólida detrás. Además, su impacto en los resultados de un trabajador es el mismo que el de cualquier otra habilidad nuclear. A veces, incluso mayor.

El problema es que, desde hace siglos, hemos asociado lo mental y lo psicológico con lo fácil, lo optativo, lo «blando»... Esta asociación tiene sus raíces en la división entre ciencias y humanidades, entre lo racional y lo emocional. No me puedo parar a explicar aquí cuál es el origen histórico, pero es una tendencia muy occidental que nos ha provocado mucho sufrimiento, porque hemos desarrollado tecnologías impresionantes, pero las hemos vuelto contra nosotros de muchas maneras por no tener el desarrollo humano suficiente para controlarlas.

La mezcla de conocimiento y habilidades psicológicas es la única que puede hacer que un trabajador se enfoque al cien por cien en sus tareas, que un equipo de ventas conecte mejor con sus clientes y logre así mejores resultados, que un directivo sea capaz de gestionar un equipo con eficacia y equilibrio. En cuanto al *burnout*, la ausencia de formación en habilidades técnicas psicológicas y humanas hace que la gente viva la experiencia laboral de una forma mucho más áspera y difícil y, por tanto, que se quemen.

A lo largo de estos años, les he preguntado a muchas personas qué porcentaje utilizaban en su día a día de eso que antes llamabas *soft skills* y que espero que a partir de ahora llames «habilidades» o «conocimientos técnicos psicológicos», por ejemplo. La mayoría de la gente me ha dado respuestas que van desde el 50 al 99 por ciento. Más de la mitad casi siempre. Y he hablado con todo tipo de profesionales: abogados, *influencers*, directivos, autónomos de todos los sectores, trabajadores sociales, dependientes, guardias de seguridad, profesores, sanitarios de todos los ámbitos, CEO, conductores de autobús... Luego les hago la siguiente pregunta: «¿Qué porcentaje de los planes de estudios y formaciones que has realizado tenían que ver con esas habilidades psicológicas que suponen, como poco, la mitad de tu trabajo?». Te dejo que pienses la respuesta. En el mío, que soy médico y, como tal, debo atender a personas en situaciones emocionalmente muy difíciles, no creo que superara el 1 por ciento.

Relaciones en el entorno laboral

Para los humanos, no hay nada más importante que los vínculos con otras personas. Son lo que más llena de sentido nuestra vida y lo que más nos mantiene atados a ella. Así, cuando van mal, son probablemente lo que más nos estresa. Si encima los problemas relacionales se dan en el trabajo, mal asunto. Por eso los conflictos en las relaciones laborales son una de las mayores causas de *burnout*. Pero, de nuevo, como alguien decidió que su gestión pertenecía al mundo de lo «blando», apenas se les da una importancia real.

Para entender esto bien, es importante saber que en los trabajos tenemos relaciones de dos tipos, **verticales y horizontales**, y que cada una puede generar estrés a su manera. Las verticales son las que se dan entre un jefe y su equipo, entre un directivo y el CEO de la empresa, pero también entre un trabajador y sus clientes, un profesor y sus alumnos, o un policía y los ciudadanos. Las horizontales son las relaciones que tenemos con los compañeros que están en la misma posición que nosotros.

Cuando digo esto, hay quien se ofende. ¿Qué es eso de que hay gente por encima y por debajo? Sencillamente, esa es la realidad. Que una relación sea vertical no quiere decir que nadie sea mejor que nadie, simplemente que psicológicamente la relación funciona así en ese entorno. Cuando se intenta mirar para otro lado, aparece una causa de *burnout* muy estudiada en la literatura científica: la **ambigüedad de roles.** Si nadie quiere tomar el mando o no se sabe quién tiene la responsabilidad, acaba habiendo problemas y todos nos quemamos. Lo mejor es tener claro qué lugar ocupa cada uno y cuáles son sus funciones, y entender la psicología que hay debajo de esto.

Alguien con un cargo de responsabilidad se puede quemar si siente que su equipo no funciona bien, que no cumple los objetivos, que no sabe cómo motivarlo o no lo comprende. Esto empeora si el equipo está resentido con él, y más si no se le comunica. Como siempre digo, los jefes no pueden leer la mente. Y los jefes siempre tienen también sus propios jefes..., aunque sea su mente y sus expectativas personales.

El empleado, a su vez, se puede quemar cuando el que manda es autoritario, hipercrítico y no está abierto a una comunicación segura. La exigencia puede no ser un problema; de hecho, dentro de unos límites, es necesaria. En mi opinión, es más problemática la crítica constante y la no comprensión de las necesidades y del funcionamiento del subalterno.

Las relaciones horizontales con nuestros compañeros también son importantes. Son relaciones en las que deberíamos encontrar seguridad en los momentos duros, además de buena coordinación y comunicación. Las responsabilidades de cada uno deben estar claras, para evitar conflictos y que el más aplicado acabe haciéndolo todo, quemándose y enfadándose con el resto.

Con los clientes, como ya adelanté, se tiene una relación vertical en la que el que está arriba es el que ofrece el servicio, no el cliente. Es decir, si tú ofreces un servicio o un producto, tú debes poner las normas, establecer la estructura psicológica de la relación, la manera de actuar y los procesos. Y si al cliente no le gusta, no pasa nada, encontrarás otros. Es un proceso similar al que se da cuando estás conociendo a una potencial pareja. La falta de solidez y seguridad ante los clientes suele ser una causa importante de *burnout*, y lo veo mucho en los dueños de pequeños negocios y en los autónomos: el miedo a perder al cliente nos lleva a seguirle la corriente y a no mostrar autoridad ante él. Y eso es peor que no tener clientes. Pero que esto nos suceda es lógico: nadie nos ha formado para gestionarlo.

Autonomía y supervisión. Control sobre tus resultados

Relacionado con el anterior, hay otro factor importante que lleva al *burnout*: el conflicto entre autonomía y supervisión. Los humanos necesitamos sentir que el trabajo que hacemos está en nuestras manos y que tenemos el control sobre los resultados. Esto nos hace sentirnos más plenos y tolerar mejor los errores. Sin embargo, si no tenemos ese control o no sabemos cuál ha sido el resultado de nuestro trabajo, es mucho más fácil desmotivarse.

Este es un problema típico de las grandes multinacionales o entidades públicas, donde hay gente que ni siquiera sabe para qué va a servir su trabajo. También ocurre cuando hay un superior que no es capaz de delegar y que acaba controlándolo todo e impidiendo que el que está debajo tenga sensación de autonomía. Esta cuestión se podría solucionar fácilmente dando a los empleados *feedback* de los resultados finales o incluyéndolos un poco más en el proceso global. Por otro lado, la supervisión es necesaria para que las personas no se quemen. No es bueno tener la sensación de que estamos solos ante una tarea importante o compleja, de que nos han soltado a los leones y tenemos que apañarnos sin más.

Como ves, estamos entre dos polos: la necesidad de autonomía y la de supervisión. En el término medio está la clave: las personas han de sentirse libres para desarrollar su labor y enfrentarse a los retos, pero también acompañadas por sus superiores, que han de enriquecer ese proceso.

Presencialismo vs. dedicación

Ayer mismo, una directiva de una gran multinacional que está haciendo el programa CIMA con nosotros me dijo estas palabras después de reflexionar sobre sí misma: «Yo me quedo hasta las ocho de la noche trabajando. Sé que es por autoexigencia, pero creo que también lo hago para dar ejemplo y motivar a los demás». Yo le pregunté: «Y ese ejemplo... ¿cómo crees que hace sentir a tu equipo?». Concluimos que, más que motivarlos, quizá los estaba presionando y que tal vez muchos se quedaban hasta más tarde sin ser realmente necesario. Sin saberlo, estaba empujando a su departamento al **presencialismo**, que es la tendencia de algunas organizaciones a valorar por encima de todo que la gente esté sentada en su silla.

Lo contrario al presencialismo sería la **dedicación**: cuando lo que se valora son los resultados y el trabajo efectivo, independientemente del tiempo invertido. Es cierto que premiar la dedicación es muy deseable, pero... ¿cuál es el problema? Es más difícil evaluar los resultados que comprobar si la gente está sentada en la oficina. De hecho, este es uno de los orígenes de esa tendencia actual a la hiperproductividad, como cuenta Cal Newport en sus libros.

En el último siglo, el trabajo ha pasado de ser manual y de tener unos resultados visibles y claros, a ser intelectual, basado en el conocimiento y, por lo tanto, mucho más difícil de medir. Por eso, la productividad ha pasado a medirse en el tiempo que pasas sentado y haciendo tareas, tanto en la oficina como en nuestra vida personal. Sin embargo, como ya apunté en el apartado dedicado al cerebro, esa hiperproductividad tan enfocada en la acción es precisamente la que acaba generando una pérdida de productividad y de creatividad. Porque no dejamos espacio para lo nuevo, para la creatividad o la conexión de ideas. Este es el concepto principal que hay detrás de la *slow productivity*, muy defendida por el autor que acabo de mencionar.

En resumen, los entornos que empujan al presencialismo facilitan que los trabajadores pasen más horas de las necesarias en la oficina, lo que reduce su productividad y su sensación de eficacia. Esto ya puede quemar de por sí, pero además se quita tiempo al descanso, a la desconexión y al cuidado de otras facetas de la vida. Esto, por supuesto, aumenta el riesgo de *burnout*.

Espíritu

El sentido de lo que haces

Mi hermano es policía, aprobó las oposiciones hace relativamente poco. Mi hermana es profesora. Y yo, como ya sabes, soy médico. Sí, mi familia es para psicoanalizarla bien. El caso es que, en sus primeros años como agente, mi hermano estuvo en una comisaría haciendo labores de estadística. Cuando llevaba un tiempo allí, tuve una conversación preocupante con él: le notaba muy desmotivado y quemado. Él lo admitía. En su caso, el *burnout* no tenía que ver con el exceso de trabajo, sino con la falta de sentido: tenía la sensación de que el comisario y otros superiores les mandaban hacer cosas arbitrarias e inútiles. «Reorganizar los datos de crímenes de una manera, al mes siguiente hacerlo de otra diferente..., información que sabes que nadie va a mirar nunca». Sentía que empleaba su tiempo de trabajo en tareas que no servirían de nada, que eran el capricho burocrático del político de turno que no sabía ni lo que estaba pidiendo.

Cuando decimos que el trabajo debe tener un sentido, este no tiene por qué ser muy trascendente. Saber que lo que haces **va a servir de algo a alguien** es el principal sentido que un trabajo puede tener. Saber que el tiempo de vida y el esfuerzo empleados tienen una meta. Por supuesto, hay muchos otros sentidos, como que te satisfaga lo que haces, o que te suponga un reto de mejora, o que te conecte con gente, que esté conectado con tu camino espiritual... Si un entorno laboral facilita y promueve el sentido del trabajo, no solo estará alejando del *burnout* a las personas, sino promoviendo su bienestar personal.

No podemos olvidar que las personas necesitamos saber que lo que hacemos tiene un sentido. Muchos estudios científicos han demostrado la importancia de esta cuestión en la vida y en el trabajo.

Gestión del talento

Conectada también con lo anterior, aparece la importancia de tener en cuenta el talento y los intereses de las personas. Y las dos cosas tienen que ir juntas, porque el talento sin interés no sirve de mucho.

Cuando estaba en bachillerato, nos hicieron un test de inteligencias múltiples para ver en qué habilidades destacábamos (cálculo, pensamiento abstracto, memoria...); luego comparaban tu resultado con una base de datos poblacional. Yo saqué un 99 por ciento en visión espacial, es decir, que estaba dentro del 1 por ciento con más visión espacial de toda la base de datos. Entendí por qué había sacado matrícula de honor en la asignatura de dibujo técnico sin apenas esfuerzo y llevando un año de retraso en la materia respecto al resto de mis compañeros, que se habían apuntado un curso antes. De hecho, la asignatura me había parecido un poco de broma, pero, claro, solo me lo había parecido a mí. Fue interesante saber el resultado del test, pero poco más. Era una habilidad que no me servía para nada. No quería ser arquitecto, ni ingeniero, ni artista. Un talento desperdiciado, menos cuando hago algún mapa mental o me oriento en la montaña (aunque, viendo la de veces que me he perdido, no tengo claro que tenga mucho que ver).

Cuando un entorno laboral no tiene en cuenta los talentos de las personas, puede ocurrir que acaben haciendo tareas que les resultan muy exigentes cuando podrían estar haciendo otras que les saldrían de manera natural y eficiente. Lo mismo puede aplicarse a los intereses: el riesgo de tener a alguien haciendo algo que no le motiva o que no cuadra con su propósito personal (aunque se le dé bien) es enorme. El *burnout* pronto llamará a su puerta y se convertirá en esa persona mustia y apagada que saca a duras penas sus responsabilidades adelante.

La vocación es muy importante, lo hablaremos en otro capítulo. Obviamente, no es responsabilidad de una empresa o de una organización encontrar la vocación de sus empleados. Pero si se quiere crear un entorno laboral saludable que potencie el bienestar y la eficacia de las personas, debe tenerla en cuenta. Es parte de nuestra naturaleza. Son las reglas del juego.

Crecimiento personal y laboral

En su libro *La salud mental en la empresa*, Javier Cantera, psicólogo del trabajo y consultor, afirma que el crecimiento dentro del trabajo **no es opcional**, que todos los seres humanos necesitamos sentir que progresamos y que, si no lo hacemos, aumenta el riesgo de pérdida de sentido y desmotivación. No puedo estar más de acuerdo.

Es cierto que la idea de crecimiento es diferente para unos y otros. Algunos lo asocian a tener más responsabilidad, otros a los ingresos, al poder, a la libertad, a la flexibilidad, a la capacidad de elegir sus proyectos... Por poner ejemplos. La cuestión es que no hay nada más destructivo que un itinerario profesional plano en el que tu destino es estar siempre en el mismo puesto, asumiendo las mismas responsabilidades y teniendo las mismas motivaciones. Así toda tu vida. Esto lleva a las personas a dejar de formarse, de investigar, de buscar más experiencias.

Este problema lo veo mucho entre el funcionariado, por ejemplo. En las carreras de muchos de ellos, el itinerario es plano por defecto. Al principio están contentos con su plaza fija y su seguridad, pero, con el paso del tiempo, cuando llevan años haciendo exactamente lo mismo, se desconectan por completo de su trabajo. No puede haber algo que motive menos que darte cuenta de que te has metido en una jaula de oro en la que es casi imposible crecer profesionalmente.

Valores de empresa

Los valores que una empresa promueve o representa también afectan al bienestar de los trabajadores. Igual que debe tener en cuenta el talento, una empresa o una organización haría bien en comprender si los valores que representa son compartidos por las personas que se van incorporando. Esto sería bueno para ambas partes.

Las corrupciones, los escándalos y las crisis de valores en las organizaciones muchas veces llevan a malestares emocionales que facilitan el *burnout* y a la salida de los trabajadores, de ahí que las prácticas de *compliance* no solo sean interesantes para la imagen de la empresa o para la salud de sus finanzas, sino también para el entorno psicológico de la organización. Al final, la mente está presente en todo.

Puntos de resumen:

- Cuidado con aplicar soluciones simplistas (ejemplo clásico: el taller de *mindfulness*) para eliminar o prevenir el *burnout*.
- El *burnout* es un problema integral del ser humano y, por tanto, su tratamiento y prevención debe atender a cuerpo, mente y espíritu.
- En los entornos laborales, poner la mirada en el cuerpo pasa por entender las necesidades de descanso, de no saturación, de luz, de silencio o de espacios saludables.
- No existe diferencia entre *soft* y *hard skills*. Todas las habilidades laborales son técnicas, aunque cada una de diferente naturaleza. Muchas veces, las habilidades psicológicas son las que más impacto tienen en los resultados y en el bienestar de un trabajador. Es crucial formarse en ellas.
- Las relaciones personales son un elemento psicológico clave en los entornos laborales. Entender qué posición ocupamos en cada momento es de gran utilidad.
- El presencialismo puede causar *burnout* y derivar en estilos de productividad insanos e ineficientes
- Conferir un sentido al trabajo, conectar con el talento y prever itinerarios de crecimiento protege frente al *burnout*.

7

Desconectados

Hemos hablado de las causas externas del síndrome del trabajador quemado. Espero haberte transmitido al menos una idea: **el burnout no es solo cosa tuya**. La sociedad, la cultura y el entorno laboral te empujan a ello. Esa es la realidad.

Ahora bien, no te recomiendo que te quedes sentado esperando a que esto cambie para volver a estar bien. Tampoco que pongas tus energías en cambiar ese entorno que te rodea, sería una tarea imposible..., al menos si vas en ese orden. Mi propuesta es que empieces por ti mismo, por tu cuerpo, tu mente y tu espíritu. Es lo que más está en tu mano transformar, lo más fácil. Pero no quería hablarte de esto sin darte antes una visión global de lo que está sucediendo en nuestro mundo.

A partir de aquí, me voy a centrar en lo que mejor se me da: ayudarte a entender lo que está dentro de ti que te está llevando al *burnout* para que puedas cambiarlo y así salir de ese estrés tóxico para siempre. Si logras eso, además de poder disfrutar más de la vida, quizá puedas cambiar las cosas que te rodean y hacer de este mundo un lugar mejor.

De la saturación a la conexión

Cuando dejé Madrid y me mudé a este aislado valle de los Pirineos desde el que te escribo, en el fondo buscaba una sola cosa. Aunque en ese momento no podía expresarlo con palabras, ahora sé con claridad lo que era: conectar. Un poco contradictorio, ¿verdad? Abandoné el centro geográfico, cultural y económico de mi país para irme a uno de los rincones más aislados y remotos. Pero necesitaba hacerlo para volver a conectar: conmigo mismo, con la vida, con mi trabajo y con mis seres queridos.

Llevaba demasiado tiempo atrapado en una carrera agotadora por sacar adelante mi consulta y tratar de crecer, por tener una vida social en una gran ciudad que me drenaba la energía, por ahorrar para un futuro en el que nunca me detuve a pensar y por disfrutar de un ocio que la misma ciudad ofrecía. Esa constante carrera hacía que mi vida fuera monótona, incluso en la novedad, porque, sin importar lo que viviera, no lograba conectar. Todo me pasaba por encima, como la lluvia que resbala sobre la tela de un impermeable.

Los primeros días aquí, además de dormir como un niño, empecé a darme cuenta de lo increíble que era simplemente pasear. Caminar, observar y conocer lo que me rodeaba. Me aficioné a averiguar el nombre de las especies de árboles que había junto al río, por ejemplo, algo que nunca me había llamado la atención. Me quitaba la camiseta y dejaba que el sol me acariciara la piel; solo con eso me sentía vivo.

Pero también conecté con mi interior, con mis emociones. Por ejemplo, con la soledad. Una soledad que ya sentía en Madrid, a pesar de estar rodeado de gente o de tener pareja, pero que, con el ruido, quedaba tapada. Nos tiramos toda la vida pretendiendo que otros llenen nuestra soledad, cuando es imposible, porque es solo nuestra. Aquí he aprendido a mimarla y a quererla.

Conecté además con mis deseos de ayudar a las personas, de lanzar mi mensaje al mundo y de atreverme a construir una vida nueva, la que yo realmente soñaba. Esos deseos ya estaban dentro de mí, pero silenciados por el ruido. Paradójicamente, mejoré la relación con mi familia y mis amigos. Cuando me venían a ver, hablábamos por teléfono o yo iba a Madrid, para mí era una fiesta. De repente, tenía más espacio para disfrutar de ellos y entendí cuánto necesitaba a quienes me acompañaban en el camino de la vida. Recuperé las ganas de conocer a gente nueva, algo que hacía años que no me pasaba. Llevaba mucho tiempo diciendo: «Mi cupo de amigos está cubierto».

Y, finalmente, conecté mucho más con mi cuerpo, con mis sensaciones. Y esto es muy importante para el *burnout*. Por ejemplo, si un día trabajaba de más, era muy consciente de cómo mi cuerpo me avisaba. El cansancio o la desconcentración que antes veía como normales y que no era capaz de entender de dónde venían tenían de pronto un origen claro. Sentía mucho más la necesidad de moverme, de salir a respirar aire y a recibir el sol, de comer sano o de tener un objetivo profesional que me retara y me llenara. No es que antes el cuerpo no me dijera todo esto, es que yo no lo escuchaba, o directamente pensaba que eran caprichos, nada importante. Los mensajes que me mandaba mi cuerpo se perdían en el ruido ensordecedor de la vida y en la programación mental típica de un joven occidental.

La desconexión de nuestras sensaciones corporales, de nuestras emociones y de nuestros deseos es para mí **la causa interna más importante del *burnout*.** Es la raíz de todo. Porque el *burnout* viene del exceso de estrés, del exceso de actividad, algo que al final **hacemos y elegimos nosotros.** ¿Y cómo es posible que nos hagamos eso? Porque **hemos dejado de sentirnos**, no hay otra explicación. Nuestro cuerpo, cuando se está agotando nos avisa de formas muy claras, pero no sabemos interpretarlas o las normalizamos. Nos hemos acostumbrado a tal nivel de ruido y a escucharnos tan poco que llega un momento en el que circulamos como un coche sin panel de mandos: solo sabemos que avanzamos, pero no tenemos ni idea de la velocidad a la que vamos, ni de si hay una avería o de si la temperatura del motor es tan alta que está a punto de estallar.

Hace no mucho, una empresaria habló conmigo preocupada por sus niveles de *burnout*. Me contó que ya había tenido una crisis en el pasado, y que había sido tan grande que había acabado en cama ocho meses. Llevaba años sin hacer prácticamente nada más que trabajar. Se levantaba, trabajaba, trabajaba y trabajaba. Algunos días iba al gimnasio y se desfogaba a lo bestia, y a ratos veía a su pareja, con quien había montado la empresa, o a algunas amigas. Era la mejor clienta de Glovo y Uber Eats, no recordaba lo que era tener una afición y no tenía vacaciones. «Pensaba que aquello duraría un tiempo, unos años, hasta que la empresa se estabilizara». Pero ese momento nunca llegaba y lo que en principio iba a ser una situación puntual, se acabó convirtiendo en lo normal. Su cuerpo empezó a dar señales: cansancio, insomnio, problemas de estómago. El *burnout* no comienza de la noche a la mañana. Pero ella, como tanta gente, fue al médico a hacerse pruebas y empezó a tomar fármacos. Los síntomas iban y venían, y llegó a la conclusión de que no había ningún problema, de que simplemente era una mala racha. Entonces apareció la ansiedad. «Pensé que quizá era más débil mentalmente de lo que me imaginaba y que tenía que seguir esforzándome». Pensamientos como «tú puedes con todo» o «no hay recompensa sin esfuerzo» la hacían desoír el lenguaje de su cuerpo, que le hablaba con claridad. Finalmente, sufrió un cuadro depresivo que la dejó en cama varios meses. Su cuerpo decidió echar el freno de mano antes de que el coche se estrellara.

¿Por qué desconectamos?

El estudio del trauma psicológico ha sido y sigue siendo uno de los temas centrales de la psicología contemporánea. Y no es para menos. Es fascinante y ha sido muy útil para que los psiquiatras y los psicoterapeutas tengamos una comprensión nueva de muchas cosas que los antiguos modelos de diagnóstico no explicaban bien. De hecho, para muchos de nosotros, ahora es muy difícil tratar cualquier problema de salud mental (desde la esquizofrenia hasta la depresión, pasando por el trastorno de personalidad) sin conocer bien a la persona y los eventos traumáticos que la han marcado. Y el *burnout* no es diferente.

Pero vayamos paso a paso.

Para orientarte rápidamente, un trauma psicológico es un

problema que sufren nuestra mente y nuestro cuerpo cuando viven una situación de peligro tan grave que desborda la capacidad de reacción de nuestros mecanismos naturales de gestión del estrés. Un ejemplo muy típico son los terremotos o los tsunamis. Son experiencias que, en un instante, convierten el mundo en el que te sentías a salvo en un lugar descontroladamente peligroso. Y tú te ves indefenso. Mucho peor, claro está, son las guerras o los actos de violencia entre humanos, como un atraco o una violación. Nuestro cerebro no está preparado para soportar tales agresiones de alguien de nuestra especie y sigue en estado de shock mucho tiempo después.

Los estudios sobre el trauma han mostrado como, ante estos estresores tan grandes, los seres humanos activamos a veces un mecanismo de desconexión cerebral llamado disociación y que consiste en desconectar nuestro yo del mundo que nos rodea. El objetivo de este mecanismo es mantenernos en calma para sobrevivir en un mundo que se nos ha hecho demasiado hostil. Los exsoldados de guerra suelen describir que están anestesiados y mantienen una distancia emocional constante con todo lo que les rodea, incluso con sus seres queridos. Nada les satisface y por eso corren el riesgo de acabar siendo adictos al alcohol o a otras sustancias, para llenar el vacío de esa falta de emoción. Es lo mismo que les ocurre a algunas mujeres víctimas de violación, quienes muchas veces se reconocen incapaces de sentir nada durante el sexo, algo que incluso las lleva a dejarlo de lado el resto de sus vidas.

Pero ese mecanismo de disociación no se activa solo en casos extremos. Tú mismo lo accionas día a día. Cuando tienes más estrés del esperado, sientes cierta desconexión del mundo que te rodea. Incluso de tu cuerpo. Es algo también muy común cuando compites en un deporte o haces escalada. Con frecuencia me sucede que, al regresar a casa después de liberar mucha adrenalina en una pared de la montaña, me doy cuenta de que me he hecho una herida. Ni me había enterado. El estrés de mi cuerpo estaba enfocándome en sobrevivir allí arriba, no en si me raspaba contra la roca. Lo mismo ocurre cuando tienes que afrontar una etapa dura en el trabajo o un problema personal importante: tu cerebro se desconecta más o menos y bloquea las emociones y las sensaciones, para que superes ese momento vital.

Volviendo al trauma, la mayoría de las personas, afortunadamente, no tienen un trauma psicológico único y grave, como en los ejemplos que te he puesto antes. Hoy sabemos que lo que solemos tener cada uno de nosotros son muchos microtraumas, pequeños eventos que se han ido grabando en nuestro cerebro, que nos han generado miedos y creencias negativas sobre la vida... y que nos han ido desconectando de nuestro cuerpo y de nuestras emociones para sobrevivir. Exactamente lo mismo que sucede con los traumas graves, pero poco a poco y en pequeñas dosis. Y esta es una de las causas psicológicas que he observado que hay detrás del *burnout*.

¿Y cuáles son esos microtraumas? Hay tantos como personas, pero un ejemplo sería que de pequeño no te valoraban si no sacabas buenas notas o si no lograbas lo que se esperaba de ti. O cuando pensabas que cuidarte era egoísta, que solo tenías que encargarte de los demás y que darte importancia era de mala persona. Ahí tu cuerpo y tu mente estaban sufriendo una agresión. O cuando te decían: «No importa cómo te sientas, tienes que seguir». También cuando tu cuerpo y tu mente, hechos para vivir en la naturaleza salvaje, crecieron en una ciudad llena de ruidos, hormigón, miles de estímulos y contaminación. O cuando te decían que tenías que estar sentado diez horas al día y se dejaba de lado tu capacidad emocional para alimentar solo la analítica. En todas esas situaciones, lo más sensato para tu cuerpo era anestesiarse un poco y desconectarse, para no estar haciendo sonar sus alarmas internas todo el rato y así permitirte vivir. Y para seguir logrando que te valorasen y aceptasen.

Años después, empiezas a trabajar y te pasas sentado doce horas al día para sacar adelante lo imposible. Y tu cuerpo te habla. O quizá tienes la mala suerte de tener un jefe narcisista y psicópata que te seducirá y luego te maltratará. Y tus emociones hablarán. O tal vez enciendas el portátil a las once de la noche para acabar de mandar esos e-mails, lo que alterará tu ciclo de sueño, y así un día tras otro. Y tu cuerpo te hablará. Pero tú no serás capaz de escucharlo. Estarás desconectado de él. Cuando el exceso de estrés te haga vivir constantemente nervioso, no te darás cuenta, lo normalizarás porque es lo que tu mente ha aprendido a hacer. Lo más importante son los resultados, no el precio que pagas para conseguirlos. Tu mente está entrenada para no hacer caso cuando empieces a tener molestias intestinales, o tu piel se enrojezca, o no duermas bien.

«A mucha gente le pasa» o «es lo que hay». Otra frase clásica es «el *burnout* solo lo tienen los débiles». El problema es que cuanto más sufra tu cuerpo, mayor será el nivel de desconexión necesario para no escucharlo y para gestionar el malestar. Y esa desconexión, igual que les ocurre a los soldados que regresan de la guerra, afectará **a toda tu vida**. A los viajes, a las comidas familiares, a tus relaciones íntimas, a tu ocio, a lo que comes, escuchas, lees... A todo.

El cerebro desconectado

No soy muy amigo de explicar el aspecto neurobiológico de cada cosa de la que quiero hablar. Sí, soy psiquiatra, pero creo que pocas veces esas explicaciones sirven a las personas para entenderse mejor, que es lo que yo quiero. Además, me parece que el 99 por ciento de la gente se olvida de lo que le has dicho un minuto después de oír esas palabras rimbombantes que te hacen parecer un inteligente doctor en neurociencia (aunque esté todo sacado de ChatGPT...). Pero hay excepciones. Te diré una de ellas.

El cerebro tiene dos partes. Bueno, tiene muchísimas más, claro, pero hay dos que se complementan y que son la clave de todo:

- La corteza prefrontal (parte racional o centro de mando): es la zona del cerebro donde procesamos y analizamos la información de forma consciente, lo que nos hace capaces de tomar decisiones, autocontrolarnos y regular nuestras emociones.

- El sistema límbico (parte emocional y corporal): es un conjunto de estructuras del cerebro que se coordinan entre sí para cumplir varias funciones fundamentes. Por un lado, nos avisa si algo es peligroso, atractivo o interesante, y lo hace a través de las emociones. Además, tiene la función de integrar la información de las sensaciones corporales para poder percibirlas y descifrarlas. El sistema límbico también incluye el hipocampo, estructura fundamental en la conservación de la memoria. Por eso esta está tan relacionada con la intensidad emocional de lo que vives. Te acuerdas más de las cosas que te causaron mayor emoción, los recuerdos se graban más a fuego. Por el contrario, tu hipocampo aparca las vivencias comunes en la neurona de la esquina, sin darles importancia. Si la carga emocional es excesiva (trauma), veremos lo que pasa.

Ambas partes del cerebro están muy bien comunicadas por «autopistas neuronales». Es importante entender que la corteza prefrontal recibe la información sobre las emociones y el cuerpo del sistema límbico toma decisiones, gestiona y planifica basándose en dicha información. Aunque, con más frecuencia de lo que pensamos, el sistema límbico es capaz de superar a la corteza y tomar las decisiones por nosotros. En cualquier caso, los humanos no decidimos de forma puramente racional, como ya demostró António Damásio —lo siento por Descartes—: nuestras emociones juegan siempre un papel clave.

Bien, dicho esto, ¿qué sucede esencialmente cuando se da la desconexión por trauma? Que **la corteza prefrontal y el sistema límbico no se comunican y están descoordinados**. El cerebro recibe un impacto tan grande que el sistema límbico se satura y la corteza prefrontal es incapaz hacer una interpretación racional de lo ocurrido. Para no bloquear todo el cerebro por esa carga emocional, ambas partes se desconectan. Pero claro, esta desconexión tiene un precio que ya hemos mencionado: la persona vivirá con la sensación de estar anestesiada, no entenderá lo que su cuerpo le dice, a veces tendrá explosiones emocionales de miedo o de rabia que no podrá procesar o controlar correctamente, padecerá ansiedad y angustia, depresiones, etc.

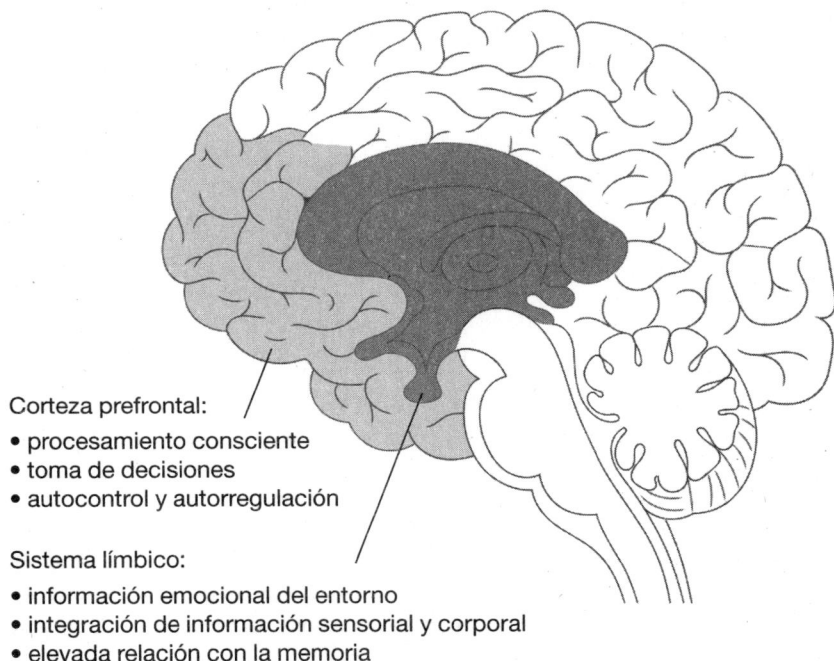

Corteza prefrontal:
• procesamiento consciente
• toma de decisiones
• autocontrol y autorregulación

Sistema límbico:
• información emocional del entorno
• integración de información sensorial y corporal
• elevada relación con la memoria

¿Y qué pasa con el *burnout*? En el fondo, es algo muy parecido, pero se da de una forma más progresiva. Por un lado, los microtraumas del pasado (esas creencias sobre el esfuerzo, el egoísmo o el pensar que deberíamos poder con todo, entre otras) generan un entorno de desconexión entre la corteza prefrontal y el sistema límbico que favorece el *burnout*. Entonces, cuando empezamos a sobrecargarnos de estrés, esa desconexión va aumentando para intentar defendernos de las sensaciones desagradables y de los mensajes cada vez más claros del cuerpo y de las emociones. Por eso aparece la despersonalización (recuerda, la pérdida de interés, de emoción y de motivación por el trabajo) como síntoma del *burnout*. Me he encontrado casos en los que el cerebro de la persona con *burnout* tenía unos grados de desconexión muy parecidos a los del trauma grave, como la emprendedora de la que te hablaba o incluso una persona con amnesia de los meses previos de su vida. A veces, las vivencias del estrés laboral y global que experimentamos acaban siendo traumas graves.

Cuando padecemos *burnout*, además de que esas dos partes de nuestro cerebro se desconectan entre sí, tampoco funcionan bien por separado. **La corteza prefrontal** está tan atareada y ocupada, tan ensordecida por el ruido de la vida y por el trabajo, que no es capaz de gestionar correctamente la información que le llega, de ahí la desconcentración, la pérdida de eficacia o la neblina mental. Tampoco logra interpretar las señales emocionales distorsionadas que le llegan del sistema límbico y pierde el autocontrol, la capacidad de foco sereno y de decisión racional.

Por su parte, **el sistema límbico** está desbordado por el exceso de emociones que genera el estrés, hasta el punto de que sus neuronas empiezan a trabajar peor. Empieza entonces a generar emociones discordantes ante cualquier estímulo, normalmente desagradables y a un «volumen» muy alto. En el fondo, lo que ocurre es que nuestro sistema límbico está en estado de alerta constante y poco a poco se encargará de tomar el control de las decisiones, por encima de la debilitada corteza. Por este motivo, en estas circunstancias estresantes, perdemos más los papeles, estamos más irritables, incluso con las personas que más nos quieren ayudar, y juzgamos las situaciones de forma menos razonable. Nos sentimos perseguidos, criticados o menospreciados. Vemos todo mucho más negro, el presente y el futuro. El miedo a perder el trabajo o a que nos valoren negativamente hace que sigamos adelante sin darnos cuenta de que lo que hacemos es justo lo que nos está llevando a estar así.

Según los estudios científicos más actuales, si observamos el cerebro de una persona con *burnout*, veremos que las estructuras de su sistema límbico se van atrofiando y que sus neuronas cada vez se reproducen menos y se conectan menos entre ellas.

Pero la desconexión más importante que se produce es **de toda nuestra vida**. Porque los sistemas que se encargan de emocionarte con lo que te rodea, de sentirlo, de darle un significado y luego memorizarlo (hipocampo), están intentando sobrevivir. Quizá se case tu hija y tú apenas te emociones ni lo recuerdes con toda su plenitud. Lo mismo puede pasar con una relación de pareja que empieza o con el viaje soñado que llevas tanto tiempo planificando. O con la vida misma; puede que no sepas ver que es un regalo y tal vez algún día te des cuenta de que ha sido como un tren que ha pasado demasiado rápido.

Hace unos años, cuando mi cerebro estaba, punto por punto, en ese estado que te acabo de describir, hice una ruta por la sierra de Gredos con algunos de mis mejores amigos. El día antes salí de lo que en el hospital llamábamos un triplete de guardias: en seis días, tres jornadas seguidas de veinticuatro horas de trabajo en urgencias. O sea, trabajé setenta y dos horas en esos seis días, que sería, aproximadamente, el tiempo que una persona normal trabaja en dos semanas. Imagínate cómo estaba...

Recuerdo la primera tarde en medio de la montaña, después de la primera caminata subiendo por el fondo de un valle. Me tuve que separar de mis amigos porque la sensación de no sentir nada me estaba torturando. No conseguía conectar con ellos, reírme, sintonizar con su estado emocional y con la alegría de ese viaje tan deseado. Me senté en una roca esperando que la soledad y la montaña me ayudaran a conectar. Tenía ante mí un paisaje espectacular, era un momento de libertad y naturaleza, pero yo no sentía nada. Nada de nada. Ni siquiera mis montañas lograban que me conectara. Fue terrible para mí.

Pasamos allí tres noches, durmiendo en cabañas idílicas, rodeados de nieve, calentándonos con fogatas de leña. En todo el viaje no conseguí recuperar mi conexión habitual, fue una experiencia perdida, un trocito de mi vida desperdiciado. Por aquellos días, viví muchas experiencias similares, y así han vivido durante años muchas de las personas a las que ayudo.

Me acuerdo mucho de ese viaje porque, a partir de ahí, se hizo más sólida una idea: aquello tenía fecha de caducidad, no estaba dispuesto a perder mi vida de esa manera durante mucho más tiempo.

El verano eterno

Ya te he hablado en el primer capítulo sobre mi búsqueda del verano eterno. Desde hace unos años le he dado vueltas a la idea de intentar vivir siempre con la sensación del verano, esa que nos invade cuando somos niños y los tres meses sin colegio nos parecen una vida entera. No hay agobios, tensión ni estrés constante, y conectas al cien por cien con lo que te rodea. Si estás en mi comunidad vía e-mail, sabrás que en verano siempre ofrezco algo relacionado con esta idea, para ayudarte a vivir esos meses como si fueras un niño otra vez.

Puedo decir que estoy mucho más cerca de vivir en el verano eterno del Carlos de entonces. Y no hace tanto de aquello. He priorizado la calidad sobre la cantidad, la conexión sobre la experiencia. Sigo siendo una persona inquieta que trabaja bastante —aunque obviamente, nada que ver con las horas que dedicaba hace unos años—, y que ahora, además, comunica y crea. Sigo viajando y conociendo a nuevas personas. Me reto a mí mismo de diferentes maneras. Pero lo hago siempre con mucha consciencia de cómo estoy, escuchando las señales de mi cuerpo. De si toca o no toca.

Este libro es un manual para volver a conectar: si luchas por salir del *burnout* o por llevar una vida más equilibrada, la conexión se produce antes o después. El mero hecho de leer estas páginas, de reflexionar y sentirte interpelado ya está favoreciendo la reconexión entre tu sistema límbico y tu corteza prefrontal.

Sin embargo, para acabar este capítulo, te daré una herramienta: dedica un rato cada día a conectar contigo mismo y, si puede ser, hazlo escribiendo. La escritura te obliga a pararte, a centrar la mente en ti y a observarte. Da igual si escribes en el móvil o en el ordenador, aunque el papel evita muchas distracciones, lo importante es que escribir obliga a que tu corteza prefrontal vuelva la mirada a tu sistema límbico, **reactiva la conexión entre los dos,** y eso puede cambiarlo todo. Unos minutos de escritura al día pueden mejorar verdaderamente tu autocomprensión, tus niveles de estrés y las decisiones que tomas en tu vida.

Puntos de resumen:

- Comienza a tratar las causas internas del *burnout*, cámbiate a ti para luego poder cambiar lo que hay fuera.
- La causa interna de partida en el *burnout* es la desconexión con tu cuerpo, tus sensaciones y emociones.
- La desconexión hace que toleres y normalices situaciones agresivas y excesivamente estresantes.
- La corteza prefrontal se encarga del control racional y de la toma de decisiones. El sistema límbico emite emociones y sensaciones para informarte sobre la realidad y sobre el estado de tu cuerpo. La comunicación entre ambos es fundamental para llevar una vida conectada contigo mismo y con lo que te rodea.
- A lo largo de tu vida, los microtraumas van desconectando estas dos partes y, en consecuencia, facilitando la tolerancia de situaciones estresantes de manera crónica.
- El propio *burnout* genera el caos tanto en la corteza prefrontal como en el sistema límbico y los desconecta todavía más.
- Escribir un rato sobre uno mismo al final de cada día es una herramienta muy poderosa para volver a conectar.

8

Cuerpo: la base de todo

Hace no mucho tiempo me contactó una madre y notaria pidiéndome ayuda. Llevaba sumida en el *burnout* probablemente los últimos veinte años de su vida. Como la mayoría de la gente, yo pensaba que los notarios vivían relajados, echando un par de firmas al día y cerrando su jornada laboral con una buena cantidad de dinero en la cuenta. Pero me equivocaba. Aprendí mucho con ella. Aquella mujer tenía un ritmo de trabajo muy estresante y estaba claramente quemada.

Cuando empezamos a trabajar, una de las cosas que le recomendé fue hacer deporte. Es algo que suelo aconsejar, pero en su caso lo veía más necesario todavía, porque era una persona sedentaria que apenas caminaba unos pocos miles de pasos al día. Y fin, esa era toda su actividad física. Esto le sucede a un tercio de la población española aproximadamente, y no somos los que peor estamos... Un día, me confesó algo que le había generado mucho miedo y que a mí también me heló la sangre. Poco tiempo antes de comenzar el programa, se había sentado en el suelo de su salón para coger una revista de una mesa baja y, al intentar levantarse, se dio cuenta de que no era capaz. No es que tuviera una lesión o un dolor que se lo impidiera, tampoco un sobrepeso especial, simplemente, no tenía fuerzas. Estuvo varios minutos forcejeando con su propio cuerpo hasta que lo consiguió. Se asustó: se dio cuenta de que algo no iba bien. Y ese algo era importante solucionarlo para salir del *burnout*.

Con el paso del tiempo, lo que más me agradeció fue haberle aconsejado hacer ejercicio, llevar una nutrición saludable y darse importancia a sí misma a través de todo ello.

La base de todo

Hoy en día, tenemos montañas de evidencias científicas que demuestran que cuanto más cuidado está nuestro cuerpo, mejor está nuestra mente. Cuanto mejor dormimos, comemos, cuanto más nos movemos y nos exponemos al sol. También cuanto más evitamos los tóxicos, como el alcohol, el azúcar y otras drogas. Incluso se ha demostrado que el ejercicio físico, como tratamiento único, es efectivo para algunos trastornos mentales como la depresión. Sobre esto te podría citar varios metaanálisis —los estudios que dan más solidez científica a una afirmación— que recojo en la bibliografía al final del libro. Sin embargo, creo que no hace falta leerlos para saber que esto es así, es una sensación que todos hemos experimentado.

Cuando estás en una etapa en la que comes de manera sana y consciente, haces deporte regularmente, sales al aire libre y duermes bien, ves todo de otra manera. Tus sensaciones son distintas y conectas mucho más con lo que vives (algo que tiene lógica, dado que el cuidado corporal afecta muy positivamente a la corteza prefrontal y al sistema límbico).

De aquí surge un concepto que me gusta utilizar, que es el de estado. Tu estado. Es decir, cómo estás en un momento determinado. Parece algo muy simple, pero no lo es. Tu estado es lo que condiciona la manera en que experimentas todo lo que te rodea. Y es el resultado de tu situación anímica, mental y física combinadas. Si tienes un buen estado, disfrutarás mucho más de la vida, porque serás capaz de vivir las cosas cotidianas de manera consciente y agradable. También serás más capaz de superar retos. Es decir, si te sientes fuerte y ágil, con un cuerpo sano, una mente que tiende a la alegría y el optimismo y estás enfocado en lo que te propones y conectado con la vida, pues no importa mucho lo que te pase: vas a disfrutar y a conectar.

Si, por el contrario, tu estado es de debilidad y anquilosamiento muscular, digestiones pesadas y mente nublada, rumiativa y pesimista, pues, de nuevo, va a ser difícil conectar y disfrutar al cien por cien de tu vida. Yo tengo muy claro en cuál de estas dos situaciones quiero encontrarme la mayor parte del tiempo. ¿Y tú?

En la línea de lo que proponía Abraham Maslow con su jerarquía de necesidades humanas, para mantener un buen estado, el punto de partida es el **cuerpo**. Esa es mi experiencia después de muchos años como psiquiatra y también como ser humano. El cuerpo es la base de la pirámide, aquella sobre la que se sostiene todo lo que somos: nuestra mente y nuestro espíritu. Si tu cuerpo no está bien, será muy difícil que estés bien en el resto de los ámbitos. Y si quieres salir del *burnout*, una de las grandes claves es pelear por el mejor estado posible. Ese es el camino.

Ahora bien, quiero dejar algo claro: no soy partidario de la optimización infinita ni tampoco de endiosar el estado. Sobre todo, no creo que este se pueda controlar al cien por cien y a cada momento. Este es un pensamiento que te incita a la culpa cuando está mal y a hundirte más aún o a sentirte inferior si no eres capaz de cambiar tus emociones a voluntad. Estas ideas del «tú decides si estás alegre o triste», la ilusión del control emocional inmediato, que a veces intoxica también el mundo del *coaching* y del desarrollo personal, forman parte de la actual cultura occidental. La vida es cambiante y el estado no siempre se puede mantener como tú quieres... y es mejor así. Para que haya luz, necesitamos oscuridad. Si, por ejemplo, se te muere un ser querido, tu estado inevitablemente va a empeorar, es parte de la vida. Necesitarás hacer ese duelo. Estarás más triste, harás menos actividades por falta de motivación y será una etapa un poco diferente.

El objetivo es que la búsqueda de un estado óptimo te sirva de brújula para medir si te estás cuidando lo suficiente, especialmente tu cuerpo, pero también lo demás. Esta debe ser tu visión de fondo, no una excusa para dar rienda suelta al perfeccionismo o a la culpa.

El mayor enemigo del cuerpo

Curiosamente, el mayor enemigo de tu cuerpo no es algo físico. Es tu mente. Eso lo tengo claro. ¿Por qué aquella notaria del ejemplo anterior no se cuidaba nada? Porque su mente no se lo permitía. En un momento del proceso, me dijo: «Siempre he pensado que lo importante eran los demás, no yo». Según fuimos profundizando, descubrimos una creencia que había marcado toda su vida hasta el presente: pensar en uno mismo y cuidarse era egoísta; una persona buena y responsable debía centrarse en los demás. En su trabajo, esa idea había implicado que se sobrecargara y se quemara, y en su vida personal, como madre y como pareja, lo mismo. Y aquí viene una frase que quiero que te marques a fuego; de hecho, te invito a tatuártela o a que la escribas y la cuelgues en tu nevera: «Cuidar tu cuerpo no es egoísta, es generoso».

A pesar de que hoy en día sabemos con claridad que el autocuidado físico es una necesidad natural, todavía escucho frases como «qué superficial...» o «no todo es la salud en esta vida». La idea cultural que subyace tras estas expresiones es que, en el fondo, cuidar nuestro cuerpo es un lujo, algo accesorio que está bien, sí, pero las prioridades de las personas serias, responsables o generosas son otras.

Una vez, un grupo de amigos me vino a visitar a los Pirineos y uno me dijo la siguiente frase: «Jo, Carlos, es que vives como quieres». Como buen psiquiatra, no pude dejar de detectar en sus palabras un mensaje implícito: «Este cambio que has hecho está genial, pero tiene algo de egoísta; el resto nos hemos quedado en Madrid, aguantando y dando el callo». La cuestión es: ¿no deberíamos todos vivir como queremos? Para eso nos han regalado la vida nuestros padres. Repito, **cuidarte no solo no es egoísta, sino que es generoso,** porque al hacerlo estarás mejorando tu estado y podrás hacer mucho más por quienes te rodean. Serás más eficiente en tu trabajo y más humano, estarás más disponible emocionalmente para tus seres queridos y habrá más probabilidades de que conectes con tus sueños y de que dejes huella en este mundo. Para llegar eso, la base es tu cuerpo. No hay otra.

Lanzaré otra frase para que cuelgues en tu nevera: «Cuidar tu cuerpo no es el camino fácil, es el difícil».

Otra de las cosas que escucha de vez en cuando alguien que se cuida físicamente es: «Vaya, cómo nos cuidamos, ¿no?». Aquí, además de esa acusación de egoísmo, hay algo más, hay una crítica a la facilidad, al placer. Como si cuidarse fuera un placentero vicio al que su víctima no se puede resistir. Nada más lejos de la realidad. **Cuidarse es, sin duda, el camino más difícil.** Es mucho más fácil no hacer deporte que adquirir el hábito y mantenerlo. De hecho, nuestro cuerpo tiene una tendencia innata a no moverse, para conservar energía, que, cada vez que haces deporte, tienes que superar. Es mucho más cómodo dejarse llevar por la seducción de los ultraprocesados y de sus sabores explosivos que aprender sobre nutrición para elegir bien los platos y cocinarlos, con el tiempo que eso conlleva. Es mucho más fácil quedarse a ver series hasta la una de la mañana que seguir una rutina presueño saludable. En fin, y miles de ejemplos más. Eso sí, como dice Marcos Vázquez, uno de nuestros grandes divulgadores de salud en habla hispana: «Haz hoy lo que otros no hacen para conseguir mañana lo que otros no consiguen». El sacrificio tendrá sus recompensas, y mucho antes de lo que piensas.

Una última frase para tu nevera o tu piel: «Cuidar tu cuerpo es más fácil de lo que piensas».

A aquella notaria de la que te hablé, al principio se le hacía un mundo hacer deporte. No sabía por dónde empezar ni tenía fuerzas para hacerlo. Con respecto a la comida, tenía la gran excusa de que no le daba tiempo. Comencé recomendándole a un entrenador personal para que la guiara en sus primeros pasos. Este me dijo que tenían que ir muy poco a poco. Y así lo hicieron. Pero en cuestión de cuatro o cinco semanas en las que dedicó menos de una hora semanal a hacer deporte, ya notó una clara mejoría. Por ejemplo, podía levantarse del suelo. Y lo que es mejor, empezó a cogerle el gusto y a desear ir a esas sesiones de entrenamiento que antes le parecían peor que una tortura. Con la alimentación le pasó lo mismo: rápidamente comenzaron a apetecerle cosas saludables y ligeras que le dejaban una sensación en el cuerpo mucho mejor.

Este ejemplo encaja con algo que hemos hablado antes: tu cuerpo está conectado contigo y te irá diciendo lo que le sienta bien y lo que no. Tu estado irá mejorando según te vayas cuidando y eso, a su vez, hará que desees cuidarte más. Los primeros pasos son los más difíciles, pero, una vez superados, todo empezará a fluir. El efecto de cuidarte sobre tus niveles de estrés y *burnout* puede ser arrasador, porque no solo estarás cuidando tu cuerpo y conectando más contigo mismo, sino que estarás cambiando tu mentalidad. Pero de esto hablaremos pronto.

Pastillas: armas de doble filo

Antes de ofrecerte mis consejos sobre cómo cuidar tu cuerpo si tienes *burnout*, como médico, tengo que hablarte del uso de la medicación para solucionar este problema. Te contaré una realidad que me encuentro a menudo cuando trabajo con personas con *burnout*.

Laura es una periodista que entró en mi programa. Llevaba muchos años durmiendo mal y con un *burnout* enorme en los últimos meses. Le habían recetado poco antes de acudir a mí un antidepresivo con efecto sedante para que durmiera mejor, para mejorar su estado de ánimo y rebajar su ansiedad. Yo le recomendé que no lo tomara, además de que ella ya no tenía muchas ganas de hacerlo. Tan solo un mes y medio después dormía mejor que nunca —insisto, sufría insomnio desde hacía más de una década— y tras otras tantas semanas su *burnout* estaba solucionado. Había realizado cambios profundos en su mentalidad, en su relación con el trabajo y en su vida en general, y por eso todo mejoró. Y lo había logrado sin pastillas. Ahora te pregunto: si el antidepresivo le hubiera eliminado los síntomas y ella no hubiese hecho todo ese camino de transformación, ¿realmente la habría ayudado? ¿O hubiese ocurrido lo contrario? Es decir, ¿no crees que al prescindir de la medicación habría recaído antes o después? Y, sobre todo, ¿no habría perdido la oportunidad de aprender a eliminar su problema de manera autónoma y sólida, de alcanzar un gran crecimiento personal que tendría un efecto en todos los ámbitos de su vida?

En el *burnout*, las medicaciones que tiene algo de sentido utilizar son los antidepresivos y los ansiolíticos (esos que tienen nombres que acaban en «-pam»). Mi opinión es sencilla: en la mayoría de los casos, no son más que un **parche que alivia los síntomas, pero que no soluciona el problema. Y esto es peligroso.** Cuando alivias el malestar que genera un problema, pero no solucionas sus causas, lo dejas avanzar, empeora con el tiempo y, cuando quieres resolverlo de verdad, es más difícil. Esto pasa con el *burnout*, pero también con la ansiedad, la depresión y otros problemas de salud mental. Mi historia como psiquiatra se resume en haberle explicado esto mismo a cientos de personas y en haber intentado señalarles el camino para llegar a la solución real de sus problemas.

Ojo, no digo que yo no recete nunca medicación, pero lo cierto es que siguiendo el esquema de trabajo que te estoy resumiendo en este libro, muy poca gente la necesita. Solo me lo planteo en las que presentan casos graves y que se pueden beneficiar de este apoyo extra; también cuando hay algún problema asociado al *burnout*, como puede ser el trastorno por déficit de atención e hiperactividad en adultos. **La medicación debe ser un apoyo para un proceso de trabajo y autocuidado más profundo.** Es como utilizar una muleta para recuperarte de una fractura: te sirve para seguir caminando mientras recuperas tus propias fuerzas. Pero evidentemente no es la solución al problema.

Así que, en general, para el *burnout*, y para cualquier problema de salud física o mental, la pregunta que debes hacerte siempre es: ¿La medicación va a hacer que no me cuide y que no tome las riendas de mi propia salud? La medicina moderna, desde su mirada estadística, ha convertido a las personas en meros sujetos pasivos (pacientes) con problemas que se solucionan con pastillas. Tiene muy poco en cuenta la capacidad de cambio de la persona. Sin embargo, muchas de esas enfermedades que afectan al occidental sedentario y estresado nunca aparecerían si cuidáramos más nuestro cuerpo y nuestra mente, e incluso se pueden **curar** realizando cambios personales.

¿Cuál es la realidad social? Que la mayoría de las personas con *burnout* acuden a su médico de cabecera —que muy probablemente también tendrá *burnout*, por cierto— y este les receta un ansiolítico o un antidepresivo; lo hace porque tiene cinco minutos para ver a cada paciente, porque tiene poca formación sobre cómo afecta el *burnout* o porque, si intenta derivar al paciente al psicólogo, la lista de espera será, como mínimo, de unos cuatro meses. El psicólogo —también con *burnout*—, por su parte, es probable que no le pueda ver más que 60 minutos al mes, porque tendrá que encajarlo con calzador en una agenda ya repleta. Todo este baile lo he visto cientos de veces. Los pobres médicos y psicólogos hacen lo que pueden.

¿En qué acaba esto? En que **un porcentaje muy alto de personas con *burnout* intentan solucionarlo con medicación y se tiran años así.** Con suerte, esa medicación no les funciona, lo que los obliga a tomar otras medidas más enfocadas a lo que yo propongo en este libro: atacar las causas del problema. Si tienen mala suerte, la medicación les ayuda y pueden seguir adelante con una calidad de vida peor que la que podrían tener si se pararan a solucionar en profundidad lo que los ha llevado hasta ahí.

Por cierto, en el 2020, España fue el país del mundo con más consumo de benzodiazepinas (los ansiolíticos, los que acaban en «-pam») por habitante **del mundo**. Tenemos que hacer una seria revisión de lo que estamos haciendo en salud mental.

Desviándonos un poco del tema del *burnout*, esto que te acabo de relatar pasa exactamente igual con la ansiedad, la depresión y otros problemas psiquiátricos más graves como la esquizofrenia o el trastorno bipolar, aunque en estos últimos la diferencia es que la medicación es, en principio, mucho más necesaria. Se sigue vendiendo la idea de la solución para un esquizofrénico es que se tome su medicación, que no hay mucho más por resolver ni nada que hacer para mejorar su calidad de vida, incluso para conseguir que no tenga que tomar medicación. Pues este logro es una realidad en países del norte de Europa, no es ciencia ficción.

Cómo cuidarte y evitar el *burnout*

Partamos de la siguiente idea: todo lo que hagas para cuidar tu cuerpo será bueno para salir del *burnout* o para prevenirlo, porque tu cuerpo es la base de todo. Esta sección podría ocupar no solo un capítulo entero, sino un libro o hasta una colección, pero intentaré resumir mucho y contarte lo creo que es más importante si padeces *burnout*.

Si quieres saber más sobre salud corporal, hay grandes divulgadores de los que te puedes fiar al cien por cien, como la doctora Sari Arponen, el doctor Borja Bandera o Marcos Vázquez. En sus redes y en sus libros explican lo que han aprendido desde la ciencia y desde la experiencia personal, y además son sensatos con los consejos que dan.

Yo compartiré contigo los cuatro pilares fundamentales de la salud física, Si los mantienes fuertes, tienes el 90 por ciento del trabajo hecho.

Deporte

Es la intervención más poderosa que existe en el ámbito de la salud. Sí, el deporte. Tiene beneficios enormes en todos los aspectos. Como cultura y sociedad, la actividad física es probablemente aquello que más nos diferencia de nuestros antepasados nómadas de hace miles de años, que ellos estaban en constante movimiento.

Uno de los grandes descubrimientos de la neurociencia y la

salud de los últimos años ha sido darnos cuenta del efecto que tiene el deporte sobre el cerebro y el bienestar emocional: hay estudios que han demostrado que el ejercicio físico es igual de efectivo que los antidepresivos para combatir la depresión. Por supuesto, también para la regulación del estrés y la eliminación del *burnout* tiene importantes beneficios. Hacer deporte no solo te desestresa en el momento, sino que, a la larga, te permite reducir tus niveles de estrés y tener más resistencia frente a las dificultades del día a día. Con respecto a este tema, te doy mis consejos clave:

- Si no haces deporte, **empieza muy poco a poco**, y, si puedes, hazlo con un entrenador personal o con **alguien que te sepa dirigir**. Es muy frecuente ver a gente que pasa de no hacer nada de ejercicio a hacer una hora cada día, y con los escasos conocimientos que adquirieron en la asignatura de Educación Física del colegio. Entonces ocurren dos cosas: o bien se lesionan, o bien lo dejan en una semana por agotamiento. Cuando comencé a hacer entrenamiento de fuerza, mi entrenador me asignaba rutinas de quince o veinte minutos cada dos o tres días. Así logró algo muy importante: que yo tuviera ganas de más.
- Haz ejercicios de fuerza, ya sea con pesas, con tu propio peso corporal, practicando escalada... Lo que sea. Lo tenemos muy claro: **el entrenamiento de fuerza es igual de importante que el entrenamiento de resistencia (aeróbico).** La fuerza se hace más importante aún cuando rebasamos los cincuenta o sesenta años. Ve poco a poco, pero ten en cuenta que no es suficiente solo con correr, mucho menos con caminar —de hecho, eso no lo consideramos deporte; lo incluiré en otra categoría más adelante.
- Si atraviesas una temporada de estrés fuerte, es mejor que bajes un poco el ritmo, para no sobrecargar tu cuerpo. El deporte es un estresor natural.
- No dejes nunca de hacer deporte. Al revés, en las temporadas de estrés es **crucial que priorices tu autocuidado y tu activi-**

dad física, porque es lo que te va a mantener a flote. En etapas de sobrecarga tendemos a cuidarnos menos («ya lo haré cuando tenga tiempo»), lo que convierte una época mala... en una época fatal. Recuerda: tu cuerpo es la base. Si hay tormenta, no es buena idea eliminar la base que te sostiene.

- Prioriza el deporte al aire libre y en contacto con la naturaleza. Acumularás beneficios que más adelante voy a comentar.

A continuación, te dejo las recomendaciones generales de la OMS en cuanto a deporte general para adultos, pero recuerda que empezar es ya un gran avance:

- **Actividad aeróbica moderada:** entre 150 y 300 minutos a la semana (por ejemplo, caminar rápido, nadar o montar en bicicleta).
- **Actividad aeróbica intensa:** entre 75 y 150 minutos a la semana (por ejemplo, correr o practicar deportes de alto esfuerzo).
- **Actividades de fortalecimiento muscular:** al menos dos días a la semana, trabajando grandes grupos musculares (por ejemplo, levantar pesas o ejercicios de resistencia).
- **Reducción del tiempo sedentario:** es importante limitar el tiempo que pasamos sentados y realizar actividad ligera cuando sea posible.

Sueño

Sobre el sueño **no hay discusión posible:** los seres humanos **necesitamos dormir entre siete y nueve horas al día.** Si no lo hacemos, empeoran nuestra salud y nuestros niveles de estrés, está muy demostrado.

Estoy cansado de escuchar tonterías en las redes sociales con respecto a este tema: que si levántate a las cinco de la mañana, que si la vida es muy corta y no la puedes desperdiciar... La evidencia científica en este campo es arrolladora. Las personas que duermen menos de lo indicado tienen más riesgo de padecer enfermedades de todo tipo (cardiovasculares, diabetes, de salud mental, *burnout* o incluso alzhéimer en las últimas décadas de la vida), además de vivir en una neblina mental de la que ni siquiera son conscientes.

Dentro de ese rango, solo tú puedes saber el número de horas que necesitas dormir. ¿Hay gente que a la que le llega con dormir menos de siete horas? Siempre hay excepciones, tanto de gente que necesita dormir menos como de gente que necesita dormir más, pero **es muy improbable que ese seas tú.**

En cuanto al *burnout*, la falta de horas de sueño de calidad desajusta tu cerebro —el sistema límbico y la corteza, entre otros— y te vuelve más sensible a los momentos estresantes: hace que generes más cortisol, que tus emociones sean más inestables y que te concentres menos en las tareas. Además, el estrés en sí mismo empeora la calidad del sueño y puede provocar insomnio. Este es un **círculo vicioso en el que entran con mucha frecuencia** las personas que están empezando a quemarse por exceso de estrés. Duermen peor y, en consecuencia, rinden menos. Como rinden menos, deciden trabajar más horas y se estresan más. Y como sus jornadas son más largas y el estrés aumenta, duermen aún peor. Y así el *burnout* y el insomnio lo van conquistando todo.

He aquí mis claves para disfrutar de un sueño de calidad:

- Orienta las dos o tres horas previas al sueño a preparar ese momento. Tu cerebro no es como un ordenador o como el motor de un coche, no se apaga presionando un botón. Es una estructura orgánica que **necesita tiempo para ir reduciendo su actividad.** Se parece más a un transatlántico, que necesita kilómetros para frenar.

- Evita los estímulos estresantes (trabajo) y la luz, es lo **más importante** durante ese proceso de «apagado del cerebro».

- **No trabajes las últimas horas de la tarde y, sobre todo, por la noche.** No esperes tener un descanso de calidad si unos minutos antes de acostarte estabas respondiendo e-mails. Siento ser tan claro, pero así funciona nuestro cuerpo: incluso aunque duermas, descansarás mal.

- **Reduce al mínimo las luces artificiales. La gestión de la luz es crucial para un sueño de calidad.** La hormona responsable del sueño, la melatonina, se genera cuando hay oscuridad. La luz del sol y la luz artificial que nos rodean, ya provenga de bombillas o de pantallas, bloquea la producción de melatonina. Por eso es importante que por la mañana nos expongamos a la luz del sol, aunque sea durante un paseo de diez minutos, para que nuestro reloj interno reciba la señal de que el día ha comenzado y bloquee la formación de melatonina y active una cuenta atrás de unas horas para volver a producirla. Por este mismo motivo, debemos evitar las luces artificiales (sobre todo la luz blanca y azul) durante las últimas horas del día, para no bloquear la creación de melatonina.
- Utiliza gafas de filtrado de luz azul. Yo lo hago, pero, ojo, no para seguir trabajando más horas, sino para minimizar el efecto de las pocas luces que tengo encendidas a esa hora.
- Si te despiertas en mitad de la noche, rumiando temas del trabajo, y ya no logras volver a dormir o te quedas en un duermevela, activa las alarmas: el **insomnio es un síntoma típico del** *burnout*.
- Si decides levantarte pronto para poder disponer de un tiempo para el autocuidado por la mañana, fabuloso, pero recuerda que entonces tienes que dormirte pronto para respetar las siete, ocho o nueve horas de sueño. Si no lo haces, la idea deja de tener sentido y lo que estarás haciendo al levantarte a esa hora será agredir a tu salud.
- Evita beber alcohol. En general, en tu vida, reduce su consumo todo lo que puedas, porque es un veneno para cada célula del cuerpo. **Sobre todo, evítalo por la noche.** Aunque te pueda ayudar a quedarte dormido, sus efectos sobre el cerebro las horas posteriores al consumo harán que tu sueño no sea tan reparador y no descanses bien. Incluso aunque tú no te des cuenta, estará sucediendo.

Nutrición

La nutrición es otro de los pilares de nuestra vida. Somos lo que comemos, lo que entra por nuestra boca es lo que va a formar parte de nuestras células y de nuestras estructuras. ¿Cómo no iba a afectar al *burnout*? Por lo general, una nutrición equilibrada te ayudará protegerte del *burnout* y de sus efectos en tu cuerpo. Es un trabajo de base muy puro: cuanto mejor sea tu nutrición, más sanos estarán tu cuerpo y tu mente.

Por supuesto, sobre esta cuestión también tengo algunos consejos clave:

- Para conseguir una nutrición equilibrada, incluye **verduras y frutas**, y **proteína** y grasas en su justa medida. Los hidratos de carbono puros de los cereales **no deberían ser la base de tu dieta** como nos han transmitido desde pequeños.
- Procura la variedad. No estar comiendo siempre lo mismo es importante para adquirir todos los micronutrientes que necesitamos con el paso de los días.
- Intenta cocinar y comer en casa. En el *burnout*, una situación muy frecuente es que la falta de tiempo y el agotamiento nos lleven a dejar de lado la cocina y a comer ultraprocesados por ser una opción rápida. También solemos recurrir excesivamente al *take away* o a comer en restaurantes, donde va a ser difícil encontrar una opción que cubra nuestras necesidades de nutrientes, lo que nos va a ir generando déficits de todo tipo.
- Incluye nutrientes que protejan especialmente contra el estrés y que resulten efectivos en fases de más estrés vital, como los ácidos grasos omega 3 (presentes en el pescado o en los en frutos secos) y los antioxidantes (presentes en frutas y verduras). Estos alimentos protegen al cerebro del estrés y le ayudan a funcionar mejor. Si sigues una dieta equilibrada seguramente tengas lo necesario, aunque el omega 3 es buena idea suplementarlo.
- Mantén unos buenos niveles de magnesio para funcionar bien. El magnesio es fundamental en cientos de reacciones quími-

cas del cuerpo, sobre todo dentro de las mitocondrias, los generadores de energía de las células. En el cerebro tenemos muchas mitocondrias, así que **cuando estamos estresados, consumimos muchísimo más magnesio de lo habitual.** Las deficiencias de magnesio empeoran el agotamiento y pueden aumentar la ansiedad y el estrés, lo que, de nuevo, conduce a un círculo vicioso.

Tenemos un problema global: por el tipo de agricultura que utilizamos, los suelos cada vez son más pobres en magnesio y, por tanto, también las verduras, frutas y animales. Los alimentos más ricos en magnesio son, entre otros, las acelgas, los frutos secos, el aguacate y el salmón. Tomar magnesio en forma de suplementos es una buena idea si atraviesas una etapa de estrés.

- **Evita los alimentos ultraprocesados.** Contienen mucho azúcar, que no solo es uno de los venenos más adictivos de nuestra época, sino que está asociado a un aumento de los niveles de cortisol y a un desequilibrio en la regulación emocional. Además, alteran la microbiota, fundamental en la relación entre el estrés y la nutrición.

- Mejora tu microbiota. La microbiota son los microorganismos (bacterias, hongos y otros) que conviven con nosotros, especialmente en nuestro intestino, y cumple una función crucial en la digestión de los alimentos. Si la cuidamos, mantiene un ambiente saludable en el intestino que facilita que se generen **sustancias positivas y neurotransmisores que afectan a nuestro cuerpo y a nuestro cerebro.** Si no lo hacemos, puede desencadenarse un proceso inflamatorio en el intestino y, en consecuencia, la aparición de sustancias tóxicas que dañan nuestro cuerpo y llegan a nuestro cerebro, **favoreciendo el estrés.** Esto que te acabo de describir es lo que llamamos el **eje intestino-cerebro,** la comunicación que hay entre esos dos órganos, en el que la microbiota tiene un papel muy importante. Los alimentos ricos en fibra y probióticos, como los vegetales, los granos enteros, el yogur y el kéfir, fomentan una microbiota intestinal saludable que influye positivamente en la respuesta al estrés y en la producción de neurotransmisores clave.

- Practica la alimentación consciente *(mindful eating)*. Si además de comer equilibrado, lo haces de forma pausada, tus comidas se convertirán en momentos de relajación y de disminución del estrés; disfrutarás más de la comida porque la saborearás, comerás menos cantidad porque te saciarás antes y digerirás mejor los alimentos, lo cual será positivo también para la microbiota.

Sol: el astro rey

El sol tiene muchas cosas buenas. Pero empezaré por la más conocida: la vitamina D.

Las personas generamos vitamina D fundamentalmente cuando nos da el sol en la piel. La vitamina D no es simplemente una vitamina, es una hormona que regula cientos de procesos de nuestro cuerpo. Por supuesto, afecta a la salud de los huesos, pero también a los sistemas cardiovascular e inmunológico, al crecimiento celular y a la defensa natural contra el cáncer y... a la salud mental y neurológica. Influye en nuestra capacidad cognitiva y unos niveles bajos están relacionados con un mal estado de ánimo y con la depresión.

A todas las personas que comienzan mi programa para el *burnout* les pido que se hagan unos análisis de sangre para, entre otras cosas, conocer sus niveles de vitamina D. Hace poco, una persona tuvo un resultado de 8 ng/ml, el más bajo que he visto en mi vida. Unos niveles adecuados estarían, según los últimos consensos, entre los 30 y 40 ng/ml (aunque yo recomiendo ir a por los 40 ng/ml). Esto es importante porque, hasta hace poco, un nivel de 20 ng/ml se consideraba normal, por lo que quizá tu médico aún piensa así.

Pero volviendo al caso, esta persona tenía un nivel de vitamina D que justificaba una depresión, un gran cansancio y muchos otros problemas. Afortunadamente, lo descubrimos y lo tuvimos en cuenta. Ah, se me olvidaba, el 80 por ciento de la población mundial y el 40 por ciento de la población europea tiene déficit de vitamina D. En España, el estudio más reciente señalaba que un 75 por ciento de la población lo padecía, así que es bastante probable que estés en ese porcentaje.

Pero el sol tiene muchos más beneficios que la producción de vitamina D. Su luz infrarroja es importante para nuestras mitocondrias, de las que ya te he contado que producen toda nuestra energía. También es fundamental para la melatonina conocida por su función principal (el sueño), pero importante para muchas otras cosas; por ejemplo, es un poderoso antioxidante y un regulador del sistema inmunológico.

Y ahora que ya sabemos lo importante que es el sol, aquí van mis claves con respecto a nuestra querida estrella:

- **Toma el sol un rato cada día**, exponiendo la mayor parte posible de tu piel. Si solo puedes cinco o diez minutos mientras vas al trabajo, ya es mejor que nada. Si la luz pasa a través de un cristal, pierde una parte importante de sus beneficios (aunque no la capacidad de quemarte la piel).
- Aprovecha el sol de la mañana, así ayudas a favorecer el ciclo de la melatonina. Ten en cuenta que a primera hora necesitas exponerte más tiempo para generar suficiente vitamina D.
- Busca siempre el equilibrio entre protección y exposición, evitando quemarte a toda costa, ya que esto aumenta el riesgo de melanoma (el cáncer de piel más peligroso). La velocidad a la que te quemes dependerá de la claridad de tu piel, de lo cerca del ecuador que te encuentres y de la estación del año. Según te vayas exponiendo más al sol, irás poniéndote moreno y tu piel se adaptará más a la radiación: generarás el «callo solar». Gracias a eso será menos probable que te quemes, pero también generarás menos vitamina D. Si te fijas, el cuerpo va regulando sus necesidades de exposición y de protección de manera armónica con las estaciones y con la potencia del sol en cada mes del año.
- **Revisa tus niveles de vitamina D**, especialmente al principio y al final del invierno. Tu objetivo es mantener un nivel superior a 30 ng/ml (o mejor, a 40 ng/ml). Si tienes menos de 20 ng/ml,

ten en cuenta que hay funciones cruciales de tu cuerpo que no se están realizando bien y que ese déficit puede explicar parte de tus problemas de salud.

- Incluye vitamina D en tu dieta. La encontrarás en el pescado azul —que además es fuente del interesante omega 3—, en la yema del huevo, en el hígado de los animales o en los lácteos, por citar los más habituales.
- Si es necesario, recurre a los suplementos de vitamina D; son muy recomendables si tienes menos de 40 ng/ml, especialmente aquellos que la combinan con la vitamina K. Pero no sustituyas el sol por suplementos, recuerda que tiene muchos otros beneficios.
- El sol es nuestro aliado natural. Nos da literalmente la vida —sin él, el ciclo de la vida sería imposible en nuestro planeta— y afecta directamente a nuestras células. Exponte a él y a los espacios abiertos, y **busca el equilibrio entre protección y exposición**.

Todavía quedaría mucho por decir sobre el cuidado del cuerpo (en el capítulo dedicado a la naturaleza hablaremos de algunas cosas más), pero si te conciencias y pones en práctica, aunque sea una parte de lo que te acabo de contar, habrás avanzado mucho en tu batalla contra el estrés crónico. Y contra cualquier otra enfermedad.

Puntos de resumen:

- Tu cuerpo es la base de tu vida, de tu salud y de tu bienestar emocional. Cuídalo todo lo que puedas porque es tu mayor tesoro. Eres tú.
- Un cuerpo cuidado es la base de un estado emocional y vital equilibrado, agradable y fuerte.
- El mayor enemigo de tu cuerpo son tus pensamientos irracionales en cuanto a su cuidado: cuidarse no es ser egoísta, sino generoso; cuidarse no es elegir el camino fácil, sino el difícil, pero también el que te trae los mejores resultados; cuidarse es más fácil de lo que piensas.

- En el *burnout*, los antidepresivos y ansiolíticos son casi siempre un parche peligroso que es mejor evitar. Su actual uso masivo se apoya en gran parte en la falta de recursos humanos y en la ausencia de autocuidado de las personas.
- El deporte es la mejor intervención de salud que puedes hacer sobre ti mismo.
- Necesitas dormir entre siete y nueve horas al día, no es negociable. Lo que más influirá a tu calidad de sueño es lo que hagas las tres horas antes de irte a dormir.
- En tu nutrición, prioriza comer variado (especialmente verduras y frutas con proteína cada día) y evita los ultraprocesados. El magnesio es un gran aliado contra el estrés.
- Exponte al sol y a los espacios abiertos cada día, y busca el equilibrio entre protección y exposición.

9

Perfeccionismo:
«Está bien, pero podría estar mejor»

Entramos en el ncleo de este libro: los rasgos de personalidad que nos llevan al *burnout*. Si consigues hacer aunque sea pequeños cambios en las áreas que voy a tratar en este y en los siguientes capítulos, verás cómo tus niveles de estrés se reducen notablemente.

Cuando hablo del síndrome del taller de *mindfulness* y critico los intentos de eliminar el *burnout* solo con meditación o técnicas de relajación, tengo muy presente el enorme poder de todo lo que te voy a contar ahora. Aunque estas herramientas ayudan, tienes que entender que necesitamos ir más al fondo de la cuestión, a la personalidad y a tu propia historia, para solucionar las causas del *burnout* definitivamente y sin vuelta atrás. ¡Vamos a por ello!

La tríada perfeccionista: perfeccionismo, autoexigencia y necesidad de control

Aunque son tres rasgos de personalidad diferentes, su esencia y sus efectos son muy parecidos, y en la práctica es difícil distinguir uno de otro. En realidad, para los que tenemos experiencia trabajando con la personalidad, sabemos que son como caras de una misma moneda. Bueno, una moneda tiene dos caras, pero ya me entiendes, no te pongas perfeccionista...

Dicho esto, vamos a analizar a nuestro trío de amigos.

El perfeccionismo es la necesidad mental de que todo salga de 10. No te vale un 9, ni un 9,5, tiene que ser un 10. O un cien por cien o un A++. Es decir: el perfeccionista necesita que las cosas sean **redonditas, pulcras y sin manchas.** Un solo error puede estropear todo el conjunto, aunque esté realmente bien en general.

La autoexigencia, por su parte, es una fiel aliada del perfeccionismo, pero se enfoca más en el proceso que en el resultado. No le importa tanto el qué, sino el cómo. Su prioridad es que **el esfuerzo sea constante y elevado.** No te permite relajarte ni bajar la guardia en ningún momento. Si la tarea no ha salido perfecta, tendrá la excusa perfecta para no dejarte descansar. Pero si el resultado es impecable, te felicitará brevemente y encontrará un nuevo reto: «Buen trabajo, pero... ¿ves aquello? Es el siguiente objetivo. No te detengas, ¡a por él!».

Por último, la necesidad de control tiene un matiz de **sobrecarga mental** más potente: te obliga a tener todo en tu cabeza, a no fiarte de los demás y a **no delegar.** La necesidad de control te dice cosas como esta: «Si quieres que las cosas salgan, debes tener tú el control». Esta frase se la escuché a un empresario estadounidense en un canal de YouTube. Es un canal de un chico que se dedica a entrevistar por la calle a personas que parecen ser «exitosas» (no recuerdo el nombre y ya he perdido suficiente tiempo buscándolo, así que te quedas sin saberlo. No te pongas perfeccionista otra vez...).

Te haré una primera pregunta. Tómate quince segundos y respóndete a ti mismo: ¿Qué le quita el perfeccionismo, la autoexigencia o la necesidad de tenerlo todo controlado a tu vida y a tu trabajo? Puedes pensar en cada rasgo por separado o en los tres como una unidad. Insisto, tómate tu tiempo, levanta los ojos de la hoja o ciérralos. No mires el móvil. Ahora hazte la pregunta.

El perfeccionismo para mí es el gran agujero negro del **tiempo.** Lo absorbe todo. El tiempo que tienes y también el que no tienes. En otro capítulo te conté el caso de un asesor laboral con trastorno obsesivo compulsivo (la enfermedad de la rigidez y el perfeccionismo por excelencia). Una de las cosas más llamativas era que trabajaba todos los fines de semana, aunque no le pagaban por ello, y lo hacía para poder acabar las cosas con el nivel de perfección que él quería, porque hacer un informe perfecto y sin ninguna falta de ortografía (hacerlo de 10) consume mucho más tiempo que hacerlo simplemente comprensible y claro (de 7 o de 8). El tiempo que necesitas invertir para hacer una presentación decente se multiplica exponencialmente para alcanzar el rango de presentación perfecta. El problema es que ese tiempo que gastas se lo quitas a otras cosas, por ejemplo, a descansar y desestresarte o a enfocarte en otros objetivos. Por eso el perfeccionismo es una causa interna de *burnout* tan importante.

Pero hay otra cosa que provoca el perfeccionismo y que quiero mencionar: **a veces hacemos las cosas tan perfectas que las estropeamos** porque acabamos cargándolas de detalles y de información. Si el resultado resulta complejo para el de enfrente, realmente el trabajo es imperfecto. Un buen ejemplo serían los libros largos, completísimos y aburridísimos que nadie lee. El objetivo de un libro no es ser perfecto, es ser leído y transmitir un mensaje. Con este que tienes en tus manos sé que, si me paso de información y perfección, puedo acabar haciéndolo profundamente ineficaz (e imperfecto). Y créeme que me estoy controlando en cada capítulo, porque yo también soy tremendamente perfeccionista y tendría mucho más que contarte sobre cada cuestión.

La autoexigencia excesiva también es **agotadora**. El esfuerzo constante y excesivo al que te lleva hace que gastes toda tu energía en el trabajo y que no te queden fuerzas para nada más. Y encima nos deja satisfechos (¡mal!), pues el esfuerzo es adictivo psicológicamente. Cuando crees que lo has dado todo, te sientes bien y puedes ponerte tu medallita personal de triunfo. Pero ¿es realmente lo mejor? Al igual que ocurre con el perfeccionismo, el exceso de esfuerzo puede llevarte a **peores resultados**. Cuando te machacas tanto que te agotas, degas de poder abarcar todo lo que de verdad podrías. Pero va más allá. Cuando priorizas tanto el esfuerzo y la acción, suele suceder que no te permites parar y pensar en una estrategia o reflexionar, porque pararte a pensar «no requiere esfuerzo». Sin embargo, pensar es precisamente lo que te haría obtener los mismos o mejores resultados por un camino más rápido y menos desgastante. Por cierto, enhorabuena, porque al leer este libro estás permitiéndote parar y replantearte la estrategia.

La autoexigencia, al final, puede **amargarnos la vida**, volverla fría y pesada. Esto ocurre cuando la adicción al esfuerzo nos domina y no deja espacio para el descanso y para los momentos de gratuidad. Con gratuidad me refiero a esos regalos de la vida que no exigen nada a cambio: una caricia, un paseo sin prisa, un simple juego. Los adultos nos olvidamos de jugar y con ello perdemos una parte esencial de nuestra existencia. La autoexigencia va apagando nuestra luz. Lo curioso es que muchas personas extremadamente autoexigentes lo son porque intentan llenar un vacío interior, un espacio que tratan de colmar con metas y esfuerzo en una carrera que nunca termina. Esta actitud no solo agotará tu cuerpo, también drenará tu mente y tu espíritu. Nos volvemos ancianos cansados mucho antes de tiempo (si es que deberíamos volvernos así algún día).

En cuanto a la necesidad de control, además de, por supuesto, quitar tiempo y ser agotadora, su característica principal es que te sobrecarga tanto la mente que no puedes disfrutar de nada más. La **rumiación** es uno de los síntomas más visibles del *burnout*. Cuando hablo de que el insomnio despierta a medianoche a las personas con *burnout*, en general es esa parte controladora de su personalidad la que no les deja dormir. Les despierta en estado de alerta, diciéndoles: «¡No tienes el control!». Para tranquilizarse, esa parte de nuestra mente nos pone a pensar y a repasar lo que tenemos que hacer, a imaginar potenciales situaciones catastróficas y, en fin, a intentar tener todo bajo control, aunque sean las tres de la mañana y no sirva de nada ese desgaste.

Nuestra necesidad de control también nos roba algo que es

muy valioso: la capacidad de **confiar** en los demás, de generar lazos, de apoyarte en otros y de sentir que no estás solo. De delegar. Quiero compartir contigo lo que sentí yo hace no demasiado, cuando empecé a trabajar con una asistente. Hasta entonces, yo lo hacía casi todo en mi negocio. Gestionaba una pequeña clínica online, contaba con un equipo de psicoterapeutas y con un psiquiatra, tenía mis propios pacientes y gestionaba el programa CIMA para el *burnout*. Me encargaba también de la contabilidad, de la gestión administrativa, del marketing, de las ventas, de algunas consultas y de la entrega del servicio principal, el programa. CIMA empezó a crecer a una velocidad de vértigo, por lo que, en un momento dado, tuve que cerrar el acceso y recurrir a una asistente virtual para que gestionara toda la parte administrativa; también a una psicoterapeuta que me ayudara en el acompañamiento individual del programa (mi querida amiga Lucía, aunque luego vino también Olga). Dar esos pasos supuso para mí todo un reto. Para empezar, significaba cambiar el rumbo de algo que estaba funcionando bien, y eso da mucho miedo. Y luego debía delegar. Me surgían miles de preguntas: ¿se hará bien el trabajo?, ¿estarán contentos los clientes?, ¿y si al no encargarme yo de las sesiones individuales dejan de apuntarse al programa?, ¿y si mi asistente borra todos mis datos o me chantajea con ellos?

Sí, la realidad es que delegar supuso exponer el negocio a muchos y diferentes fallos. Había cosas que no se hacían bien por falta de experiencia, de organización o de disponibilidad. A veces, una persona se apuntaba al programa y tardaban demasiado en enviarle un e-mail de bienvenida, lo que hizo que algunas personas nos escribieran preguntando si aquello era una estafa. Cosas así... Pero, afortunadamente, yo ya tenía estas cosas muy trabajadas y sabía que eso era una parte del camino (lo que no quita que sintiera miedo, vértigo y otras emociones).

Al poco tiempo de haber delegado en mi primera asistente, me fui en pleno marzo de viaje de esquí de travesía a Noruega durante una semana. Marta, a quien estoy eternamente agradecido por lo bien que me guio en ese proceso, se quedó a cargo de todo. Que un autónomo haga algo así en mitad de una estación fuerte de trabajo suele implicar que pierda ingresos. Pero yo estaba allí, conectando con mi vida y con aquella experiencia, y las cosas seguían funcionando. Fue un momento simbólicamente muy importante y no se habría dado si yo no hubiera afrontado mi necesidad de control. Más allá de la anécdota llamativa del viaje a Noruega, delegar me ha permitido evitar el estrés crónico —a pesar de que ya era una prioridad hace tiempo— y enfocarme en lo que me gusta hacer: transmitir mi mensaje y ayudar a más personas.

Para cerrar esta seción, quiero decirte que quizá el daño más profundo que causa esta dolorosa tríada es el paralizante **miedo al error**. Temes hacer cualquier cosa porque sientes que no vas a estar a la altura de lo que esperas de ti mismo ni de lo que crees que los demás esperan de ti (en psicología, esto se llama proyección, pero dejemos las cosas estar...). Ese miedo nos impide atrevernos a explorar lo nuevo. Nos aferramos a los mismos métodos y rutinas de siempre y, poco a poco, la vida se convierte en una agotadora carrera de obstáculos que no podemos disfrutar. He visto esto muchas veces en mis pacientes y también lo viví yo mismo hace unos años. Si no reaccionas a tiempo, puedes quedarte atrapado en tu propio mundo «perfecto», que día a día se volverá más estéril y triste. Como el agua estancada que pierde su frescura al dejar de fluir, la falta de novedad y riesgo termina apagando la ilusión por la vida. Sigue leyendo y saldremos juntos de ese lugar.

La parte buena

Hay otra pregunta importante que quiero que te hagas; otra vez, nos llega con pensar quince segundos: ¿Qué te aporta ser perfeccionista, autoexigente o controlador? ¿Por qué lo haces? Si te comportas así, ten por seguro que es porque algo bueno te aporta. Si no, tu mente no lo mantendría. Piénsalo.

En este punto tenemos que hablar del llamado perfeccionismo adaptativo, que es una manera de decir que querer hacer las cosas bien, exigirse dentro de un orden o querer tener las cosas controladas con sensatez es algo muy positivo para cualquier persona. Se sabe que el perfeccionismo adaptativo ayuda a establecer hábitos sólidos, a comprometerse con el trabajo y a lograr metas, sean del tipo que sean. Sin duda, yo prefiero tener una asistente perfeccionista que una que no lo sea. Sé que así va a estar más capacitada para que las cosas funcionen como un reloj en mi organización. De hecho, justamente esa tríada es un rasgo especialmente interesante en trabajos que requieren mucha planificación, como, por ejemplo, un organizador de eventos, un gerente o alguien que trabaje con tecnología precisa. Está claro que si el perfeccionismo es tan frecuente es porque tiene sus ventajas.

Así, te invito a extraer una conclusión clave: no se trata de que te destruyas a ti mismo, de que entres en conflicto con tu perfeccionismo, tu autoexigencia o tus ganas de controlar, **se trata de que aprendas a equilibrarlos dentro de ti**. Y esto vale para cualquier rasgo de la personalidad que nos esté dando problemas.

El origen de la tríada perfeccionista

Una vez trabajé con un paciente muy perfeccionista al que no pude ayudar. Al menos no todo lo que me habría gustado. Ahora soy menos autoexigente que entonces y entiendo que quizá no era su momento. A la vez, aprendí de mis errores y de lo que falló entonces.

Se llamaba Juan y nació siendo el mayor de tres hermanos. Esa posición supuso algo importante: cuando nacieron los otros dos, el afecto de papá y mamá se tuvo que repartir, ya no era todo para él. Por ese motivo, el pequeño Juan aprendió a estar muy atento a aquellas cosas que le permitían granjearse un poco más el amor de sus padres. Su padre era ingeniero y trabajaba hasta altas horas de la noche, así que recibir su atención era un tesoro. Su madre estaba estresada con sus trabajos fuera y dentro de casa y todo lo demás. De nuevo, merecía la pena sacarle alguna manifestación de amor extra. De manera subconsciente e instintiva, Juan buscaba cómo satisfacerlos. En poco tiempo descubrió la mejor manera: ser responsable y hacer las cosas muy bien. Pronto empezaron a decirle «vaya, qué ordenado eres, ¡muy bien!» o escuchaba las conversaciones de sus padres con otros amigos: «Es el más responsable de todos, no hay que decirle nada y hace sus deberes sin ayuda».

Según fue creciendo, se dio cuenta de que eso de estudiar no se le daba nada mal, así que con un poco de esfuerzo extra empezó a aspirar siempre al 10. Con cada 10, sus padres le decían «enhorabuena, eres insuperable» y eso le alegraba el corazón. Rápidamente solo comenzó a estar satisfecho cuando lograba sacar la máxima nota, el 10. Al principio se lo decía a sus padres para recibir esa recompensa emocional tan esperada, pero cuando se hizo mayor, ya no le hacía falta: su propio cerebro le daba esa recompensa. En la adolescencia, de hecho, se pasaba horas y horas estudiando para obtener esas notas excepcionales y cuando no lograba la máxima calificación, algo por dentro le decía que no era suficiente y le comía la culpa. Él, que obviamente se fiaba de su percepción, se esforzaba más aún.

Como sus padres y los profesores esperaban que fuera a la universidad, Juan no se planteó otra cosa. Además, el camino estaba claro: ser ingeniero, como su padre. El proceso para entrar fue duro y tuvo que estudiar más de lo normal, pero consiguió tenerlo todo bajo control: memorizar unos cuantos bloques de apuntes, repetir ejercicios y adelante. El tiempo le llegaba para hacer las cosas de 10. Y como tantos adolescentes insensatos antes que él, se decía: «La universidad será un lugar mejor, allí seré más libre, saldré de fiesta y no tendré tanto que hacer». Obviamente, ocurrió todo lo contrario.

La ingeniería que su padre le recomendó elegir era de las más difíciles. Entonces el estudio ya no se reducía a memorizar y ejercitar un poco... La cantidad de información se multiplicó y también la dificultad para entenderla. Podías ir a un examen habiendo estudiado muchísimo y aun así no tener ni idea de si ibas a aprobar (no hablemos ya de sacar un 10). Era realmente imposible tener las cosas bajo control y Juan tuvo varias crisis de estrés y ansiedad esos años. Dejó de hacer deporte, veía menos a sus amigos y ya no jugaba a videojuegos. Este cambio de hábitos le quitó energía y, en el fondo, el tiempo le rendía menos en los estudios. Pero daba igual, tenía que mantener el método que siempre le había funcionado. Eso hacía que no se sintiera culpable, el esfuerzo hacía que se pudiera decir a sí mismo: «Al menos, lo estoy dando todo». Además, no se sentía especialmente raro porque muchos de sus compañeros estaban igual que él.

Algo que le ayudaba también era decirse: «Cuando empiece a trabajar, las cosas serán mejor. Tendré mi dinero, haré más cosas y seré más libre». Finalmente, consiguió sacarse su dura ingeniería en tan solo seis años. Su padre le dio la enhorabuena y le recomendó empezar trabajando en una consultora, una de esas Big Four que están en los rascacielos del centro de Madrid, por ejemplo. «Es duro, pero la experiencia compensa; ya elegirás luego algo que te guste más». Dentro de Juan algo le decía que aquel no era el camino, pero no estaba muy acostumbrado a dialogar con ese tipo de sensaciones internas. De nuevo, el sentido de la responsabilidad, de buscar lo mejor y lo más seguro, y el anhelo, ya muy inconsciente, de satisfacer a sus padres pudo con él.

En fin, podría contarte más sobre las aventuras de Juan en aquella consultora: las horas que se tiraba haciendo *power points* perfectos por miedo a la crítica, la enorme ansiedad que tuvo cuando los resultados de su trabajo afectaban ya a personas y clientes reales o la tensión enorme que sentía ante su gerente. Fue en esa época cuando lo conocí y empezamos a trabajar juntos.

Lo que quiero mostrarte con su caso es que el perfeccionismo, como **cualquier rasgo de nuestra personalidad, tiene una historia detrás**. Y conocer esa historia es clave para lograr un verdadero cambio en ti mismo. Es probable que al leer este relato ya hayas identificado rasgos en ti que te han hecho pensar y escuchar, pues tu cerebro ya se ha puesto a trabajar con esta simple lectura. Y hay algo más en esta historia sobre el origen del perfeccionismo, la autoexigencia y la necesidad de control: la importancia de las emociones en la formación de nuestra personalidad. Que Juan, como buen ingeniero, fuera una persona muy racional, no significa que las emociones no influyeran en muchas de sus decisiones. El verdadero problema era que no las reconocía, simplemente porque no estaba acostumbrado a interpretar el lenguaje emocional. Esa desconexión lo hizo vulnerable durante mucho tiempo.

Como has visto en este ejemplo, nuestra personalidad también se moldea a través de las emociones: el afecto que recibimos o no durante nuestra infancia, los reproches que nos hacen cuando no cumplimos las expectativas, las emociones que experimentamos a medida que vamos creciendo. Recuerda que, en el sistema límbico, la región cerebral más vinculada a las emociones, se encuentra el hipocampo, una pieza clave en el acceso y almacenamiento de nuestros recuerdos. Ahí es donde se activaba en Juan ese recuerdo de bienestar y plenitud al obtener un 10 y el sentimiento de culpa cuando no lo conseguía. Es en esa red donde se entrelazan los recuerdos que, tanto a ti como a mí, nos impulsan a exigirnos más y a querer controlar cada aspecto de nuestra vida.

Piensa en esto: ¿Qué emociones crees que tu sistema límbico generará cuando te dejes llevar por el perfeccionismo y pases diez horas haciendo un informe que podrías haber realizado en tres? Probablemente, satisfacción y bienestar porque has logrado tu A++. ¿Y qué sentirás si intentas hacerlo en menos tiempo, aunque no quede perfecto? Seguramente, emociones incómodas, como culpa o tristeza. El perfeccionismo se convierte entonces en un ciclo de recompensa o castigo emocional que mantiene su control sobre ti. Y aquí es donde radica el problema: cuando racionalmente entiendes que el perfeccionismo te está haciendo daño y que deberías bajar el nivel de exigencia, pero te resulta imposible cambiar.

He trabajado con muchas personas que me han dicho: «Sé que esto no me hace bien, pero no puedo dejar de hacerlo». Yo mismo e estado en esa situación. Sin embargo, comprender que esas emociones no representan la realidad es crucial. La culpa, curiosamente, a menudo te señala lo que **sí** deberías hacer y te prohíbe aquello que te haría más libre, más eficaz y feliz. Reconocer que esa angustia ante lo imperfecto o ese miedo a perder el control no son más que ecos del pasado es fundamental. La realidad está aquí, ante ti, para que hagas con ella lo que quieras.

Si has comprendido esto, has dado un gran paso hacia tu libertad.

Soluciones al perfeccionismo

Afortunadamente, nuestra personalidad, como nuestro cerebro, es plástica y se puede moldear. De hecho, esta es una de las grandes confirmaciones de la neurociencia de los últimos años: que el cerebro es capaz de reorganizarse y de formar nuevas conexiones neuronales a lo largo de la vida, lo que llamamos neuroplasticidad. Es cierto que el estrés crónico no ayuda, disminuye esa neuroplasticidad y vuelve más rígidos nuestros rasgos de personalidad disfuncionales, pero hay algo que puede jugar a nuestro favor y favorecerla: los hábitos de cuidado de salud, como el deporte o un sueño de calidad. Tenemos que inclinar la balanza hacia nuestro lado.

A la hora de hacer cambios en nuestra personalidad, el objetivo que debemos tener en mente es establecer nuevas conexiones entre nuestras neuronas. Esto, llevado al plano subjetivo, significa establecer nuevos patrones de pensamiento. La gran meta es conseguir que esos nuevos patrones **funcionen de forma automática**. Igual que ahora tiendes al perfeccionismo excesivo, por ejemplo, puedes aprender a tender hacia un perfeccionismo sano que te permita lograr tus objetivos, pero sin amargarte la vida. Y esto se consigue entrenando a tu cerebro con nuevos estímulos y proporcionándole nuevos patrones de pensamiento. Y con algo un poco más profundo...

Estímulos externos

Cuando escuchamos algo diferente, algo nuevo que desafía nuestro patrón de personalidad, nuestros circuitos neuronales cambian dentro de nosotros. Quizá te esté pasando simplemente al leer este libro. Estás recibiendo una información que cuestiona algunos de tus patrones de pensamiento y circuitos neuronales antiguos. Tal vez tu sistema límbico haya etiquetado como «irresponsable» o «fantasioso» algo de lo que he dicho para lograr esquivar el impacto de una nueva manera de pensar. Sin embargo, nuestra capacidad para esquivar las balas tiene un límite.

Todo lo que lees, escuchas o ves te afecta y moldea tu personalidad. ¿Por qué te crees que funciona la publicidad? ¿Piensas que Coca-Cola derrocha sin pensar millones de dólares al día para que su logo esté en cada rincón de este planeta? Aunque no te guste la Coca-Cola, su imagen se te mete en el cerebro y moldea tu mundo. Hasta se ha metido en mi libro. Así, antes o después acabas cayendo. Pues con el resto de las informaciones pasa lo mismo. Si te expones a nuevas maneras de pensar y de ver las cosas, tarde o temprano algo entrará en ti.

Teniendo esto en cuenta, aquí va un consejo práctico: fíjate en cómo otros hacen las cosas. Por ejemplo, en tu oficina, identifica a la persona que vive más tranquila y desestresada y tómate un café con ella, observa cómo se siente, qué se dice. Exponte a ella y atrévete a aprender cosas. No se trata de que te conviertas en ella: buscamos armonizar tu manera de ser, hacerla más equilibrada y llegar a tu versión más sana.

Otra buena idea es que leas a quienes te ayuden a salir del perfeccionismo. Por ejemplo, los filósofos estoicos, con sus ideas sobre aceptar lo que no se puede cambiar, son una buena elección. O libros sobre el *wabi-sabi*, la filosofía estética y espiritual japonesa que invita a aceptar la imperfección necesaria de las cosas. O simplemente este capítulo, en el que el loco de su autor a cometido a propósito intolerables faltas de ortografía. Todo está pensado para ayudarte. De hecho, por este motivo envío un e-mail cada día (y no cada mes o cada semana) a mi comunidad, porque sé que cada nuevo mensaje es un impacto que les invita a cambiar su manera de vivir y de enfrentarse al estrés. Y por eso, renuevo mi invitación a que te unas a nosotros.

Estímulos internos

Los estímulos externos son potentes, y encima estás rodeado de ellos. Pero hay algo que, aunque requiere una inversión algo mayor de energía, puede acelerar enormemente el cambio en tu manera de ser: actuar de forma diferente.

Si los ejemplos de personas externas a nosotros desafían nuestros circuitos neuronales y, de hecho, favorecen que se empiecen a crear nuevas conexiones, imagínate lo que supone para tu cerebro que tú mismo seas el que los desafíes con un acto real. Voy más allá: imagínate que, al hacerlo, obtienes buenos resultados. Eso marcará un antes y un después en tu personalidad. Aunque sea algo pequeño, si lo repites durante un tiempo, estarás interiorizando el efecto de ese cambio; esta es la arma más poderosa que te puedo dar. Así que empieza a hacer cosas imperfectas a propósito. Tómatelo de momento como un entrenamiento. Un «dar cera» y «pulir cera», ya me entiendes... Al principio no entenderás muy bien lo que haces, te sentirás raro..., pero pronto una nueva forma de pensar invadirá tu vida. Los nuevos circuitos neuronales que estarás creando se fortalecerán rápidamente y te ofrecerán soluciones diferentes (y mejores) a problemas que antes solo gestionaba tu tríada perfeccionista.

A continuación, te doy algunas ideas:

- **Fija un tiempo limitado para una tarea.** Hazla lo mejor que puedas, pero, cuando el tiempo se agote, ciérrala y envíala. Sentirás miedo, culpa..., lo sé, ya lo sé, pero tienes que averiguar qué hay al otro lado. Así lo hizo una profesora con la que trabajé:

en lugar de preparar una clase exhaustivamente y durante horas como solía hacer, decidió crear en poco tiempo un guion simple. «Y que sea lo que Dios quiera», me dijo. ¿Sabes qué pasó? Que sus alumnos acabaron encantados y aprendieron la lección mejor que de costumbre. La falta de rigidez en la preparación permitió interacciones mucho más interesantes y emocionantes. Y, ya lo sabes, la emoción estimula la memoria. Esto mismo puede ocurrir con una presentación, un diseño de proyecto o una entrevista a la que te enfrentes. Sé que da miedo, pero suelta el control y déjate llevar un poco más cada día.

- **Sigue la regla del 80 por ciento.** Se parece a la anterior, pero es más profunda. Ante una tarea, pregúntate cómo sería hacerla solo para obtener un 8 en lugar de un 10. ¿Cómo sería dejarla al 80 por ciento? Prueba a hacerlo. De verdad, déjala así y pasa a otra cosa, aunque tengas tiempo. Olvídate de la culpa. El apocalipsis que acabará con todos nosotros no vendrá porque tú haya hecho tu tarea al 80 por ciento.

- **Comete errores a propósito.** Esto va suviendo de intensidad... En lugar de evitar llegar al 10, ¿qué tal si dejas fallos o errores ortográficos en lo que escribes? Si eres de esas personas que repasan obsesivamente sus textos y pierden un tiempo infinito en eso, te puede venir fenomenal esta práctica. Se lo propuse una vez a una médica con sus informes y fue muy interesante ver cómo se enfrentó con sus emociones y con el miedo a ser juzgada. Por dejar faltas de ortografía en un informe. Los informes son un perfecto campo de pruebas para estas cosas.

- **Delega una tarea cada día:** aunque no te haga falta, aunque sea más rápido que lo hagas tú —ya me conozco eso—, delega. Si no empiezas a hacerlo, te arrepentirás cuando ya sea tarde, cuando ya no dé tiempo a que la persona en la que tienes que delegar aprenda los procesos que solo tú sabías hacer. Pide ayuda, aunque no la necesites. Ya verás cuánto tiempo te ahorras.

- **Permítete descansar,** aunque las cosas no estén terminadas. Tu descanso no debe depender en ningún caso de que las cosas estén hechas o no. Recuerda que tu cuerpo y tu mente son la base de la pirámide. Si aún te queda trabajo, lo mejor que puedes hacer es descansar para conservar mejor tus energías para terminarlo.

- **Celebra tus pequeños éxitos**, es un buen ejercicio contra esa autoexigencia que pide que te fijes rápidamente en el siguiente objetivo. Aunque el logro no sea importante, date algún tipo de premio personal, invita a tu pareja o a tus amigos a cenar, por ejemplo, o concédele un tiempo extra a tu *hobby*. Por supuesto, hazlo especificando el motivo de lo que estás celebrando. Que a tu mente le queden bien claras las cosas.

Y lo más importante

Como te he ido mencionando, en todo este proceso son muy importantes las emociones, que estarán ahí defendiendo tu tríada perfeccionista, pero que, según vayas avanzando en el cambio, empezarán a impulsarte en la nueva dirección.

Al principio, tendrás que soportar la incomodidad de la culpa, el temblor del miedo al rechazo y a soltar el control, la tristeza por no estar esforzándote constantemente. Con respecto a esta última, hay una muy profunda que acaba afectando a todo perfeccionista: la que sentimos cuando llegamos al fondo del pozo, cuando estamos sobrecargados y descubrimos que no podemos más, que no somos superhombres o supermujeres y que nos han vencido. Esta tristeza es el resultado de nuestra manera de valorarnos, pues llega un momento en que emite un juicio muy claro: «No vales lo suficiente». Es entonces cuando tenemos la oportunidad de entender que ser limitados, necesitar a los otros y no poder controlarlo todo es realmente una bendición. Es la naturaleza de las cosas, simplemente. Y menos mal que es así...

Soltar esa gran carga nos permite volver a respirar y a jugar en la vida. Y a hacer el camino acompañado, que es mucho más bello.

Hace no demasiado tiempo, hice una escalada de doce horas para llegar a la cima de una montaña. Sí, doce horas colgado de paredes verticales bajo el poco amigable sol de agosto de Picos de Europa. Estábamos subiendo el Urriellu (Naranjo de Bulnes), un pico al que solo se puede acceder escalando con cuerda. Y lo logramos. La paz que se respiraba allí era... inspiradora. El resultado de nuestro esfuerzo y de años escalando nos había llevado a estar donde pocos pueden llegar. Me senté en una roca y me dejé envolver por la magia y por las impresionantes vistas. Estaba feliz y agotado. De repente, vi una pequeña esfera algodonosa flotando cerca de mí, ascendiendo por el último tramo de la pared. Era una semilla, probablemente venida desde el fondo del valle, subiendo ligera, impulsada por la brisa caliente del atardecer. Al verla, esa voz sin voz que a veces escuchamos dentro me susurró: «Has hecho mucho, pero no todo depende de ti. Vuelve a jugar con el viento y déjate llevar hasta la cima».

Puntos de resumen:

- El perfeccionismo, la autoexigencia y la necesidad de control son ramas de un mismo árbol, cada una con sus matices. Hay que abordarlas juntas como rasgos de la personalidad y les llamamos la tríada perfeccionista.
- El perfeccionismo te quita tiempo y resta eficacia. La autoexigencia te agota y hace que no disfrutes de tus logros. La necesidad de control te sobrecarga mentalmente y te impide delegar.
- No se trata de eliminar esos tres rasgos, son parte de ti. El objetivo es equilibrarlos y que ocupen el lugar adecuado en ti, tenerlos en su justa medida.
- El origen de la tríada perfeccionista, y de cualquier rasgo de la personalidad, está en tu propia historia.
- El sistema límbico y el hipocampo sostendrán, a través de recuerdos y emociones, los patrones de pensamiento y conducta que modelan tu personalidad.
- Hablar de cambiar nuestra personalidad es hablar de cambiar nuestros circuitos neuronales, algo que es posible gracias a la neuroplasticidad.

- A través de estímulos externos, podemos moldear nuestra personalidad, nuestros patrones de pensamiento y nuestras emociones.
- Es mucho más poderoso actuar, llevar a cabo pequeños ejercicios o cambios reales.
- Las emociones mantienen tus rasgos de personalidad sin cambios. Se resistirán cuando intentes hacer cosas diferentes, pero si avanzas, se pondrán a tu favor.

10

Deja de ayudar

Me ha costado mucho elegir qué caso contarte para ilustrar este capítulo. He conocido a tantas personas que deberían haber dejado de ayudar a quienes tenían a su alrededor que podría escribir un par de libros solo recogiendo sus historias. Y la primera sería la mía.

Pero hoy te hablaré de Mayte.

Mayte era técnica en prevención de riesgos laborales y llevaba muchos años trabajando en su empresa. Cuando me pidió ayuda, me contó que hacía «de todo». Yo pensé que era una manera de hablar..., pero me equivocaba. No solo se encargaba de la prevención, también gestionaba el área de calidad, la de medioambiente, hacía tareas administrativas, preparaba el café para algunos clientes o repartía paquetes —en una ocasión la confundieron con personal de un servicio de mensajería y le dieron propina—; un día, hasta fue a la finca del jefe a recoger naranjas. Imagínate lo que me costó entender en qué consistía su trabajo. ¿Asistente, técnica de prevención, recolectora?

Cuando empezó a trabajar en la empresa, sus funciones estaban bien definidas, pero con los años fue asumiendo cada vez más responsabilidades. Si veía que alguien estaba estresado o sin tiempo, ella le decía: «Ya lo hago yo, no te preocupes». También había quien aprovechaba que Mayte era trabajadora y bien dispuesta: «¿Te podrías encargar tú de esto?». Ella no ponía ninguna objeción, incluso aunque la tarea fuera ir a recoger las naranjas a la finca del jefe, que encima no le dio ni una mísera bolsa en agradecimiento. (Por si no te queda claro, la empresa no tenía nada que ver con la recolección de naranjas).

Lo más importante de su *burnout* giraba en torno al hito anual de la empresa: la auditoría de calidad, que era crucial para mantenerse competitivos en el mercado. Esa auditoría requería la colaboración de cada departamento y ella, como coordinadora, se encargaba de organizarla. Sin embargo, siempre ocurría lo mismo: acababa persiguiendo a todo el mundo, incluido al propietario y jefe, para que le entregaran a tiempo sus respectivos informes y documentos. En muchas ocasiones, terminaba haciéndolos ella misma. Al asumir tantas tareas que no le correspondían, en los meses previos a la auditoría trabajaba sin descanso y el estrés la desbordaba. Y así año tras año. Aunque la realidad era que estaba estresada y trabajaba sin parar siempre.

Otro ejemplo de esa sobrecarga se dio cuando nació su hija, que ahora tiene once años: Mayte no soltó el móvil ni en el hospital —y menos aún durante la baja— para resolver todos esos problemas que «nadie más que ella» podía solucionar. Y, como suele suceder, las cosas no se limitaban al entorno laboral: en su casa también se ocupaba de todo. De su hija, de su marido y, cuando daba tiempo —o sea, nunca—, de sí misma. Su caso era un buen ejemplo de cómo la vida personal nos lleva al estrés crónico de la misma manera que el trabajo.

El nivel de *burnout* al que Mayte llegó con los años fue tan brutal que empezó a afectar gravemente a su salud. Entre otras cosas, su presión arterial se disparó, acumuló tensiones cervicales «graves» (en palabras de su fisio), desarrolló problemas hepáticos, padeció insomnio durante años, sufrió ansiedad y el agotamiento le cambió la cara. Algo que me impactó casi más que el episodio de las naranjas fue que, a pesar de que vivía frente al mar, llevaba mucho tiempo sin salir a pasear por la playa, y era algo que le encantaba.

Cuando empezamos a trabajar juntos, Mayte estaba de baja. Aun así, la llamaban constantemente desde la oficina porque, después de tantos años siendo la salvadora de la empresa, había miles de tareas que nadie sabía hacer. Incluso las que eran responsabilidad de otros. Lógicamente, en su empresa esperaban que ella siguiera trabajando, como otras veces había hecho. Pero esa vez Mayte estaba demasiado agotada y quemada, y algo dentro de ello le decía: «Esto va en serio, tienes que cambiar». Fue entonces cuando se topó conmigo en un pódcast: sus días de ayudadora patológica estaban contados. En poco tiempo, volvería a pasear feliz por la orilla de la playa.

El rasgo salvador de la personalidad: una cuestión de granadas

Cuando juntamos la amabilidad o el altruismo exagerados, el temor a decepcionar a los demás, la desconexión de nuestras necesidades y el miedo a expresarlas, la culpa excesiva y algún que otro ingrediente más, aparecen las personalidades salvadoras o mejor dicho, el rasgo salvador de la personalidad. Que era el rasgo predominante en Mayte.

Es importante mencionar que tener este rasgo no impide tener otros, como el perfeccionismo del que hablamos en el capítulo anterior. De hecho, la combinación de ambos rasgos es, con diferencia, la más común entre las personas que sufren *burnout*. Así que presta atención, porque vamos a completar un puzle importante. Para ello, utilizaré la mejor metáfora que he encontrado hasta ahora para describir este rasgo: la de las **granadas**.

Esta imagen la compartió conmigo un directivo de una empresa estadounidense al que ayudé a superar su *burnout*. Era alguien profundamente dedicado a su trabajo, con una gran capacidad de introspección. Tras entender el concepto del rasgo de salvador, me habló de las granadas. Sí, de las que explotan. Describía su empresa como un campo de batalla en el que, cada cierto tiempo, aparecían grandes problemas —las granadas— que todos preferían evitar, pero que alguien debía solucionar. Él se había convertido en un especialista en lanzarse sobre esas granadas y actuar como escudo humano para proteger a los demás de la explosión. Lo hacía casi de manera automática, se sentía atraído por ellas como un imán. Como es lógico, cuando explotaban, le pasaban factura. Si la cosa salía bien, la factura era un estrés extra que se le acumulaba. Si no, era señalado como el culpable de la no resolución del problema. Pero la cosa iba más allá. Poco a poco, se fue dando cuenta de que no solo saltaba sobre las granadas que aparecían, sino que las buscaba. Sin ser consciente, estaba siempre alerta para ver qué problemas extra podía resolver, por lo que siempre acababa haciéndose cargo de más responsabilidades de las que podía asumir.

Esto les sucede a muchos salvadores: tienen la sensación de que así es la vida, los problemas y las personas a las que ayudar nunca se acaban, pero la realidad es que son ellos los que los van buscando inconscientemente. Incluso creándolos.

Pero la metáfora aún da más de sí. Con el tiempo, su «batallón» se empezó a dar cuenta de que era un experto en inmolarse y, cuando aparecía una granada, directamente se la tiraban a él. Tenía el monopolio. De hecho, si se le ocurría quejarse por el exceso de explosiones que estaba sufriendo, sus compañeros se enfadaban por su «falta de generosidad».

Y llegamos a las consecuencias de todo esto: su batallón empezó a olvidarse de cómo se gestionaban las granadas; ya había alguien que lo hacía por ellos, así que destinaban sus energías a otros temas. Pero un día el enemigo les lanzó varias granadas a la vez. Como todos se habían vuelto dependientes de la habilidad de ese único soldado salvador y tantas granadas eran demasiadas para que nuestro héroe los pudiera defender, hubo una gran explosión y todos perdieron la guerra. Fin de la historia.

Esta metáfora nos permite repasar rápidamente el itinerario que las personas salvadoras suelen hacer y las consecuencias que tiene este rasgo para sí mismas y para su entorno. El rasgo salvador te hace daño a ti, porque te sobrecargas y te quemas, y a los que pretendes ayudar, porque les vuelves vulnerables y dependientes de ti.

¿Y tú?

Antes de seguir, quiero decirte algo que me preocupa: es probable que tú seas mucho más salvador de lo que piensas, pero que no seas capaz de verlo. Esto ocurre porque este rasgo de la personalidad es el más **aceptado y validado por la sociedad y la cultura**. Por eso, personas como Mayte se ven atrapadas toda su vida en una espiral de entrega tóxica y ni siquiera se plantean que lo que están haciendo sea malo. Más bien es al revés: los salvadores piensan que hacen lo correcto, que actuar de esa manera les hace generosos y buenos, por lo que, a pesar de su sufrimiento y de los dudosos resultados externos de su actitud, siguen adelante.

Por eso, de nuevo, quiero que reflexiones sobre si te has sentido identificado con la historia de Mayte o con la de las granadas. Analiza cómo es tu día a día. Especialmente, fíjate en aquellas cosas que haces sin que te gusten o que asumes con cierta sensación de enfado o porque hay que hacerlas y ya está. ¿Realmente las deseas? ¿Son tu decisión?

No te estoy hablando de cuidar a tu hijo cuando se despierta por la noche, obviamente. Ve más allá. Piensa en tus hábitos, en tu falta de tiempo, en por qué no consigues cuidarte lo suficiente. ¿Qué cosas te quita tu parte salvadora?

Levanta la vista del libro y dedícale quince segundos a esta pregunta.

El origen del salvador

En el capítulo anterior te contaba la historia de un ingeniero perfeccionista y de cómo sus rasgos de personalidad se habían ido modelando a través de su historia.

Con el rasgo salvador pasa exactamente igual: se va formando como consecuencia de todos los estímulos que recibimos a lo largo de nuestra vida. Estos estímulos vienen de nuestra familia, que, con buena intención, nos invita a pensar en los demás antes que en nosotros mismos, de nuestros profesores, que quieren que seamos «buenas personas», de la cultura, de la religión... Como ya he dicho, el rasgo salvador es el más alabado por la sociedad. Quizá esto te parezca debatible y pienses que es mucho más atractivo el perfil del egoísta exitoso. Pero, si te fijas, por cada película en la que el protagonista es un narcisista triunfador (por ejemplo, *El lobo de Wall Street*) hay cien en las que se ensalza la bondad de un héroe o heroína que se sacrifica por los demás hasta límites insospechados y que es premiado por ello (por ejemplo, *Superman* o *La cenicienta*). Aunque es innegable la influencia de los primeros, la realidad es que las dos personas que más han moldeado la cultura occidental, Sócrates y Jesucristo, murieron sacrificándose por los demás o por sus ideales, olvidándose de sí mismos.

Por cierto, me ha costado mucho pensar en una figura de narcisista triunfadora femenina que realmente sea admirada y no odiada, aunque fuera en el mundo de la ficción. Finalmente, he pensado en Cersei Lannister, que, teniendo motivos morales bastante más justificados para tomar sus decisiones que el protagonista de *El lobo de Wall Street* (que además es un personaje real), sigue siendo mucho más repudiada que este. Sin ninguna duda, la cultura ha llevado a las mujeres a jugar en desventaja la partida del rasgo salvador.

Las personas que presentan de manera más acusada el rasgo salvador suelen haber crecido asumiendo responsabilidades desde niños. A veces son casos muy evidentes, como los que tuvieron que hacerse cargo del cuidado de sus hermanos, de sus propios padres o incluso de conseguir dinero para la familia a una edad muy temprana. Pero la mayoría suelen ser más sutiles. Por ejemplo, quienes intentaban suavizar con una actitud buena y responsable el malestar emocional que había en casa. Otras veces el foco estaba en satisfacer a los padres con el éxito académico o siguiendo sus pasos profesionales, aunque no fuera su verdadera vocación. Esta circunstancia se da mucho en los negocios familiares que pasan de generación en generación. Otro caso típico es el de las hermanas a quienes se les asigna el cuidado de sus hermanos pequeños, tanto por ser mujeres como por ser las mayores.

Recuerdo a una enfermera con *burnout* que me contó cómo, de adolescente, su abuela y su madre le decían: «¿Cómo **permites** que tu hermano vaya con la camisa arrugada?», y le pedían que se la planchara. Su hermano tenía casi la misma edad que ella, pero se asumía que él «no sabía planchar». En un ambiente así, probablemente ni supiera lo que era una plancha. Esta enfermera me decía que, años después, estaba agotada de asumir todas las tareas de la casa, pesar de que su marido y ella trabajaban las mismas horas.

El rasgo salvador puede afectar profundamente a nuestro manual de vida, ese que nos va susurrando lo que tenemos que hacer con ella. El mayor peligro es que puede llevarnos a tomar **decisiones vitales importantes** de manera equivocada, a elegir lo que realmente no deseamos solo para satisfacer a otros o para evitar herir o decepcionar. Cuando no eliges honestamente lo que quieres, puedes acabar haciendo mucho más daño a esa persona a la que querías evitarle el dolor. Probablemente, donde más sucede esto es en la relación entre padres e hijos. Hay personas cuya vida se podría resumir con esta frase: «Cumplió con todos menos consigo mismo». Espero ayudarte a evitar esto a toda costa.

La verdadera receta para salir del rasgo salvador

Te podría contar más historias y darte más ejemplos sobre las circunstancias de nuestro pasado que nos llevan a ser salvadores. Pero hay una cuestión más interesante: ¿Qué es lo que nos lleva a ser salvadores... en el presente? Es decir, ¿qué es lo que nos empuja cada día a actuar así, incluso aunque **ya sepamos que queremos cambiar?**

Se suele hablar mucho de nuestras creencias y de nuestros patrones de pensamiento, sí. Pero hay algo más profundo y difícil de entender, el verdadero motor que mantiene este y otros rasgos de la personalidad activos cada día: nuestras **emociones.** En mi experiencia, las emociones son las verdaderas protagonistas, las que controlan tu vida sin que te des cuenta. Quizá pienses que eres una persona muy «racional» y que a ti no te afectan, pero no funciona así. Las emociones están en la base de nuestra actividad mental, independientemente de si eres alguien pasional o racional. Son, como la respiración o el latido del corazón, el motor de nuestra vida corporal, seamos deportistas de élite o personas sedentarias. El único camino que seguir con las emociones es entenderlas y aceptarlas, hacerte su amigo. Así, podrás vivir de forma armónica y libre y dejar a un lado el rasgo salvador, entre otras cosas.

Para aprovechar al máximo esta sección, piensa en **alguna situación reciente** en la que hicieras algo por alguien que en el fondo no querías hacer. Alguna situación en la que estuvieras salvando, es decir, ayudando a alguien a costa de hacerte daño a ti y a la otra persona (ya fuera en ese momento o a la larga). Cuando la tengas en mente, piensa: ¿Qué emociones sentías en ese momento? Permítete diez segundos de reflexión, sin leer —y sin mirar el móvil—, y conecta con esa situación.

Te voy a hablar de las emociones que considero que caracterizan el rasgo salvador: el miedo, la tristeza y nuestra querida culpa. Intenta tener presente la situación que has elegido, a ver qué descubres en estos párrafos.

Miedo

En esa situación en la que estás pensando, probablemente el miedo te empujó a actuar como lo hiciste. Analízalo: miedo a lo que esa persona pensaría de ti si no la ayudabas, a los rumores que correrían si decías que no, a las posibles consecuencias. Nuestra mente fantasea con la posibilidad de decepcionar a nuestros jefes o compañeros hasta el punto de perder el trabajo, o de que alguien se va a ofender tanto que nos dejará de hablar. Nos verán como a personas egoístas y quizá nadie nos vuelva a contratar.

Estas ideas a veces se dan de manera inconsciente y surgen de una misma emoción: el miedo. Del mayor miedo que tenemos los seres humanos, que no es a la muerte o a la pobreza, sino a la soledad. Mucha gente prefiere morir antes que vivir sola. Cuando nuestro cerebro detecta soledad, activa todas las alarmas porque, en el pasado, estar aislado de la tribu era casi una sentencia de muerte. Hoy no es tan diferente: lo que más sentido da a nuestras vidas son las personas con las que nos relacionamos y los lazos que creamos. Evitamos la soledad a toda costa.

Entonces, ¿qué hacemos con el miedo?

Entender que solo es una información que nuestra mente nos está dando. Nada más. Una información que muchas veces nos habla de nosotros mismos, no de la realidad que hay fuera. Así, no debemos lanzarnos a decidir teniendo solo en cuenta esa información, sino que tenemos que mirar el cuadro completo. Cuando haces esto y te das cuenta de que la ayuda que estás dando es excesiva, y que además no estás ayudando a nadie, sino generando dependencias, entonces puede que digas que no. O tal vez expreses de qué manera te iría bien prestar esa ayuda, si es que hay alguna. Hablaremos de esto después, pero por ahora quédate con esta idea: **el miedo no te puede matar**. Lo que sí te puede matar es el *burnout*, y en él acabamos cuando estamos salvando constantemente a los demás.

Valiente es el que actúa como debe hacerlo, a pesar de tener miedo, no quien no tiene miedo. No puedes esperar a que este desaparezca para cambiar de rumbo. Cuando hablamos del rasgo salvador, no hacer nada, no salvar, es, a menudo, lo más valiente.

Te aseguro que la gente que es honesta consigo misma y con los demás no se queda sola. Al revés, acaban creando vínculos sanos, auténticos y fuertes con las personas que les rodean. Si llevas mucho tiempo dejándote llevar por el miedo a la soledad, quizá, al empezar a ser honesto, se rompan algunos de los vínculos que solo te hacían daño. Es una poda necesaria, lo que vendrá después será mucho mejor.

Tristeza

Puede que en esa situación que viviste, o en alguna otra, la emoción que predominaba era la tristeza, que también caracteriza al rasgo salvador.

La tristeza que sentimos al ver a alguien sufriendo o con problemas. En este punto, nos posee esa idea cultural del héroe y nos imaginamos que somos las personas elegidas para resolver esa situación y para salvar a quien tenemos enfrente. O tal vez no vamos tan allá y simplemente pensamos: «Ay, me sabe mal que esté así», y nos lanzamos a actuar. Pero la realidad es que lo hacemos para aliviar nuestra tristeza, sin pensar en si la persona desea que le ayudemos o en si le vamos a hacer más mal que bien. Entonces, te hago una pregunta: ¿a quién estás ayudando verdaderamente cuando haces algo por alguien? ¿A la otra persona... o a ti?

Piénsalo.

Esta cuestión es muy importante y explica muchos bucles infinitos de salvadores que no permiten a sus «víctimas» cambiar de rol. Volviendo al caso de Mayte, ella llevaba toda la vida dejándose llevar por esa tristeza y salvando a sus compañeros de hacer esas tareas que les estresaban, así que cuando se fue de la empresa, el problemón era importante. ¿Realmente había ayudado a alguien o más bien había hecho lo contrario?

Si llevamos esto al terreno de las relaciones personales, hay muchas parejas en las que uno de los miembros está sufriendo constantemente por el otro, cuidando y sosteniendo, mientras la otra parte solo recibe, no hay equilibrio. Cuando le preguntas a la parte salvadora por qué no rompe con esa situación, la respuesta suele ser: «Me da pena, ¿qué va a hacer sin mí?». Voy a ser un poco duro, pero... ¿qué más da tu pena? ¿No es más importante tu vida y la de la otra persona? Cuanto más tiempo se pasa en ese bucle, más dependencia se genera y más daño se hace a todos los implicados.

Por cierto, esto es lo que les pasa también a esas personas que no dejan su trabajo a pesar de que saben que está destruyéndolas. En muchos casos es por miedo, pero otras veces es por tristeza, por ese «es que, si me voy, los dejo tirados». Pero la realidad es que cuanto más tiempo estés, peor será el golpe cuando decidas irte.

Entonces, ¿qué hacemos con la tristeza?

La tristeza es la emoción natural que sentimos ante una pérdida, ya sea nuestra o de la persona que tenemos enfrente. A veces tenemos capacidad de hacer algo por el otro, pero muchas otras no, y la tristeza va a ser la misma en ambos casos. Evita tomar decisiones dejándote llevar solo por esa tristeza, ya te he explicado el riesgo que hay. **Párate antes a pensar** qué consecuencias tendrá tu decisión. Para eso, es importante aceptar que la tristeza es parte de la vida, que a veces no podemos, o no debemos, hacer nada por los otros.

Te pongo otro ejemplo. Hace poco me encontré a un señor de más de ochenta años en mitad de la montaña, subiendo a un refugio. Llevaba una mochila gigante y hacía muchísimo calor. Yo bajaba del refugio y al cruzármelo, pensé: «Guau, ¿estará bien? ¿Qué hace aquí solo? ¿Y si se muere de deshidratación?». Yo iba medio asfixiado, era pleno agosto, así que tuve el impulso de hablar con él y ofrecerle ayuda, para evitar que muriera allí. Pero entonces me paré a **pensar** qué es lo que **me habría gustado que ocurriera** si yo fuera un montañero de más de ochenta años en esa situación. Me di cuenta de que seguramente esa persona había meditado muy bien lo que estaba haciendo y de que lo que yo querría si hiciese eso con más de ochenta años —cosa bastante probable— sería muy sencillo: que me dejaran en paz. No me gustaría que la gente se me quedara mirando como si fuera una atracción turística, poniéndome en evidencia o tratándome como a un niño. Así que superé mi sensación de pena y al pasar a su lado lo saludé como a un montañero más. Ese mismo día, el anciano salió en el periódico de la región. Al parecer, varias personas le habían ofrecido ayuda, incluso se había desplazado hasta allí un equipo de rescate de montaña para evacuarle. Pero él se había negado en redondo y esa noche dormiría tranquilamente en el refugio. Yo leí la noticia con una sonrisa y pensé: «Te has salido con la tuya». ¿Quién le ayudó más de todos nosotros?

Culpa

El rasgo salvador no es peligroso solo por lo que nos lleva a hacer. De hecho, yo diría que lo peor es lo que nos lleva a **no hacer**, a **no decir**, a **no expresar**. Lo que nos lleva a aguantar. Es entonces cuando este rasgo nos puede paralizar. Y la culpa suele ser la emoción que se encarga de encadenarnos.

Hace poco conocí a una trabajadora social que estaba realmente quemada con su trabajo. Trabajaba para una ONG desde hacía años y, como les suele pasar a las personas que trabajan en el llamado tercer sector, era una salvadora nata. Cuando trabajamos juntos, vi que su avance estaba bloqueado por la culpa que le generaba el mero hecho de pensar críticamente sobre su propia organización. Si las ONG representan la generosidad y el bien, y tú las criticas, necesariamente te conviertes en mala persona, y tu culpa te dice que lo último que puedes ser en esta vida es una mala persona.

La culpa impedía que esta persona se quejara, exigiera cambios o simplemente buscara otro trabajo. Estaba salvando a su propia organización inmolándose en el camino. Pero, recuerda, como «salvar» a alguien implica a veces hacerle daño, probablemente ella no le estaba haciendo ningún favor a la organización, al menos a la larga. Si la gente que trabaja en una organización no es capaz de criticar o de emitir su opinión para que las cosas cambien, ¿quién lo hará?

Otra persona, en este caso un *project manager* que trabaja en el sector de las ONG desde hacía también bastante tiempo, me dijo esta frase: «Yo sé que, si trabajo unas horas más de lo que me corresponde, puedo lograr que más niños reciban sus vacunas». Aquí tenemos otro de los trucos con los que el rasgo salvador nos engaña: nos hace pensar que es «nuestra responsabilidad» algo que realmente no lo es. Nos convierte en dioses. La vida de esos niños no era responsabilidad del *project manager*, aunque él pudiera salvarlos dedicando más horas. Si lo piensas, ese razonamiento nos haría responsables de toda la humanidad, pues podríamos dedicar cada hora del día a estar ayudando a otros. Elegir trabajar en exceso de forma continuada y haciendo daño a tu salud puede parecer bueno en el corto plazo, pero ¿qué pasará después, cuando, por ejemplo, estés de baja por *burnout*? Si asumes más trabajo del que te toca, ¿crees que es probable que contraten a otra persona para hacer esas tareas? ¿Quién puede salvar a más niños, una sola persona quemada haciendo horas de más o dos trabajadores a pleno rendimiento?

Insisto: el truco mental de la culpa es hacernos creer que todo depende de nosotros. Ese endiosamiento es bastante adictivo, pero los problemas de otra persona adulta, o los problemas del mundo, nunca van a depender solo de nosotros. Es imposible. Exceptuando a nuestros hijos en sus primeros años de vida, hay muy pocas personas que dependan únicamente de nosotros en esta vida.

Entonces, ¿qué hacemos con la culpa?

Al igual que ante el miedo o ante la tristeza, al final solo tienes una opción: atravesarla. Es decir, actuar de manera sensata, aunque te sientas culpable. Con el tiempo, cuando tu mente se dé cuenta de que esa decisión que has tomado es la correcta y la que más beneficia a todos, la culpa que te genera se irá reduciendo. Las emociones se pueden educar. Recuerda: no eres tus emociones ni tus pensamientos, aunque ambos formen parte de ti y te den información valiosa.

Con la culpa, también será de gran ayuda tener a alguien de confianza con quien hablar y a quien contarle estas situaciones. Cuando un buen amigo nos dice «has hecho bien, te tienes que cuidar; no eres Superman, no puedes con todo», sentimos cierto alivio. Pero has de elegir bien a esa persona, porque no todas están preparadas para entender que la culpa no debe dirigir nuestra vida. Si quieres, les puedes regalar este libro para que se conviertan en mejores consejeros.

El camino de la rabia

Para que el rasgo salvador domine nuestra vida no solo es importante que sintamos miedo, tristeza o culpa. Hay algo que debe permanecer callado dentro de nosotros: la rabia. La rabia es la emoción de la protección y de la defensa. La sentimos cuando algo nos hace daño y nos incita a actuar para protegernos.

Si disponemos de este mecanismo de defensa, ¿cuál es la única manera de que nos pasemos la vida haciéndonos daño mientras intentamos salvar a los demás? Está claro: bloqueando la rabia. La mayoría de la gente con rasgos salvadores bloquea su rabia de forma inconsciente, lo que los lleva a no defenderse de las agresiones que sufren. Incluidas las autoagresiones.

Si te fijas, la palabra que estoy usando es «bloquear» o, más arriba, «callar». No digo «eliminar», porque la rabia no puede desaparecer, aunque lo intentemos, se queda almacenada mientras todo lo que sufrimos la va alimentando. Así, acumulamos cada vez más y más rabia, hasta que un día... ¡pum!, decide salir. Y reza para que salga de forma sana.

Hace un tiempo, un director financiero se unió a nuestro programa principalmente por los episodios de rabia que sufría cuando llegaba a casa, con su familia. No hay duda de que era una persona honesta y buena, pero de tanto reprimir sus emociones en el trabajo, y probablemente en otras áreas de su vida, al final perdía el control. Por eso nos pidió ayuda. La rabia a veces explota de otras maneras: decisiones impulsivas muy desacertadas, problemas de salud física o, simplemente, desconexión emocional del trabajo.

La evolución natural de alguien con rasgos salvadores es acabar quemándose y sintiendo rabia. Rabia hacia su trabajo, hacia sus compañeros y hacia sus clientes. En el mundo sanitario se ve con muchísima frecuencia: puedes distinguir a un sanitario quemado por la manera en la que trata a sus pacientes. Es entonces cuando aparecen las conductas de crítica o de maltrato hacia quienes intentamos ayudar. Estas actitudes resultan muy curiosas, pues vienen de personas que seguramente eran grandes salvadoras un tiempo antes, y que todavía lo son, pero que han acumulado ya mucha rabia.

Entonces, ¿qué hacemos con la rabia?

Por muy mala que pueda parecer, la rabia es el camino de vuelta a casa. Es la salvación del salvador. Una vez consigues encender ese fuego tan necesario dentro de ti, tienes gran parte del camino hacia tu transformación hecho. Rabia, claro, hacia todo lo que tenga sentido tenerla: hacia las condiciones laborales y culturales que te han llevado al *burnout*, hacia las personas que se estaban aprovechando de ti, incluso hacia ti mismo, por haberte hecho daño durante tanto tiempo.

Culturalmente, se nos ha enseñado que la rabia es una emoción de personas poco inteligentes o espirituales. De personas descontroladas. Pero esas ideas solo nos llevan a negar una parte natural de lo que somos, a renegar de una emoción más, y de una muy necesaria.

Es importante que aprendas a usar bien tu rabia. Por ejemplo, para cuidarte más, para poner límites y expresar lo que deseas a quien debe escucharlo o para irte de aquellos ambientes donde solo encuentras malestar. Qué bueno es hacer entrenamientos de fuerza o correr con rabia. Esta es una energía valiosísima que puedes utilizar para cambiar lo que necesites cambiar en tu vida. Lo normal en alguien que está saliendo del *burnout* es que tenga mucha rabia al principio, pero, con el tiempo, todo vuelve a su lugar.

Aprovecha la rabia porque está ahí por algo y para algo.

Decir que no

Hace un tiempo una mujer solicitó una llamada informativa gratuita de las que ofrecemos a las personas interesadas para conocer el programa CIMA para el *burnout*. En la encuesta inicial, antes de agendar la llamada, siempre informamos a la persona sobre el objetivo de la hora gratuita que le vamos a dedicar y, entre otras cosas, sobre el precio del programa. Ella puso en la encuesta exactamente esto: «Soy ama de casa y estoy pasando por un mal momento. No tengo dinero para apuntarme al programa, pero necesito a alguien con quien hablar».

Le envié un mensaje y le respondí que esas llamadas no tenían esa finalidad y cancelé la cita. Unos días después, conté lo sucedido en el e-mail diario que envío a la comunidad. Muchas personas me escribieron indignadas y se dieron de baja. Les parecía que yo no había sido buena persona. Curiosamente, hubo otras —más numerosas— que me escribieron agradeciendo el ejemplo y afirmando que les había dado energía para atreverse a decir no. En ese grupo había una chica joven recién graduada y amante del camino de Santiago que había copiado en su agenda esta frase de mi e-mail:

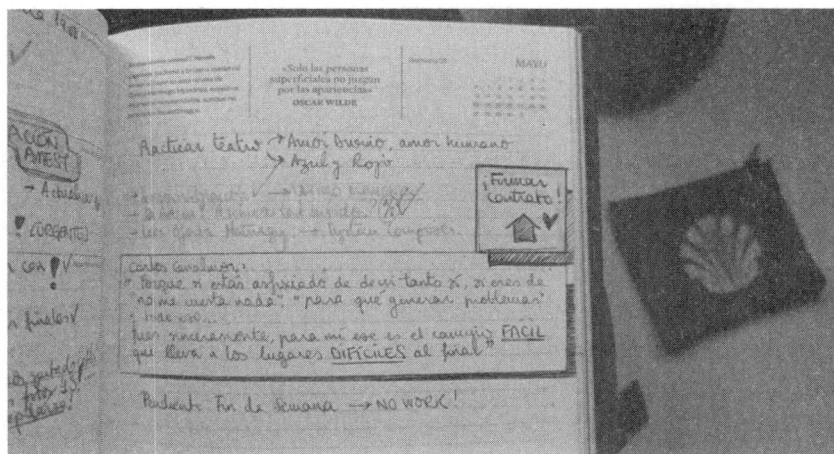

La frase decía así: «Si estás asfixiado de tanto decir sí, si eres de "no me cuesta nada", "para qué generar problemas" y todo eso... pues, sinceramente, para mí, eres de los que escogen el camino fácil que, al final, lleva a los lugares difíciles».

Tus síes solo son verdaderamente valiosos si tienes la capacidad de decir no. Y por eso te quiero dar la clave fundamental para aprender a hacerlo y para expresar lo que necesitas. Este tema también daría para otro libro, en mis formaciones hablo mucho sobre, pero aquí te voy a dar una única herramienta, pero es la perla más valiosa. Allá voy: para decir no... simplemente, di no.

Este es el mejor consejo que te puedo dar. En serio. El mayor problema que tiene la gente a la hora de decir no es que **dice de todo menos no.** Hace unos meses, una dependienta y propietaria de una pequeña tienda que me pidió ayuda con su *burnout* me explicaba cómo algunos clientes iban a la tienda para contarle sus problemas. Ella era muy buena persona, dulce y pacífica, y disfrutaba de esas conversaciones... hasta cierto punto. El problema es que la hacían perder demasiado tiempo y energía, dos cosas que no tenía ni para sí misma ni para su negocio. El caso es que siguiendo el programa empezó a poner límites a través de una táctica novedosa: la de la llamada de teléfono. En lugar de decirles la verdad, se inventaba que tenía que hacer una llamada para que los clientes se fueran. ¿Sabes qué le respondían? «Ah, no te preocupes, te espero y seguimos hablando». Ya te puedes imaginar su cara... Me reí mucho con ella cuando me lo contó.

La conclusión de esta historia es que para decir no debemos ser **claros**, y eso suele pasar por usar la palabra «no». En su caso, podría haber dicho: «Mira, me gusta charlar contigo de vez en cuando, pero hoy **no** puedo». De esta manera, el mensaje llega como queremos que llegue. Otro ejemplo sería el de un abogado que no quiere aceptar a un nuevo cliente, el cual le está presentando un caso horrible. Podría decirle: «Siento **no** poder ayudarte, pero **no** quiero embarcarme en un caso así». Si eres abogado, seguro que entiendes la cantidad de problemas de salud que esta frase puede ahorrarte.

Vayamos un poco más allá: lo importante es **decir honestamente lo que piensas y sientes**. Uses o no la palabra «no». Una empresa no puede funcionar si la gente se dedica a decir que no a todo lo que no le encaja. Para que haya una buena comunicación, debemos expresar lo que **sí estamos dispuestos a asumir** y de **qué manera**. Esto es esencial y también más difícil, porque exige, entre otras cosas, que tengas claro lo que quieres. En el ejemplo de la dependienta, una frase honesta y clara sería esta: «Mira, me gusta charlar contigo de vez en cuando, pero vienes demasiado y esto altera mucho mis horarios. ¿Qué te parece si establecemos la norma de que vengas solo una vez a la semana a hablarme de tus cosas?». El grado de honestidad de esta respuesta es alto, así que nuestra culpa, tristeza y miedo saltarán con todas sus alarmas. Pero la claridad es la clave.

El otro lado de la ecuación

Ya estamos acabando. Te haré otra pregunta: ¿Sabes qué tienen en común todos los superhéroes de las películas? No son sus ganas de salvar el mundo, ni sus dones extraordinarios, ni siquiera que sean sospechosamente más guapos que la media poblacional. Lo que los une es que todos necesitan a un grupo de personas impotentes a las que salvar: **las víctimas**. Sin ellas, no habría héroes, ni guion, ni negocio en Hollywood. Sin una persona dependiente cerca, el rasgo salvador de la personalidad se queda sin su razón de ser.

Menciono esto porque hasta ahora parece que la decisión de ser salvador es exclusiva de uno mismo, pero es cierto que, si te ponen muchas granadas cerca, es muy difícil resistirse. Los salvadores tienden a buscar a personas que asumen el rol de víctima, esas que dicen «Esto no lo sé hacer» o «Tengo miedo» o «No puedo». Lo expresan verbalmente, con sus actos o con su lenguaje corporal. Sin ser cierto en ningún caso. Quizá no saben, pero pueden aprender. Quizá tienen miedo, pero lo pueden superar. Y normalmente, si no pueden hacer algo, es porque ya han contado con que tú vas a solucionarles el problema.

Este es un tema que da para mucho, pero no quiero alargar más este capítulo. Quédate con la idea de que la responsabilidad de que se dé una relación «salvadora» siempre es de las dos partes: del salvador y del salvado. Y de que aprender a detectar a las víctimas que nos tientan y nos lanzan sus granadas es importante para salir del rol salvador. Por eso, si quieres profundizar en el tema, he preparado un contenido breve y muy entretenido en el que te cuento mi lista de «pistas» para detectar víctimas a tu alrededor, además de darte algunos consejos para tratar con ellas. Aunque parezca no tener sentido, te adelanto que los gatos serán importantes protagonistas en ese pequeño audio. Como siempre, espero hacerte pensar y que veas las cosas de una manera nueva.

Volver a ayudar

Sé que algunas personas no llegarán al final de este capítulo. Las cosas que cuento, para los salvadores más convencidos, suenan ofensivas y demasiado egoístas. Sin embargo, si eres de los valientes que han llegado hasta aquí, quizá te estés preguntando: «Entonces, ¿no existe la generosidad en este mundo? ¿Siempre que ayude a otra persona estaré siendo un salvador patológico?». La respuesta, evidentemente, es que **sí** se puede ayudar a la gente de forma sana.

Aún no te he hablado de los beneficios que tiene el rasgo salvador de la personalidad. Igual que los perfeccionistas tienen la capacidad de sacar adelante proyectos importantes de manera eficiente, los salvadores son capaces de empatizar y de ayudar de manera especial a quienes tienen delante. Si sé algo sobre esto, como del *burnout*, es porque yo mismo lo he vivido y lo he analizado mucho. Durante años, fui un salvador incorregible que era esclavo de su culpa, de su miedo y de su tristeza. Encima, me creía que era una gran persona. Seguir los dictados de mi yo salvador me llevó a quemarme y a mantener condiciones de trabajo y relaciones que realmente no quería. Esto me hizo daño a mí y a esas personas a las que había intentado salvar con mis actitudes, a las que les había intentado ahorrar el dolor. Ahora entiendo que **nadie puede ahorrarle el dolor de la vida a otra persona, no somos dioses**. Acuérdate de esto. Los salvadores somos tan humanos como aquellos a los que tratamos de ayudar. Pero nos cuesta bajarnos de ahí.

¿Sabes por qué salvaba tanto? Porque **necesitaba algo que**

me llenara. Esa es la razón más profunda que hay debajo del rasgo salvador de la personalidad. Estamos vacíos porque no sabemos amarnos y cuidarnos y buscamos llenar ese hueco haciéndonos los salvadores del mundo entero. Pero no hay generosidad ninguna en ello, solo estamos utilizando a los demás para obtener lo que nos falta.

El único camino que seguir para poder volver a ayudar de verdad, para volver a ser generosos, es llenar ese vacío por nuestra cuenta. ¿Cómo? **Cuidándonos a nosotros mismos**. Así, al ayudar, realmente estaremos dando algo que tenemos, no intentando conseguirlo. Y de eso va este libro. Trato de ayudarte a entenderte para que te puedas cuidar mejor, en tu trabajo y en tu vida, para que tengas equilibrio. Solo entonces ayudarás por verdadero deseo y generosidad, no para reducir tu culpa, tu miedo o tu tristeza.

En resumen, la idea no es eliminar nuestra tendencia salvadora, eso sería imposible y además una autoagresión, pero debemos aprender a armonizarla, para que aporte solo cosas buenas y pueda frenarse en lo malo. Ayudar a los demás es una de las cosas más bellas que existen, pero solo tiene sentido cuando el otro realmente lo necesita, y eso sucede muchas menos veces de lo que a nuestra parte salvadora le gustaría. Si lo piensas, controlarse para respetar al otro y sus capacidades ya es ayudarle.

He mencionado a Jesús de Nazaret al principio de este capítulo, señalándolo como uno de los orígenes de la cultura salvadora de nuestra época. Sin embargo, creo que gran parte de esa influencia ha sido consecuencia de la malinterpretación que hemos hecho de sus palabras. Si recuerdas, cuando le preguntaron cuál era el mandamiento más importante y sagrado de todos, él respondió lo siguiente: «Amarás a tu prójimo **como** a ti mismo» (Mateo 22:37–39).

Puntos de resumen:

- El rasgo salvador te hace daño a ti mismo porque te sobrecargas y te quemas, y hace daño a los que pretendes ayudar porque les vuelve vulnerables y dependientes de ti.

- Este rasgo acaba modificando tu entorno de relaciones y lleva a que los demás esperen siempre tu ayuda.
- El miedo, la tristeza y la culpa nos acaban empujando a «salvar» a otras personas cuando realmente no lo necesitan.
- La rabia es una emoción muy bloqueada socialmente pero crucial para salir de la dinámica salvadora y ayudadora.
- Decir «no» con claridad y explicar lo que realmente necesitamos son herramientas claves para gestionar este rasgo.
- En el fondo de la personalidad salvadora hay un vacío personal que intentamos llenar a través de los otros. Si te aprendes a llenar y cuidar a ti mismo, dejarás de necesitar «salvar» a otros.

11

El arte de amar(te)

A lo largo de mi vida, he escuchado a mucha gente decir que vivimos en una sociedad muy egoísta. Después de años formando parte de esa sociedad y de conocer en profundidad a muchas personas, incluido a mí mismo, puedo afirmar con seguridad que el problema no es que seamos egoístas, sino exactamente lo contrario: que **no nos queremos nada**. Esta falta de autovaloración es la que está en el fondo del *burnout*, pues permite que nos tratemos de manera enormemente destructiva hasta quemarnos.

La falta de amor propio tiene dos motivos. El primero es que no sabemos querernos, no hemos aprendido a hacerlo. Nos han enseñado solo algunas asignaturas optativas de esa carrera tan importante que es el amor y el cuidado propios. La otra razón es más importante, el verdadero problema, la raíz: pensamos que está mal quererse.

Veamos esto con calma. Lo que te voy a contar es psicología profunda, pero ya estás preparado.

El egoísmo y el amor

«El egoísmo y el amor a sí mismo, lejos de ser idénticos, son realmente opuestos». Esta frase del libro *El arte de amar*, de Erich Fromm, resume, como solo un gran genio puede hacer, uno de los puntos más problemáticos de la psicología occidental: confundimos el egoísmo con el amor propio. Yo mismo lo he hecho en el párrafo anterior, sabía que así me ibas a entender mejor.

Por algún motivo, tenemos tatuado en nuestras neuronas que está mal valorarnos, que hacerlo es ponerse por encima de los demás, ser vanidosos y egoístas, ser narcisistas, flipados o agresivos. Sin embargo, nos llevamos mejor con la infravaloración, nos hace sentirnos tranquilos por dentro, pensar que no suponemos una amenaza para nadie, que somos «humildes». Así, acabamos sintiéndonos pequeños y profundamente insuficientes en cada cosa que hacemos. Desde ese estado, es imposible no sucumbir a la hiperproductividad, al perfeccionismo o a la entrega excesiva a los demás, y por tanto, al *burnout*. Todas estas actitudes se convierten en maneras de intentar solucionar la insuficiencia que sentimos por dentro. Estas sensaciones de infravaloración son muy sutiles y navegan en la frontera entre lo consciente y lo inconsciente, pero si te prestas atención, te darás cuenta de que son el núcleo de todos los demás problemas.

Entonces, ¿qué hacemos?, ¿cómo superamos esto? Lo primero es enfrentar esa amenaza equivocada de nuestra cultura que dice que, si te quieres más a ti mismo, te volverás egoísta y dejarás de querer a los demás. Esta idea es una trampa que nos empuja a tener que elegir: o amo a los demás o me amo a mí mismo. Y como a los humanos nos encantan las dicotomías, que haya buenos y malos, derecha e izquierda, y todo eso, caemos de cabeza en ese engaño. Nos simplifica la vida.

Para mí, la solución a esa dicotomía es la que propone Erich Fromm en *El arte de amar*. Nos dice que el amor es una habilidad, un arte. Como escribir, montar en bici o ser bueno en tu profesión. Eso implica, por un lado, que se aprende y que se mejora con la práctica. Bien, esto es muy interesante, pero quiero ir más allá. El matiz crucial lo aporta cuando dice que el amor es **una sola** habilidad, independientemente de si la utilizas hacia ti o a hacia otros. Es decir, que no está el arte de amar a los demás por un lado y luego el arte de amarte a ti mismo por otro; no, como es lógico, el amor es siempre el mismo, es la misma habilidad, pero orientada hacia objetivos distintos. ¿Me sigues? Si eres bueno tocando la guitarra, lo serás igual cuando toques para otros que cuando lo hagas solo para ti mismo. Si eres bueno en tu profesión, lo serás trabajes para quien trabajes, ya seas autónomo o empleado. Pues, igualmente, no hay dos amores. Es la misma herramienta usada hacia fuera o hacia dentro de nosotros.

Entonces llega la conclusión clave: «Si un individuo es capaz de amar a otros, entonces también se ama a sí mismo. Y si solo ama a los demás, realmente es que no puede amar en absoluto». Y un poco más adelante dice: «Las personas egoístas no aman a los demás, pero tampoco pueden amarse a sí mismas». A mí me explotó la cabeza cuando leí esto porque puso palabras a una intuición que yo había tenido durante toda mi vida, pero que no sabía cómo expresar. Si enciendes una luz en la oscuridad, no te va a iluminar solo a ti, es imposible: alumbrará a todos los que te rodean. Si tienes la capacidad de tratarte bien y de cuidarte, inevitablemente la vas a usar contigo y con los demás. Pero si no la tienes, no podrás quererte ni a ti ni a nadie. Esto último sería la definición real de egoísmo: el egoísta no se ama demasiado, sino muy poco. En este sentido, sí que creo que vivimos en una sociedad egoísta, pero no desde la perspectiva de que «no pensamos en los demás porque estamos siempre pensando en nosotros», sino porque no somos capaces de amar ni de cuidar en general.

Quizá ahora tengas en mente a muchas personas que se cuidan, pero que son malas con los demás. Pero las apariencias engañan. Te aseguro que esas personas jamás están bien por dentro. Aún no he conocido a alguien que realmente se ame, se cuide y viva en equilibrio, y que eso no se refleje fuera. Incluso muchos *influencers*, que parecen tener vidas envidiables y una autoestima de hierro, no se sienten bien con frecuencia. Y no ayuda que su trabajo implique mostrar siempre su mejor cara.

En resumen, valorarnos poco, querernos poco, ese es el gran problema. Y de ahí surgen el perfeccionismo, la tendencia a salvar a los demás, la necesidad exagerada de brillar en el trabajo; de alguna forma, estamos buscando encontrar fuera la valoración que no somos capaces de darnos por dentro. Ancla muy bien en ti esta idea de que quererte más a ti mismo te va a llevar a querer más a los demás, y de que cuanto más te cuides, más se va a activar ese «círculo virtuoso».

Aprender a ligar

Hace no demasiado tiempo me apunté a un taller para aprender a ligar. Lo confieso públicamente. El taller en concreto lo organizó Héctor Latorre, compañero del mundo del emprendimiento digital y alguien a quien valoro especialmente por la honestidad con la que vive su vida. No tengo problema en admitir que, pasados los treinta, me di cuenta de que tenía una espinita clavada: sentía que no sabía ligar. Si me encontraba con una chica que me resultaba atractiva en una fiesta o en un evento del tipo que fuera, no sabía cómo aproximarme a ella. Me había resignado a pensar que no había ninguna necesidad de hacerlo, que podía conocer a mujeres de otras formas, incluyendo Tinder y otras apps de las que no me quedó más remedio que despedirme al irme a las montañas.

El caso es que un día coincidí con Héctor en un *mastermind* de emprendedores y me habló de lo que hacía. Lo que más me llamó la atención fueron unos talleres que organizaba en Mallorca, donde cada verano se llevaba a un grupo de hombres que querían aprender a ligar. Por el día, estudiaban el noble arte de la seducción y, por la noche, ponían lo aprendido en práctica en fiestas con miles de personas. Me pareció un plan difícilmente superable. Solo de escuchar las anécdotas tan divertidas que salían de esos viajes y el buen rollo que había en el grupo, supe que quería ir. La mujer de uno de mis mejores amigos me dijo: «Carlos, tú al taller al que tienes que ir es al de cómo mantener una pareja, no al de cómo conseguirla, que para eso no tienes problema». No profundizaré mucho en esa frase..., pero mi objetivo no era conseguir pareja, sino sacarme la espinita que tenía clavada. Pues bien, ¿quieres saber qué resultado obtuve en el taller? Es un poco íntimo, pero sí que lo cuento en uno de los e-mails de bienvenida que recibes cuando te inscribes a mi comunidad por e-mail. Como te he mencionado ya, puedes apuntarte a través del QR que hay al principio del libro.

Lo que sí que te contaré es una de las conclusiones que extraje de ese taller. Ya que acabo de destruir mi imagen de psiquiatra respetable ante la sociedad, al menos que sirva de algo. Pero antes sigamos con las apuestas arriesgadas. Después de pasar de la psicología profunda de Erich Fromm a un taller de ligar, hablemos ahora de vender. Créeme, todo está muy relacionado.

¿Sabes cuál es una de las mayores fuentes de estrés para muchos trabajadores, especialmente para muchos autónomos? Que les da un miedo terrible vender y venderse. Cuando empecé a trabajar como autónomo, tuve que aprender sobre ese miedo a marchas forzadas, incluso con el trabajo personal previo que ya había hecho. Me llamaba un paciente, me decía que tenía depresión y que estaba desesperado... y yo le tenía que decir el precio de la consulta. Nada fácil, y más viniendo de la sanidad pública, donde todo era siempre «gratis». Al principio, el precio que marqué me hacía sentirme cómodo conmigo mismo y con la escasa valoración que hacía de mi trabajo. ¿Sabes a que me llevó eso? **A mi mayor crisis de _burnout_,** esa en la que acabé con una hernia lumbar, un insomnio horrible que no me dejaba dormir a pesar de estar agotado y síntomas depresivos. Uno de los elementos claves de aquella crisis fue que en pocos meses la agenda se me llenó de pacientes que me pagaban poco y, por lo tanto, yo gastaba mucha energía en ganar lo justo para vivir en una ciudad cara como Madrid. Además, ya no tenía margen de maniobra, pues mi tiempo semanal se había reducido drásticamente. A esto hay que sumarle que no sabía organizarme bien, que no me planteaba delegar nada de lo que hacía y muchas otras cosas que te comentaba en el primer capítulo de este libro. Pero lo poco que me valoré al elegir esos precios fue una pieza clave.

Hay personas cuyos trabajos implican estar vendiendo y ofreciendo cosas constantemente, por lo que, si no aprenden a creerse lo que valen, la fricción que les genera esa actividad diaria acaba quemándolos muchísimo. Aunque tu trabajo no consista en vender, en el fondo tu vida es una constante venta de ti mismo. Cómo te muestras a los demás, lo que haces y lo que dices lanza un mensaje que te hará tener unos resultados u otros. No te digo esto para que te agobies y pienses que tienes que estar vendiéndote artificialmente a cada paso, no va de eso. Es para que entiendas que la venta es parte de nuestra naturaleza y que lo hacemos sin darnos cuenta; lanzamos una imagen que será peor o mejor según cuánto nos valoremos. Muchos negocios fracasan porque no se atreven a venderse. No se dan valor y, por tanto, ¿cómo van a atraer clientes, si en el fondo piensan que los están engañando? Por supuesto, si tu negocio va de estafar a la gente, dedícate a otra cosa, por favor, porque además tendrás un vuelo muy corto. Pero si eres bueno y encima sabes vender, es imposible que no te vaya bien. Y la clave para poder vender o venderte está en cuánto te amas a ti mismo.

Ahora que ya tienes todas las piezas del puzle, vamos a llegar a la reflexión final: ¿qué es lo que aprendí en aquel taller sobre ligar? Esos días viví algo que nunca había experimentado de manera tan real, tan práctica y profunda. Me di cuenta de que lo que yo y la mayoría de las personas pensamos cuando nos acercamos a otra que nos atrae es que la estamos molestando y pidiéndole un favor. Todo a la vez. Aunque tú sepas que eres alguien que merece la pena, a la hora de la verdad, ese pensamiento de infravaloración y esas emociones te asaltan y te hacen huir o hacer el ridículo. Y la raíz es precisamente esa falta de amor propio de la que venimos hablando, que sale de lo más profundo de ti y te encadena. En el taller experimenté con claridad cuál es la realidad de la vida: que no le estaba pidiendo un favor a nadie, sino al revés, le estaba ofreciendo algo al otro —otras, en este caso—, algo muy valioso. Yo mismo.

Cuando te acercas a alguien para ligar, venderle algo o simplemente compartir un momento, le estás dando, no le estás quitando. Estás siendo valiente y eso está abriendo en vuestras vidas la posibilidad de que suceda algo nuevo y bello, incluso aunque sea fugaz. Porque como Erich Fromm dice, **darte a ti implica darle al otro**. No se pueden separar. Esa es la clave. No puedes amarte a ti sin amar al otro a la vez, no puedes hacer algo bueno por ti sin hacerlo por el otro a la vez. Cuando ofreces tus servicios, le estás dando al otro la oportunidad de mejorar en algo. ¿Acaso no has agradecido muchas veces que algunas personas superaran sus miedos y se lanzaran a hablarte? ¿O que te ofrecieran ese producto o servicio que tú necesitabas y que no sabías ni que existía?

De la misma manera, en aquel taller, aquel grupo de hombres que recorrimos Mallorca con nuestra apertura y nuestro buen rollo —y de los que seguramente has pensado bastante mal en este capítulo— regalamos muchos momentos divertidos a muchas personas diferentes, hombres y mujeres; y, por supuesto, hicimos sentirse alegres y deseadas a muchas chicas. Aunque suene pretencioso, aquellos días generamos un mundo un poco mejor.

El síndrome del impostor

Si eres una persona que vale mucho y que encima obtiene grandes resultados, pero sientes que todo es fruto de la suerte y que cualquier día todo se acabará y se descubrirá el pastel..., es probable que seas un «impostor». Me refiero a que puedes tener el síndrome del impostor, tal y como lo definieron las psicólogas Pauline Clance y Suzanne Imes en 1979. Este es un problema muy frecuente entre las personas que sufren *burnout* y su origen no es otro que la falta de valoración personal. Aunque para trabajarlo, te ayudará mucho aplicar todo lo que cuento en este capítulo, me gustaría aportar un par de enfoques más por si te sientes identificado.

El primero es una idea que proviene de Alan Grant, un psicólogo de organizaciones que sostiene que el síndrome del impostor, en el fondo, es una **buena señal**. Indica que la persona que lo sufre es realmente competente en su área y que sabe tanto que es más consciente que los demás de todo lo que podría mejorar. Cuando empiezas en un trabajo, a veces ocurre lo contrario: superas los primeros retos, te confías y te conviertes en una especie de «pavo real ignorante» con muchas probabilidades de cometer un error grave. Hasta que la lías, entonces se te bajan los humos. Es parte del proceso de aprendizaje. Así, me parece interesante la idea de que el síndrome del impostor te puede proteger de esos errores y de que habla bien de ti y de tus capacidades. Te puedes apoyar en esta interpretación para potenciar muy justificadamente tu autovaloración.

Por otro lado, el síndrome del impostor se alimenta de algo cada vez más común en nuestra sociedad: el **sesgo de comparación ascendente**. Trataré de explicártelo con una de las muchas historias que me han pasado aquí, en las montañas.

Cuando llegué al valle, empecé a llevarme muy bien con un guarda forestal de aquí, Enrique. Es una persona a la que admiro profundamente por su serenidad y su sabiduría, por su espíritu de niño y porque me acogió desde el primer día. Un día fuimos a escalar una pared de unos 200 metros utilizando la técnica de varios largos. Fue una jornada increíble. Disfrutamos de una escalada hermosa en el valle y, al terminar, bajamos por un sendero que atravesaba el bosque. Aunque Enrique me saca unos veinte años, se movía por el bosque como si formara parte de él; mientras, yo luchaba por seguirle el ritmo. Entonces intenté alcanzarlo y, claro, **me frustré**. Pensé: «Tengo que hacer más montañismo para estar a su nivel» y cosas por el estilo. De repente, detuve mis pensamientos y me dije: «¿Qué estás haciendo, Carlos? ¿Te estás comparando con alguien que ha vivido y trabajado en la montaña toda su vida?».

Eso es **el sesgo de comparación ascendente**. Nos comparamos con quienes están por encima de nosotros, con quienes tienen más experiencia, más habilidad o están en una mejor posición. Es algo muy frecuente en el trabajo y una de las características del síndrome del impostor.

Pongamos que eres un administrativo recién llegado a la empresa. Quizá tengas experiencia, pero te harás un flaco favor si te comparas con los administrativos que llevan años allí. Su dominio de los procesos y su conexión con el equipo no los vas a igualar de un día para otro. ¿Significa eso que vales menos? Obviamente, no. Simplemente, acabas de llegar y eres humano. Mi consejo: **compárate contigo mismo**. Esa es la clave. Si quieres competir con alguien, que sea con quien eras un día o una semana antes. Un espíritu sano de mejora enfocado en tus propios avances te hará valorarte más y alejarte del síndrome del impostor, siempre que no te obsesiones.

Las redes sociales son otro engaño constante que nos lleva a la comparación ascendente. Nos comparamos con gente sin saber su historia, ni todo lo que hay detrás de lo que muestran. Es una trampa en la que caemos demasiado a menudo y que está haciendo estragos especialmente entre los más jóvenes, que tienen menos experiencia y, por tanto, menos herramientas para protegerse de lo que ven en la pantalla de su móvil.

Los huevos en la misma cesta

Otra de las consecuencias de quererse poco suele ser establecer relaciones complicadas. Con personas, sí, pero también con el trabajo. Una manera de saber si tienes una relación tóxica con tu trabajo es analizar si lo has convertido en el **centro absoluto de tu vida**, en la vía para demostrarte que vales. Como apuntaba en el capítulo anterior, no puedes llenar tu necesidad de valoración a través de algo externo, solo el trabajo interior y personal te puede ayudar.

Si te sientes vacío y encuentras un trabajo que te hace sentirte válido y reconocido, puede ser una suerte, puede ayudarte en el camino a quererte más. Pero debes tener cuidado con no entregarle toda tu vida. No debes olvidarte de que eres algo más que tu trabajo y de que es mejor invertir también en otras áreas para seguir construyendo esa autovaloración y ese amor propio.

A muchas personas, al volver a casa después del trabajo les espera una sensación de vacío que les hace pasarlo mal. Así es lógico que prefieran quedarse más y más horas en la oficina, incluso que la conviertan en su hogar. Se establece, en el fondo, una relación de dependencia, se vuelve una adicción. Como me dijo un directivo hace poco: «Acabas poniendo todos los huevos en la misma cesta». Uno de los problemas nucleares de esta persona era la autovaloración. No lo aparentaba para nada, pero, cuando se abría, mostraba una autoestima muy baja que venía desde su infancia. Su historia con sus padres había sido realmente dura, por lo que era comprensible que tuviera esa herida. Ojo, no es indispensable haber tenido grandes traumas para valorarse poco, es un mal global en nuestra sociedad, aunque en diferente medida para cada uno.

Este directivo me habló de cómo su vida se había centrado en el trabajo desde muy joven. Era muy bueno en lo que hacía, había ascendido rápidamente y los CEO de las grandes empresas para las que trabajaba lo valoraban mucho. Pero siempre había algo dentro de él que le decía que no era suficiente, que le hacía sentirse «un felpudo», en sus propias palabras. Se cohibía en conversaciones importantes, y ante sus jefes directos no podía evitar sentirse como un niño que buscaba la aprobación de un padre. Así, una de las grandes revelaciones para él fue darse cuenta de que había puesto «todos los huevos en la misma cesta». Al ser bueno en su trabajo, había dejado de lado sus aficiones y otras posibilidades personales. A la larga, esto lo había atrapado: si perdía su trabajo o dejaba de ser valorado allí, ¿qué le quedaría? Sí, estaba casado y tenía hijos, eran una familia muy unida, pero... la familia no te soluciona este problema. Porque ¿te he dicho ya que nada externo te lo puede solucionar? Ni siquiera tus seres más queridos.

Cuando esta persona acabó nuestro programa, había dejado de trabajar los fines de semana y era más asertivo y eficiente con su tiempo —porque ya no le daba tantas vueltas a las cosas—. Fue el quien me regaló esta preciosa frase: «De qué te sirve triunfar, si cuando llegas allí, estás roto».

Cómo aprender el arte de amar

Hay varias claves que te quiero dar y que te ayudarán a volver a quererte y, por tanto, a dar más en tu trabajo y en tu vida. Si lo deseas... Recuerda: son dos caras de la misma moneda. Amarte a ti no es ser egoísta, sino la «única manera de no acabar siéndolo».

Autocompasión

Hemos hablado mucho de la importancia de valorarte a ti mismo, pero en ese proceso pueden surgir las siguientes preguntas: «¿Por qué soy valioso? ¿Qué he hecho para merecer esa valía?». La única respuesta posible es esta: **porque sí**. No hay motivo, no hay que hacer nada, tú y todos somos valiosos sin habérnoslo ganado. Es muy liberador, ¿verdad?

Esto, además de ser la base legal sobre la que los humanos hemos intentado establecer nuestras sociedades en su mayor parte, es también la esencia de la autocompasión, que es la **capacidad de tratarte con ternura y aceptación plena en cualquier situación**, a pesar de tus **aciertos o de tus errores**. Cualquier pensamiento y emoción que tengas en esa sintonía será autocompasivo. Ojo, esto no tiene nada que ver compadecerte de ti mismo o con tenerte pena, que son tendencias pasivas y negativas.

La autocompasión es uno de los grandes descubrimientos de la psicología y la neurociencia contemporáneas, una realidad evidente a la que no ha venido nada mal darle una base más sólida a través de la ciencia. Muchos estudios sólidos han demostrado que la compasión es capaz de mejorar el estrés, la salud física y otros problemas de salud mental. Para entrenarte, puedes usar las técnicas de meditación o *mindfulness* centradas en ella: por ejemplo, dedica tres minutos al día a estar en silencio poniendo el foco en tratarte bien mentalmente, con independencia de los pensamientos que surjan; o intenta invocar emociones agradables hacia ti mismo o hacia los demás.

La idea es intentar, a largo plazo, adoptar esta actitud cada momento del día. Es un arma muy poderosa, te lo aseguro.

Cuidarte

El arte de amar se empieza aprendiendo a cuidar tu cuerpo y tu mente. La forma más sencilla y directa de adquirir esta herramienta es empezar por ti mismo. Rápidamente te das cuenta de que el amor requiere de algo: **disciplina**. El camino del cuidado de tu cuerpo y de tu mente necesita un cierto esfuerzo, sobre todo al principio. Recuerda que cuidarte no es, ni mucho menos, el camino fácil. Pero no te confundas, la disciplina no tiene por qué ser aburrida ni significa automachacarse, sino quererse. Hay que ir poco a poco y hacer que las cosas resulten sencillas. Más adelante, en cuanto le cojas el gusto, todo empezará a fluir gracias a la magia de los hábitos.

Algo a tener también en cuenta es que nos han enseñado muy poco sobre lo que necesitan nuestra mente y nuestro cuerpo para ser cuidados. Imagínate que te propones querer y cuidar más a tu pareja, ¿no sería interesante empezar preguntándole qué es lo que necesita o cómo le gusta que la traten? Parece una obviedad, pero es algo que solemos pasar por alto. La sensación de bienestar que se tiene después de una buena sesión de entrenamiento de fuerza o de una caminata por la montaña es difícil de igualar. La salud que genera comer bien, dormir profundamente las horas necesarias o tener contacto con la naturaleza es una base importante para valorarte como te mereces, para lanzarte cada día el mensaje de que eres valioso.

Por supuesto, también es necesario aprender hábitos para **cuidar la mente**; al igual que el cuerpo, necesita que la mimemos. Cualquiera de los cambios que te propongo en este libro serían válidos, pero sobre todo los ratos de escritura, de silencio o simplemente de pararte a observar tus pensamientos para llevarlos en la dirección correcta de la autovaloración. Si conviertes estas herramientas en un hábito, darán muchos frutos en tu autoestima.

Redefinir el éxito

Si no queremos acabar metiendo todos los huevos en la cesta del trabajo, es importante que redefinamos qué es el éxito para nosotros. Recuerda: «El éxito solo es éxito si es éxito para ti». Vamos, que solo tú puedes saber a qué merece la pena dedicar tus días o qué es para ti un reto o un objetivo digno de tu valioso tiempo. Revisa estos conceptos, porque es muy probable que, si estás leyendo este libro, haya un desajuste entre lo que realmente deseas y lo que en realidad estás haciendo.

En este punto suele aparecer esa apuesta excesiva por el trabajo y, sí, quizá ahora te esté dando buenos resultados, pero... ¿y sí un día no es así?, ¿a qué te vas a agarrar? Aunque no lo parezca, yo le doy mucha importancia a mi trabajo, me encanta lo que hago, por eso sé que tengo que poner especial cuidado para no perderme todas las otras cosas que la vida me puede ofrecer. Como los talleres de ligue. Solo tenemos una vida, decide bien lo que haces con ella.

Comunidad

Hemos quedado en que el problema no es que nuestra sociedad sea «egoísta», sino que no sabemos amarnos a nosotros ni a los demás. Pero hay otra afirmación popular con la que sí estoy muy de acuerdo: somos demasiado individualistas. La occidentalización de las sociedades ha ido de la mano con la tendencia a un individualismo cada vez mayor, hasta el punto de que a día de hoy podemos hablar de una «pandemia de soledad», más preocupante en las grandes ciudades, donde, a pesar de vivir más gente por metro cuadrado, nos sentimos más solos. En la bibliografía, incluyo un estudio estadístico sobre este tema realizado en las ciudades de Reino Unido.

Y ahora voy a contradecir todo lo que te llevo contando en este capítulo: sin duda, **las personas de las que nos rodeamos también influyen en nuestra autovaloración**. Y está muy bien que sea así, es nuestra naturaleza como animales sociales. Lo que no está tan bien es que sean nuestra única fuente de autoestima, igual que sucede con el trabajo, porque entonces nos volveremos tóxicamente dependientes de esas personas y la cosa no acabará bien.

Cuando me lancé al mundo digital con mi programa para el *burnout*, tenía mucho miedo y dudas sobre si la cosa funcionaría: ¿respondía mi programa a una necesidad real de la gente?, ¿se fiarían de mí?, ¿me convertiría en un vendehúmos más del mercado digital? Siempre me acordaré de un buen amigo al que le estuve hablando de mi proyecto y le confesé mis dudas. Era un informático que venía de uno de los mundos en el que más «vendehumismo» existe, el de las *startups*. Me dijo una frase que aún le agradezco siempre que puedo: «Carlos, si alguien puede hacer esto, eres tú». Esas palabras fueron muy importantes para mí y me dieron confianza para seguir adelante, me sacaron de la pequeña crisis en la que estaba. Así que, sin dudarlo, te invito a rodearte de personas que te apoyen y te hagan sentirte valorado, a buscar mentores, profesionales o compañeros de viaje que te acompañen y compartan su experiencia en cualquier cosa que te propongas, a abrirte, a mostrar tus sentimientos a aquellos que sabes que los tratarán con amor y respeto.

Actuar

Si quieres ver cambios en tu autovaloración, tienes que pasar a la acción. No hay alternativa. Debes crear nuevos hábitos de autocuidado, atreverte a hablar con personas nuevas, darle a la vida la oportunidad de que pasen cosas. Y nada de esto va a suceder si tus actos siguen siendo exactamente los mismos. Si lees este libro y no introduces cambios en tu actitud, difícilmente la vida te va a devolver algo diferente a lo que ya tienes, porque seguirás sin amarte.

Sin embargo, habrás dado un primer paso si empiezas a hacer deporte o a cuidar tu mente un poco más; si te atreves a replantearte tu trabajo de manera diferente o a darte valor ante tus clientes; si te lanzas a poner límites y a cumplir el horario justo; o, ya sabes, si te animas a hablar con esa persona que está en la barra del bar y te ha lanzado una mirada, aunque te mueras de miedo solo con pensarlo. Todo esto tendrá resultados en tu autovaloración antes o después, en cómo te ves a ti mismo, en tu capacidad para descubrir la verdad: **que eres valioso, porque sí.**

Puntos de resumen:

- La falta de valoración lleva a un aumento de estrés en todo lo que hacemos, y es una de las raíces del *burnout*.
- No nos valoramos porque pensamos que querernos es un acto egoísta.
- El amor hacia uno mismo y hacia los demás son una sola cosa. Nadie puede dar lo que no tiene.
- Vender con confianza es importante para cualquier persona. Entendiendo vender por ofrecer honestamente lo que eres o tienes para dar al mundo.
- La mejor manera de cuidarte y quererte es pasando a la acción a través del cambio de hábitos.
- Eres valioso porque sí. No tienes que ganártelo.

12

Naturaleza. El lugar de donde venimos

Escribo estas líneas desde el valle de Estós, uno de los maravillosos parajes que emergen del valle principal de Benasque. Es un lugar mágico, donde cada paso te regala una vista inspiradora y sobrecogedora y donde te encuentras cosas como la famosa cabaña del Turmo. Si no sabes de lo que te hablo, te recomiendo escuchar la canción «20 de abril», de Celtas Cortos. Esta cabaña que está en el imaginario de millones de personas... se encuentra aquí, en este valle.

Me gustaría que cerraras los ojos un momento para que vieras lo que yo estoy viendo. Estoy en una pradera junto a un sendero. Ante mí hay bosques de un verde intensísimo, la primavera ha explotado con toda su fuerza estos días. Siguiendo cuesta arriba las laderas que me rodean, ese color verde se vuelve más oscuro por los pinos y los abetos, con su hoja más resistente a la altitud. Por encima, veo las cumbres nevadas y las crestas imponentes que no dejan de quitarte el aliento cada vez que las miras. Prometen grandes aventuras y grandes peligros si te atreves a enfrentarte a ellas y a la vez recuerdan la estabilidad de la tierra misma. Debajo de mí, la hierba, también verde, mullida, fresca, con flores amarillas y blancas salpicando esta alfombra que no se puede comprar ni con todo el dinero del mundo.

Cierra los ojos e imagínatelo. Los colores, los olores, el sabor del aire fresco.

Si me has hecho caso, probablemente ahora mismo tus niveles de cortisol y adrenalina estén reduciéndose un poco. Solo con imaginarlo, tu cuerpo ya siente los efectos relajantes de la naturaleza. Imagínate su impacto si estuvieras aquí conmigo.

Mi rutina actual incluye hacer dos rutas a la semana de varias horas cada una por la naturaleza. El efecto desestresante de estar rodeado por ella es espectacular, y más si lo combinas con deporte. Además, te ayuda a regularte psicológicamente, a conectar contigo mismo y con la vida. Luego te contaré cómo descubrí esto. La ruta que hago los fines de semana suele ser larga y muchas veces la podemos calificar de «una buena paliza».

Recuerdo perfectamente que, poco tiempo después de llegar al valle, hice una «ruta paliza» de dos días. Dormí cerca de un lago de altura (*ibón*) y luego subí por la cresta de Espadas al pico Posets (3.374 metros). Salí un poco tarde de casa y la noche me encontró ascendiendo todavía al *ibón*, solo, rodeado de rocas glaciares y de estrellas. Mi mente iba a mil por hora, rumiando preocupaciones y sintiendo emociones desagradables que no sabía ni de dónde venían. Pero, según fue pasando el tiempo, esas emociones ganaron intensidad y empecé a tener ideas muy interesantes sobre mi futuro. Muy motivadoras. No me preguntes qué es lo que pensé, no me paré a apuntarlo y se me olvidó, pero me quedó el recuerdo de las sensaciones vividas esa noche durante ese ascenso. Sospecho que mis pensamientos estaban muy relacionados con lo que estoy viviendo hoy en día. Cuando volví de aquella aventura, mi cabeza era otra. Me había reenganchado al río de la vida y de la conexión conmigo mismo y las rumiaciones habían desaparecido.

No hace falta hacer rutas de varios días para obtener estos beneficios; los días que salgo solo unas horas, incluso si doy un pequeño paseo alrededor de mi casa, también noto los efectos positivos.

¿Qué te proporciona la naturaleza?

Los beneficios de la naturaleza en nuestra salud han ganado relevancia en los últimos años, lo que ha favorecido que se investigue con más detalle qué efectos tiene sobre nuestro cuerpo y sobre nuestra mente.

Todo comenzó con los famosos «baños de bosque» (*shinrinyoku*) promovidos por la Agencia Forestal de Japón a partir de 1982. En esa época, las ciudades japonesas crecían a una velocidad de vértigo y mucha gente emigraba del campo a las nuevas urbes. Se detectó entonces un progresivo aumento de los niveles de estrés en una población afectada por ese drástico cambio de entorno y estilo de vida.

De manera innovadora, la Agencia Forestal de Japón comenzó a invitar a las personas a sumergirse en la naturaleza y a conectar con el entorno con los cinco sentidos y de manera tranquila, buscando así mejorar la salud mental y física. Estos baños de bosque se hacían con acompañamiento guiado y pronto los estudios científicos japoneses demostraron sus beneficios. Hoy siguen siendo una herramienta importante en la medicina preventiva y de salud mental japonesa.

Los estudios más relevantes de los que disponemos hoy en día revelan que pasar tiempo en la naturaleza, incluso ratos cortos, tiene, entre otros, los siguientes efectos:

- Reduce el estrés: disminuye los niveles de todas las hormonas relacionadas con el estrés (adrenalina, cortisol...) y reduce la presión arterial y la frecuencia cardíaca.
- Como es lógico, aumenta la actividad del sistema nervioso parasimpático —el reparador— y reduce la del sistema simpático —el activador.
- Aumenta la actividad y la cantidad de las células *natural killers* (NK), que son las encargadas de eliminar células cancerosas antes de que se multipliquen y también previenen infecciones.
- En test de medición de salud mental, rebajan las puntuaciones de ansiedad, depresión, ira, fatiga y confusión, y aumentan las de vigor, mostrando también efectos psicológicos.

Hay algo que me resulta fascinante. Parte de estos efectos se deben a las fitoncidas, unas sustancias orgánicas que liberan los árboles y que, a través de nuestro sistema olfativo, estimulan a nuestro cerebro para que reduzca la producción de hormonas relacionadas con el estrés y aumente la de células NK. Increíble, ¿verdad? Las plantas liberan estas sustancias como un mecanismo de defensa contra microorganismos, insectos y otras plantas rivales, lo cual tiene este efecto positivo en los animales y mamíferos que las rodeamos. Este es otro ejemplo de la maravillosa simbiosis que tenemos con la naturaleza y que se debilita en las grandes ciudades.

Hay muchos otros mecanismos que aún no están tan estudiados. Por ejemplo, el mero estímulo visual y el tipo de colores que ves en la naturaleza nos relaja. Recuerdo cuando vivía en Madrid, rodeado de ya te imaginas qué colores (gris hormigón, marrón ladrillo, negro asfalto...). Cuando llegaba el verano, me iba a Galicia con mi familia y tengo grabado a fuego el recuerdo de lo que sentía al entrar en la mágica ría de Noia y Muros. De pronto, me veía rodeado de verdes intensos y de los azules del mar y del cielo. El efecto relajante era instantáneo. Me pasaba todas las vacaciones pensando en cómo sería vivir allí. En este sentido, no solo los colores son importantes, también la amplitud. Está demostrado que la mirada periférica, el tener una vista amplia del horizonte e incluso estimularla a propósito, reduce el estrés (algo así como cuando respiras profundamente o con cierto ritmo). Esa visión amplia es la que tienes cuando estás al aire libre y en la naturaleza. Las vistas del mar abierto, de una llanura verde o las que disfrutas desde las cimas de las montañas son insuperables.

Se sabe que quince minutos en contacto con la naturaleza pueden ser suficientes para obtener esos efectos de reducción del estrés y de la presión arterial. Intervalos de noventa minutos o más reducen las rumiaciones notablemente. Y cuanto más tiempo pases, más se reducirán (doy fe, como te he contado). El efecto producido en las células *natural killers* se mantiene incluso semanas después de estar expuesto a la naturaleza.

Estar en entornos naturales implica además mucho más contacto con la luz del sol, de cuyos beneficios ya hemos hablado. Como ya comenté en otro capítulo, el astro rey ha sido nuestra señal para «poner en hora» todo nuestro organismo durante milenios. Lo necesitamos. De hecho, no solo favorece la producción de vitamina D, sino que penetra en cada célula de nuestro cuerpo y tiene efectos positivos en las mitocondrias, que son los generadores de energía de las células —y, por tanto, de nuestro cuerpo—. La excesiva radiación solar de las horas centrales del día se ve saludablemente filtrada por las hojas de los árboles, lo que nos permite aprovechar sus beneficios sin quemarnos. Está todo pensado.

Por último, y aunque los mecanismos que operan detrás no están muy claros, está demostrado que caminar descalzo sobre la arena, la tierra o la hierba —como hemos hecho desde el principio de los tiempos— es positivo para la salud. El llamado *grounding*, o *earthing*, reduce el cortisol, mejora el estado de ánimo y reduce la inflamación, entre otras cosas. ¿Por qué? Se cree que podría deberse a la corriente de electrones que absorbemos de la tierra al caminar descalzos, ya que la superficie terrestre, y la naturaleza en general, tienen una carga ligeramente negativa. Sucede lo mismo si te bañas en un río, en un lago o en el mar. Así que si eres más de playa que de montaña, puedes obtener estos beneficios añadidos con facilidad.

Nuestro verdadero hogar

Hay un hecho innegable: el 99,9 por ciento de nuestra historia como especie ha tenido lugar en la naturaleza. Hemos evolucionado durante cientos de miles de años para adaptarnos a vivir rodeados de vegetación y de animales. Las ciudades en las que el color verde está enjaulado en macetas, en las que no percibes el cambio de las estaciones ni ves el cielo estrellado por la noche son un invento totalmente nuevo para nuestro cuerpo y nuestra mente. Por lo tanto, es lógico que todo lo que hacemos y somos funcione mejor si nos acercamos de alguna manera a esa vida que perdimos. Esta idea ha marcado mi vida desde que tengo veintidós años. Al principio, de forma muy inconsciente; luego, con intenciones claras.

Voy a contarte una de las experiencias más transformadoras de mi historia personal: mi primera gran ruta en la montaña.

Era el verano del año que cursé 5.º de Medicina y un grupo de amigos de la universidad decidimos hacer algo diferente. Nos sentamos, valoramos opciones... y acordamos hacer una ruta de varios días por los Pirineos en julio. En autonomía. Es decir, con tiendas de campaña, sacos de dormir, comida y todo lo necesario para estar siete días recorriendo las montañas. Ninguno de nosotros sabía de lo que estaba hablando, ni siquiera yo que era el «experimentado del grupo» (ese título me lo había ganado por haber hecho algunas rutas por la sierra de Madrid). Yo pensaba que sabía todo lo que tenía que saber. Obviamente, me equivocaba. Pero es tan bueno equivocarse...

El día que salimos para la montaña, nos juntamos con todo el material en casa de una de las chicas del grupo, al lado del Bernabéu, sin saber aún qué ruta íbamos a seguir ni en qué parte de los Pirineos la íbamos a hacer. De risa. Pero éramos muy jóvenes y lo teníamos claro. Nos fuimos a La Tienda Verde a comprar un mapa y el hombre que nos atendió nos aconsejó, insensatamente, que hiciéramos la Alta Ruta de los Perdidos. A mi amigo Gonzalo y a mí se nos caía la baba solo con el nombre. Las chicas nos miraban con cara rara, pero tampoco tenían muchos argumentos para decir que no.

Esa noche estábamos dormimos en el camping de San Nicolás de Bujaruelo, en pleno valle de Ordesa. Recuerdo perfectamente nuestra entrada con el coche al valle, por esas carreteras serpenteantes, rodeados ya de montañas y pinos. La ilusión que sentía y la emoción de la aventura que se avecinaba eran de esas sensaciones que solo tienes a los veintidós años, cuando no sabes lo que estás haciendo con tu vida. Al día siguiente, el guarda del camping nos vio salir a eso de las once de la mañana (tras estar dos o tres horas organizando las mochilas) y nos preguntó con cara de preocupación qué es lo que queríamos hacer. Nuestro aspecto era... increíble. Ropa de chándal, camisetas de algodón y, en mi caso, un jersey gordo de vestir. Pero lo mejor era que llevábamos una tienda 2 Seconds de Quechua colgando de la mochila. Por si no sabes cómo son, se trata de unas tiendas plegables pensadas para la playa y para transportarlas en el coche, un disco de un metro de diámetro imposible de llevar en una mochila... Bueno, menos para nosotros. Con la tienda en la espalda, Gonzalo parecía una tortuga ninja. Aquí tengo una foto. Yo soy el que camina a su lado, y eso que ves al fondo son las paredes verticales del cañón de Ordesa.

Con esas pintas pretendíamos recorrer una de las rutas más exigentes de los Pirineos, atravesar glaciares, subir picos de 3.000 metros y volver para contarlo. El guarda nos dijo algo así como «Uf, espero que vayáis motivados». Yo recuerdo decirles a mis compañeros: «Bah, no le hagáis caso, nos tiene que meter miedo, es su trabajo».

Siete horas después, comprendimos lo que quería decirnos. Pero ya era tarde. Para entonces, estábamos a 2.200 metros de altitud, bajo una tormenta, muertos de miedo y casi corriendo para salvar nuestras vidas. Nos habíamos perdido y el GPS que habíamos llevado no tenía cargados los mapas (así que era inútil). En fin, íbamos muy, muy mal. Ah, y a nadie se le había ocurrido mirar el tiempo, claro.

Bajo la lluvia, mi amiga Patricia dijo la frase probablemente más mítica del viaje: «Cuando llegue al refugio, voy a llamar a mi hermano para que me venga a buscar». Por supuesto, no se me ocurrió decirle que, a menos que su hermano tuviera un helicóptero, difícilmente iba a poder llegar. Y que, en cualquier caso, no iba a tener cobertura para avisarle.

Finalmente, en medio de la lluvia y la niebla y bajo los truenos, llegamos al refugio de Sarradets —junto a la brecha de Rolando—. Algunos miembros del grupo sufrieron un ataque de ansiedad al entrar. La guardesa del refugio nos miró incrédula y nos echó la bronca porque no teníamos reserva para pasar allí la noche. Pero nosotros estábamos muy felices de estar vivos. Esa cena no reservada fue probablemente la mejor de nuestras vidas. Aún recuerdo lo que nos sirvieron: lentejas, guiso de carne con arroz y, de postre, *brownie*. Es increíble que me acuerde de algo así, pero tengo esas imágenes perfectamente claras en mi mente: está claro que la conexión con la vida genera recuerdos sólidos.

Sin darnos cuenta, esos cuadriculados estudiantes de Medicina que éramos empezábamos a sentirnos vivos de verdad. La tormenta y la vulnerabilidad, el vernos fuera de nuestra zona de control comenzaba a dar sus frutos.

Lo que aprendí en la montaña

Contra todo pronóstico, el resto de nuestra travesía fue una maravilla. Una maravilla que cambió mi vida. Atravesamos la nieve de la brecha de Rolando y el paso de los Sarrios (en deportivas, las botas estaban sobrevaloradas) y continuamos la ruta durante varios días recorriendo un paisaje de alta montaña que nos parecía de otro planeta. Cada nueva visión nos dejaba con la boca abierta. La sensación de desconexión total —la batería de nuestros primitivos *smartphones* duró poco—, de amplitud, de majestuosidad y de autosuperación... Fue desbordante. Esa es la mejor palabra para describirlo, porque superó cualquier otra experiencia que hubiéramos tenido.

Cada día caminábamos varias horas y cuando encontrábamos un sitio que nos gustaba para dormir, plantábamos nuestro campamento. Creo que por primera vez en nuestra vida usábamos de verdad la libertad que se nos había regalado como seres humanos. Por la tarde, nos tumbábamos entre los pastos a leer fragmentos de un libro de desarrollo personal y espiritual que yo me había llevado (*Una llamada al amor*, de Anthony de Mello) y dialogábamos animadamente sobre las ideas fascinantes que ese libro traía a nuestras vidas

Pero lo más rompedor para mí, lo que de hecho me transformó por dentro, fue la sensación de felicidad, de paz y de conexión absoluta que experimenté esos días. Muy pocas veces había sentido algo así, y menos de forma tan sostenida. Mi mente entendió que la felicidad era algo tremendamente sencillo. Tal y como decía el libro: «La mayor parte de las personas necesitan urgentemente aprender a **no** ser infelices. La felicidad no se puede conseguir. **Ya está en nosotros**». Esos días nos pasó de todo: sufrimos ampollas, padecimos dolores articulares y musculares, tuvimos quemaduras en la piel, calor y frío. Pasamos miedo varias veces. Nos duchamos con el agua fría del deshielo por obligación. ¡Hasta pasamos hambre porque habíamos racionado mal la comida! Hubo días en que solo nos correspondían un par de rebanadas de pan de molde y una lata de atún a cada uno. Pero daba igual: la felicidad nos «desbordaba» irremediablemente. Porque la llevábamos dentro, y allí lo supimos.

Recuerdo una noche muy especial en la que nos tumbamos a ver las estrellas y a hacernos las típicas preguntas existenciales que todo ser humano se hace cuando se tumba a mirar el cielo de noche. A la mañana siguiente, amanecimos rodeados de una manada de caballos. Eran como estrellas, pero en la tierra. Salimos de las tiendas intentando no hacer ruido y deseando ver el espectáculo, pero los caballos se asustaron y salieron al galope. La sensación de miedo se mezcló con la de estar maravillados. Todo era naturaleza, de noche y de día, y todo lo vivíamos con una conexión absoluta.

Teníamos todo lo necesario: naturaleza, una meta (llegar a nuestro objetivo de ese día caminando), actividad física y tribu. Porque éramos una pequeña tribu de cinco amigos caminando por la vida y por la felicidad sin más motivo que el deseo de vivir. Teníamos todo eso que los actuales libros de psicología y medicina evolutiva recomiendan para ser felices. Sabíamos que éramos felices sin haberlo buscado. Era el regalo de la vida en sí misma.

Tras esa experiencia, supe que mi vida tenía que estar ligada a la montaña. También que tenía que intentar llevar esos ingredientes a mi día a día. Al principio fue tímidamente: liaba a mis amigos para hacer nuevas rutas, empecé a hacer alpinismo, escalada... Muchos de mis amigos conocieron la montaña gracias a mi insistencia. Pero para mí nunca era suficiente.

Por eso, más de diez años después, decidí abandonar Madrid y venir a vivir a estos valles desde los que ahora escribo. Hoy puedo decir que estoy enamorado de la naturaleza y sobre todo... de las montañas. Es así. Cada vez que estoy en ellas, esa conexión vuelve a visitarme. Ya no es el amor loco de un adolescente, la pasión va y viene, es un amor más maduro, ese que te sigue llenando, aunque pasen los años. Simplemente sé que estoy donde estoy llamado a estar.

Termino de escribir este capítulo entre estos bosques y sabiendo que mañana tengo que marcharme a Madrid. Me esperan una conferencia y algunos eventos familiares y de trabajo. Estaré allí dos semanas. Seré honesto: ya echo de menos a mis montañas. Me invade la nostalgia solo con pensar en irme, aunque siempre las llevo en mi corazón.

Punto de resumen:

- Cuantos más ingredientes de tu vida te acerquen a la conexión con la naturaleza, mejor salud física y mental tendrás.
- El estudio científico de los efectos de la naturaleza comenzó con los «baños de bosque» (*shinrin-yoku*), que aparecen como respuesta al estrés de la explosión urbana del Japón de finales del siglo xx.
- Estar rodeado de naturaleza disminuye el nivel de hormonas del estrés y la tensión arterial, y mejora el estado de ánimo, incluso aunque el contacto sea durante poco tiempo.
- Las fitoncidas son unas sustancias producidas por árboles y plantas que estimulan directamente nuestro cerebro, reducen el cortisol y mejoran nuestro sistema inmune.
- La felicidad está de forma natural dentro de ti. Solo tienes que aprender a conectar con ella. Y la sencillez de la naturaleza te muestra cómo hacerlo.
- Ten cuidado con las montañas, te puedes enamorar de ellas.

13

Herramientas para reducir el estrés

Muchas personas esperarían encontrar este capítulo al inicio del libro, no casi al final. Pero está aquí por un motivo claro. Si buscas en internet o le preguntas a una IA, encontrarás infinitas técnicas para reducir el estrés, pero lo importante es saber **cómo utilizarlas**. Así, podrás integrarlas en tu vida de forma más orgánica e incluso crear las tuyas propias.

Ahora que ya sabes más que el 95 por ciento de las personas sobre el *burnout* y el estrés —su origen biológico, cultural, laboral y personal—, es momento de darte el **mapa** sobre el que conectar todo lo que hemos hablado para empezar a vivir de una manera más equilibrada. Si este capítulo lo hubiera puesto al principio del libro, habría corrido el riesgo de que te llevaras una idea simplista del estrés y el *burnout*.

En este punto, quiero recordarte algo que ya he mencionado en otros capítulos: olvídate de la fantasía de que, con las técnicas adecuadas, podrás trabajar sin descanso y mantenerte siempre productivo, exitoso y feliz. Eso no es posible. Ya he dicho que no me gusta hablar de «gestión» del estrés, porque incita a tener esa idea equivocada. Lo único que debemos hacer con el estrés es **reducirlo o evitarlo**.

Las herramientas que voy a compartir contigo te ayudarán a mantenerte a flote durante períodos de exceso de trabajo y te protegerán del *burnout* por un tiempo, pero su principal propósito es que las uses de forma habitual para mantener el estrés en dosis saludables y necesarias para **vivir plenamente**.

Biología del estrés: nivel experto

Cuando conocemos cómo funcionan las cosas es cuando podemos utilizarlas en nuestro favor, y eso es lo que vamos a hacer con el estrés. Ya sabes que **tu propio cuerpo produce estrés** cuando tienes delante un reto o una amenaza. El estrés es la respuesta fisiológica —es decir, natural— que nos ayuda a sacar lo mejor de nosotros y que potencia nuestras capacidades por un periodo de tiempo corto. El problema surge cuando generamos estrés continuo; sufrimos entonces estrés crónico tóxico y *burnout*.

Pero ¿qué parte de nuestro cuerpo lo genera? El sistema nervioso, en concreto, el sistema nervioso autónomo, que recibe este nombre porque funciona independientemente de nuestro control consciente: va a su aire, sin que le tengamos que decir nada, para quitarnos trabajo. El sistema nervioso autónomo se encarga de procesos tan importantes como respirar, mantener el ritmo del corazón, regular la temperatura corporal, digerir los alimentos o... aumentar y reducir tus niveles de estrés. Este sistema se divide, a su vez, en dos partes: el **acelerador** y el **freno**. El acelerador, que se activa para aumentar el estrés, se llama **sistema simpático** y el freno, que nos lleva a la calma, **sistema parasimpático**.

– **Sistema simpático.** Las palabras clave para entender lo que hace el sistema simpático son **foco** y **energía**. Su objetivo es que seas capaz de enfocarte al máximo en una tarea, tanto mental como corporalmente, y lo logra estresando tu cuerpo y tu mente de forma natural. Cuando se activa el sistema nervioso simpático, libera una serie de hormonas, sobre todo **adrenalina y noradrenalina**, que afectan a los diferentes órganos de nuestro cuerpo para mejorar su funcionamiento y aumentar la producción de energía. De esta manera, acelera el corazón y la respiración, libera glucosa para que tengamos combustible, enfoca la mente y acelera el pensamiento, entre otras cosas. También hace que las glándulas suprarrenales liberen **cortisol**, una hormona del estrés que ayuda a mantener al cuerpo en estado de alerta de forma más prolongada, y que es justamente la más dañina cuando se mantiene a largo plazo y la que nos lleva al *burnout*.

– **Sistema parasimpático**. Las palabras clave del sistema de freno serían **calma, reparación y conexión**. El sistema parasimpático restablece el equilibrio una vez que el reto ha sido superado. El neurotransmisor principal es la **acetilcolina**, que actúa disminuyendo la frecuencia cardíaca y el ritmo de la respiración, favorece la digestión y reduce los niveles de cortisol en el cuerpo. Es decir, ayuda a reparar el desgaste generado por el estrés y nos permite recuperar la capacidad de concentración y el foco. Además, el sistema parasimpático es el que está más relacionado con la sensación de **conexión** con nosotros mismos, con los demás y con la vida, pues es fundamental para la creatividad y los vínculos sociales.

Algo importante que debes saber es que los sistemas simpático y parasimpático se inhiben mutuamente. Si uno está activo, el otro se apaga; es lo que se llama un equilibrio dinámico (sí, a veces, para cosas muy concretas, se activan los dos a la vez, pero no nos afecta en este tema). Por eso, el problema del estrés crónico no se da solo porque estemos hiperactivos demasiado tiempo por un exceso de aceleración simpática, sino también porque **no podemos «autorrepararnos» ni conectar con lo que nos rodea**, pues el sistema parasimpático está desconectado.

En resumen, cuando tu mente detecta una amenaza o un reto, acciona de forma automática el sistema simpático para generar estrés y activarnos. De la misma manera, cuando identifica que ha pasado la amenaza o que realizamos actividades relajantes, activa el freno, el sistema parasimpático. Demasiada aceleración aumenta el riesgo de tener accidentes. Y pisar demasiado el freno puede llevarnos a la parálisis y el vacío.

Con esto ya tenemos claro el mapa. ¿Cuál es entonces el camino? Te dejo aquí imagen que mejor lo ilustra:

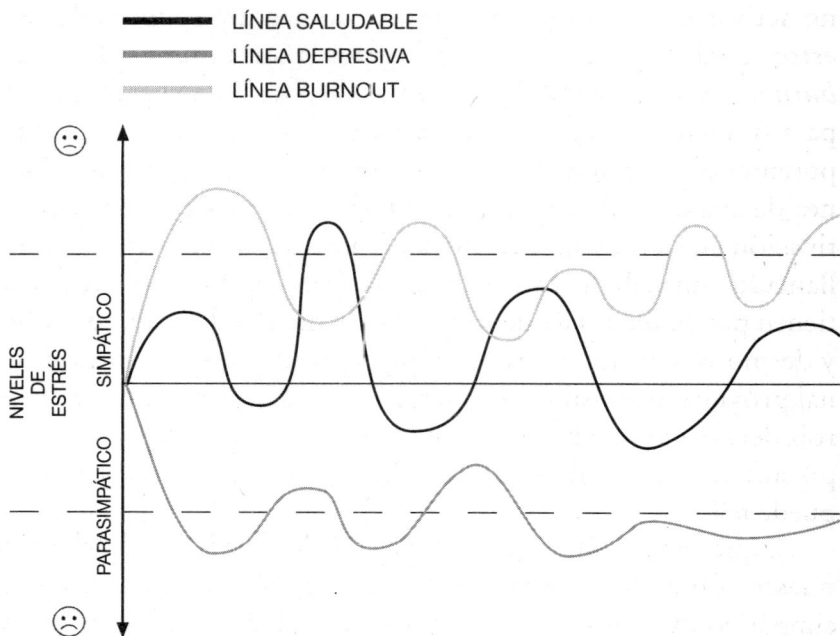

LÍNEA SALUDABLE
LÍNEA DEPRESIVA
LÍNEA BURNOUT

NIVELES DE ESTRÉS

SIMPÁTICO

PARASIMPÁTICO

El camino es vivir en un equilibrio entre la activación simpática y la activación parasimpática, de modo que cada día pases un tiempo en la zona simpática y otro en la parasimpática. Necesitamos de las dos. Este equilibrio no va a ser una línea recta en la que te sientas siempre igual y con los mismos niveles de estrés, como en esa imagen típica que tenemos de un monje budista; no sería natural, porque estamos hechos para el contraste entre el reto y la calma, somos más de montaña rusa que de llanura, y por eso tenemos dos sistemas tan opuestos. Pero en ese subir y bajar, el objetivo debe ser mantenernos siempre dentro del rango saludable de estrés —la línea saludable, que se mantiene entre las dos líneas de puntos.

Aplicando esto en la vida real, lo ideal es que tu trabajo suponga un cierto reto diario, pero que cada día puedas activar el sistema parasimpático y desconectar y reducir así tus niveles de estrés. Puede que un día te pases de activación, claro, pero siempre podrás volver al nivel saludable. Si te pasas demasiados días y no activas el sistema parasimpático, aumentarán tus niveles de estrés e irás ascendiendo hasta llegar a la línea más clara: la del *burnout*. Si llegas a esa línea, además de estar en una zona tóxica para tu mente y tu cuerpo, necesitarás más tiempo y dosis más potentes de parasimpático para poder bajar. Por otro lado, la línea de abajo es a la que llegan las personas que tienen falta motivación en su trabajo o en su vida, que no afrontan retos. La he llamado «línea depresiva» porque quienes están en esa situación tienen posibilidades de deprimirse o, al menos, de sentirse vacías y desmotivadas. En el fondo, es otro tipo de *burnout*, pues al final provoca los mismos problemas de salud. Por cierto: la línea roja del *burnout* acaba llevándote a la línea de abajo si le das tiempo suficiente, cuando el desgaste es máximo y tu cuerpo ya no puede más.

Si queremos evitar el *burnout*, es fácil entender cuál debe ser nuestro objetivo: combatir el exceso de activación del sistema simpático que caracteriza a nuestra sociedad y volvernos unos maestros en la activación del sistema parasimpático para obtener sus beneficios de reparación, calma y conexión. Y para lograr esto quiero darte mis mejores consejos, pero antes te quiero contar otra historia.

El ciclo mortal del estrés

María era una profesora universitaria con muy buena fama entre su alumnado y también con un nombre en la comunidad científica. Con frecuencia, la invitaban a moderar debates o a presentar ponencias en congresos de su sector y sus publicaciones eran bien valoradas. También era muy buena docente, realmente le gustaba, preparaba las clases con tiempo y les dedicaba mucha energía... hasta que se empezó a agotar. Lo que la gente no sabía era que María, además de trabajar en la universidad, trabajaba cuidando a sus padres día y noche. El hecho de ser la más predispuesta al cuidado de los tres hermanos sumado a que no se había casado y, en fin, a un montón de circunstancias sociales y personales que suelen acumularse en estos casos, la llevó a dedicar cada vez más y más tiempo a atender a sus padres.

Cuando la conocí un poco, me di cuenta de algo muy interesante, algo que ella misma reconocía: si tenía un rato para descansar, en lugar de hacerlo, dedicaba el tiempo a otra tarea de la «lista», aunque no fuera realmente prioritaria ni necesaria, «... así me lo quito de encima, para que no se me acumulen, y podré estar tranquila». Pero ese futuro de tranquilidad... nunca llegaba. Como la lista de tareas era infinita, nunca tenía tiempo para detenerse de verdad. Este es un mensaje importante: la lista de tareas de tu trabajo y de tu vida no se va a agotar nunca. Quizá ocurría cuando estabas en el colegio, pero, en cuanto la vida avanza un poco, esto deja de suceder. Siempre habrá algo que hacer. Por tanto, el descanso y el autocuidado no pueden ser algo que dejas «para cuando tienes tiempo». Porque ese tiempo nunca va a llegar. Pero hay algo más sutil en todo esto y es que María era presa del **ciclo mortal del estrés**, un término no oficial que he creado yo para describir la siguiente secuencia:

1. **Sobrecarga.** Entras en una etapa de mucho trabajo o de muchas responsabilidades personales, así que tus niveles de estrés aumentan de manera fisiológica y, de momento, sana.

2. **Estrés dañino.** La situación se prolonga (incluso durante unos días) y el estrés comienza a volverse crónico. Como consecuencia, empezarás a desconectar de ti mismo y a operar en modo automático. Lo que hace que te sientas «vivo» es ese frenesí de actividades que hiperactiva tu sistema nervioso simpático y generando una constante liberación de adrenalina, dopamina, serotonina y otros neurotransmisores. Pero estarás empezando a sufrir daño físico y mental.

3. **Abstinencia.** Una vez superas ese periodo y terminas las tareas más urgentes, tu sistema simpático experimenta una

desactivación rápida, lo que provoca una fuerte disminución en los niveles de adrenalina y demás neurotransmisores y te deja una sensación de vacío, a menudo acompañada de inquietud. Es un sentimiento similar al que experimentan las personas adictas durante el síndrome de abstinencia.

4. **Recaída.** En ese estado de vacío y agotamiento mental y físico, tu mente va a buscar el camino fácil para volver a sentirse llena. ¿Y cuál va a ser ese camino? Realizar **más tareas**. Quizá has intentado distraerte dedicándote a tus *hobbies* o a otras actividades que normalmente te relajan, pero tu sistema parasimpático aún no ha recuperado su pleno funcionamiento, por lo que no sientes la misma plenitud. En este estadio, ninguna actividad te llena tanto como completar tareas o enfrentarte a nuevos retos laborales. La sensación de productividad es difícil de superar. Así, sin haberte recuperado aún de la paliza previa, «recaerás», acelerando nuevamente tu sistema nervioso y volviendo al punto 1.

Tras cada ciclo, acabarás más y más agotado, vacío y desorientado. Más quemado. Finalmente, entrarás en *burnout* con todas sus consecuencias. Quizá, leyendo esto, hayas pensado: «Esto es una descripción de mi vida». También fue la descripción de la mía durante muchos años.

Mis claves para evitar el estrés

Con este mapa sobre la mesa, voy a compartir contigo las que considero que son las mejores herramientas que puedes aplicar para eliminar el estrés en tu vida. No es tarea fácil, porque hay muchas y su efectividad depende de cada persona. Mi recomendación es empezar con una o dos e ir mejorando poco a poco a partir de ahí.

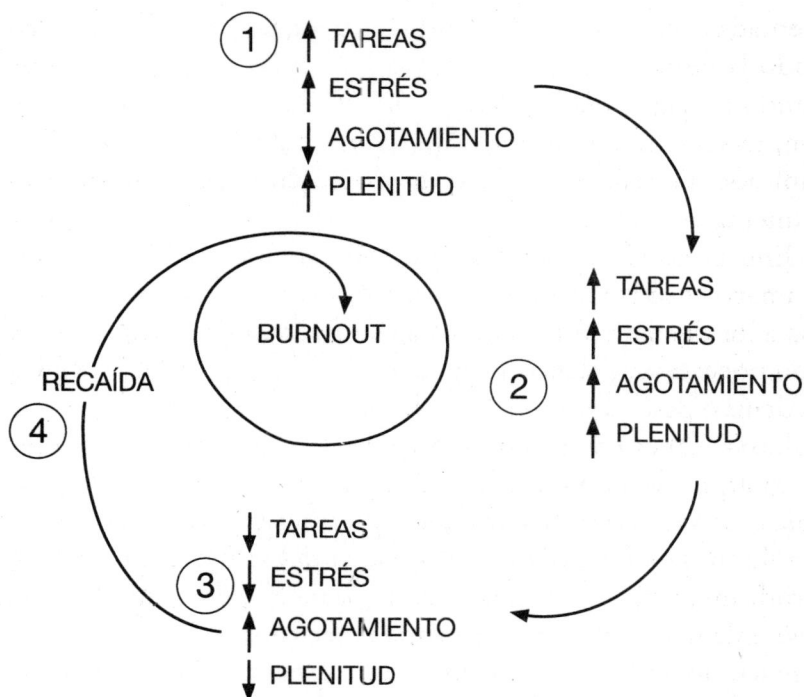

```
  ①  ↑ TAREAS
     ↑ ESTRÉS
     ↓ AGOTAMIENTO
     ↑ PLENITUD

                              ↑ TAREAS
           BURNOUT            ↑ ESTRÉS
RECAÍDA              ②        ↑ AGOTAMIENTO
  ④                          ↑ PLENITUD

     ↓ TAREAS
  ③ ↓ ESTRÉS
     ↑ AGOTAMIENTO
     ↓ PLENITUD
```

1. Mantenerte a la escucha

La conciencia siempre es el primer paso. Si no te das cuenta de que estás empezando a estresarte de más, ¿de qué te sirve tener toda la información del mundo sobre cómo reducir el estrés? En el capítulo sobre la desconexión, hemos hablado de esto, y ahora insisto: necesitas escuchar las señales de tu cuerpo y de tus emociones para saber si estás soportando demasiado estrés o no.

Estos días, me ha pillado el toro escribiendo los últimos capítulos de este libro (supongo que nos pasa a todos los escritores con poca experiencia) y he tenido que pisar el acelerador del simpático durante un par de semanas para llegar a tiempo a la fecha de entrega, sobre todo para llegar con la calidad que quiero que tenga el libro. Dos semanas es un periodo largo y, aunque obviamente he seguido haciendo deporte, manteniendo hábitos saludables y disfrutando de tiempo de ocio, lo he hecho menos de lo normal. Así, a los pocos días empecé a dormir peor, hasta que un día dormí algo menos de seis horas. Ese día tuve una sensación de viscosidad mental y de desconexión emocional que no me gustó nada. Era un malestar ligero comparado con el que he llegado a sentir en mis viejos tiempos de *burnout*, pero me sirvió de recordatorio. Mi cuerpo me estaba hablando. Ese mismo día tomé medidas, desconecté antes del trabajo, cuidé mucho mis horas presueño y me moví más. Y todo volvió a su curso en unas cuarenta y ocho horas.

Si reaccionas a tiempo, incluso cuando ya has entrado en el mundo sombrío del estrés crónico, podrás salir rápidamente. Pero cuanto más te internes en ese mundo, más difícil te será recuperarte. Por eso es fundamental escuchar las señales de tu propio cuerpo.

2. Desconectar para conectar

Una vez aprendes a escucharte, debes empezar a aplicar la **regla de oro contra el** *burnout*: busca momentos de desconexión para volver a conectar con todo. Necesitas que la curva del estrés baje a la zona parasimpática cada poco tiempo para volver a subir a la zona simpática con energía al día siguiente. Las reglas del juego son las que son y tú cerebro y tu cuerpo precisan de ese parón para regenerarse, para mantener su bienestar, su eficacia y su conexión con la vida.

Y **¿cada cuánto tiempo debo desconectar?** La respuesta es la regla **6-6-6-3**:

- **6 → 60 minutos**: Cada hora haz un pequeño descanso, de unos diez minutos, para cambiar de postura y activar tu sistema parasimpático de alguna manera de las que te voy a proponer en la lista del punto siguiente. Si no tienes ese tiempo, que sean 5 o 2 minutos. ¡Pero descansa!

- **6 → 6 horas al día:** Proponte trabajar unas seis horas al día como máximo, al menos realizando tareas que requieren una concentración intensa. Si tu horario laboral es de más horas, complementa esas seis horas con tareas más mecánicas o menos demandantes. Si tu trabajo exige una exposición emocional alta, lo ideal sería reducir la jornada a cuatro horas —esto lo digo en base a mi experiencia como psicoterapeuta—. En cualquier caso, por encima de las seis horas, hay evidencias de que la productividad empieza a bajar y la salud empeora. Igualmente, la idea esencial de esta regla es a que tienes que **limitar** las horas de trabajo y de tiempo que pasas pensando en el trabajo, y el resto del día dedicarte a actividades de activación parasimpática. Mucho cuidado con seguir conectado al móvil o al portátil fuera de las horas de trabajo, romperá tu descanso.
- **6 → 6 días a la semana:** Es el número máximo de días que recomiendo trabajar, o pensar en el trabajo, a la semana. Estoy hablando de una ley de mínimos, es decir, debes disponer al menos de **un día** a la semana para **no pensar en nada** relacionado con el trabajo, un día en el que no le des vueltas, no mires e-mails ni consultes los mensajes. Un día de predominio parasimpático para respirar y regenerar a tope. Si son más, mejor.
- **3 → 3 semanas al año:** Son las semanas de vacaciones que debes disfrutar, como mínimo, al año. Y hablo de tres semanas **seguidas**. Durante esas semanas, tienes que desconectar al máximo del trabajo, pensar en otras cosas, experimentar nuevas sensaciones y recordar que la vida tiene mucho más que ofrecerte que el trabajo.

Para algunas personas, estos números son muy fáciles de cumplir, y ya lo hacen; para otras, son una utopía. Es evidente que estos tiempos son una referencia, tendrás que encontrar los que te encajen a ti e intentar mejorarlos poco a poco. **Lo más importante** no es si trabajas seis días o seis horas, si no lo que tienes que hacer el resto del tiempo: activar tu sistema parasimpático. De poco servirá que pares a descansar cada sesenta minutos si en ese rato de descanso te dedicas a responder wasaps del trabajo o a ver fotos Instagram sentado en tu silla.

Y otro consejo clave: Tendemos a cuidarnos menos y a descansar menos cuando estamos más estresados. Lo entiendo perfectamente, porque hay que sacarle el máximo partido al tiempo en esos momentos. Pero, aunque reduzcas un poco los tiempos de descanso, **no dejes de hacerlos**. Porque es ahí cuando más los necesitas. En tiempos de estrés, aunque reduzcas un poco tus hábitos de autocuidado, nunca dejes de hacer deporte, de comer bien, de descansar y **cuidarte**, porque es cuando más lo necesitas.

La lista de snacks parasimpáticos

Entonces, ¿qué podemos hacer para activar nuestro sistema parasimpático y, por tanto, ayudarnos a conectar y recuperarnos? A continuación, te dejo una lista de *snacks*, de actividades poderosas, cuya efectividad está respaldada por evidencias científicas, que en poco tiempo pisan el freno de nuestro estrés. Inclúyelas en los descansos de alguno de los niveles de la regla 6-6-6-3. Para ayudarte, las he organizado atendiendo al nivel en el que puede tener más sentido realizarlas, aunque la clasificación es flexible.

El único fin de estas propuestas no es solo activar el sistema parasimpático, todas tienen muchos otros beneficios, el primero de todos es que **estarás disfrutando de tu paso por esta vida**, que no durará para siempre. Cualquier cosa que te relaje y te haga sentir bien, probablemente será un activador del parasimpático y podrías incluirla aquí. Creatividad al poder.

Por cierto, me encantaría decirte que el nombre de «*snacks* parasimpáticos» es mío, pero no es así. Me lo regaló una profesora de primaria muy creativa que siguió mi programa para el *burnout*. Tenemos apalabrado que cuando me den el Premio Nobel de Medicina, lo compartiré con ella para que se compre una casa en el campo.

Nivel 60 minutos

Son actividades que puedes hacer tras un periodo de trabajo de sesenta minutos, o incluso de menos. En este nivel los *snacks parasimpáticos* son más *snacks* que nunca, pues hablamos de pequeños estímulos de entre diez segundos y quince minutos de duración que puedes incorporar a tu jornada laboral y no laboral.

- **Cerrar los ojos y respirar conscientemente.** Si haces esto, activarás tu sistema parasimpático en menos de diez segundos.
- **Moverse.** Detén tu rutina de trabajo dos minutos para hacer unas sentadillas, ponerte de puntillas unas cuantas veces o hacer unas flexiones. Estos *snacks* son especialmente eficientes para obligar a tu mente a pensar en otra cosa y tienen un efecto muy beneficioso en tu salud física.
- **Mirar al horizonte en un espacio abierto.** Solo necesitas un par de minutos para descansar la vista y activar la relajación parasimpática a través de la visión periférica.
- **Escuchar una canción.** Cierra los ojos y pon música, y si bailas, mejor todavía. Un chute parasimpático en toda regla.
- **Escribir tranquilamente.** Tomarte unos minutos para escribir un diario personal, plasmar tus reflexiones o hacer algún ejercicio de escritura creativa puede ser muy relajante.

Nivel 6 horas al día

Aquí te propongo ejercicios activadores del sistema parasimpático que requieren algo más de tiempo, ideales para realizar tras tu jornada laboral. Muchos podrían convertirse también en *snacks parasimpáticos* si acortas el tiempo que les dedicas.

- **Meditar.** Es un potente activador del sistema parasimpático en todas sus formas, incluyendo el yoga. Sin embargo, lo más fascinante de la meditación (y del *mindfulness*) es cómo te ayuda a ser más consciente de ti mismo: de tus emociones, de tus pensamientos y de tu vida. Es una puerta de entrada a una aventura única, la del silencio, que nunca sabes a dónde te puede llevar. Puedes realizar prácticas meditativas de **compasión y esperanza** durante unos diez o veinte minutos; generan una activación que va más allá de la relajación propia de la meditación.
- **Estar en contacto con la naturaleza.** Como menciono en el capítulo dedicado a la naturaleza, la propia vegetación se encarga de activar nuestro sistema parasimpático. Simplemente, ponte a tiro y deja que ella haga el trabajo.
- **Hacer deporte.** Aunque eleva el estrés durante el tiempo que dura la actividad, genera una posterior relajación parasimpática muy potente. En épocas de estrés, no dejes de entrenar.
- **Dibujar, pintar, tocar un instrumento o cultivar cualquier expresión artística.** Estas actividades son muy relajantes y te conectan con tu creatividad, activando el sistema parasimpático.
- **Leer.** Esos ratitos de lectura en el sofá, en el campo o delante de la chimenea, mmm... Hay estudios que muestran que leer reduce los niveles de estrés de forma significativa en pocos minutos, especialmente si es en un ambiente relajante.
- **Bailar.** A solas o en compañía, bailar es una herramienta potentísima. Se ha demostrado que aumenta la neuroplasticidad y reduce el riesgo de demencia y alzhéimer. Poca broma.
- **Escuchar música.** Cuando era pequeño, me tumbaba en mi cama a escuchar música con atención. Ahora lo hago de

vez en cuando y es una maravilla. Escuchar de verdad la música, con sus matices y cambios, prestando atención al mensaje que transmite... Hay un mundo por descubrir en cada canción.

Nivel 6 días a la semana

Estas actividades requieren disponer de un periodo de tiempo largo y relajado. Encajan bien en el fin de semana o en tus días de descanso. Por supuesto, puedes incluirlas en cualquier otro nivel.

- **Pasar tiempo de calidad con los amigos, la familia o la pareja.** La oxitocina es la hormona de los vínculos y es un potentísimo inhibidor del cortisol y el estrés. Además, las conversaciones con personas queridas ayudan mucho a olvidar los problemas y las preocupaciones, algo muy necesario.
- **Practicar sexo.** Genera un chute enorme de oxitocina y es una fuente de relajación. Es cierto que cuando estás estresado, tu libido suele estar por los suelos, les pasa a muchas personas, especialmente en los días laborables. Por eso lo incluyo en este nivel: un encuentro sexual con tiempo y con mimo puede despertar ese deseo perdido.
- **Jugar.** Es un acto de rebeldía. Es ir contra la corriente cultural de la hiperproductividad. Por eso, en nuestra sociedad, los adultos casi no juegan. Vuelve a hacer cosas improductivas y a perder el tiempo. Jugar con niños, con adultos, con quien sea, puede ser una gran manera de activar el sistema parasimpático.
- **Jugar a videojuegos, ver series o ir al cine.** Como *millennial* que soy, me encanta jugar a videojuegos, ya sea solo o con amigos. Algunos son auténticas obras de arte y te pueden conectar con el disfrute gratuito de la vida y con la belleza de «perder el tiempo». Aunque con ellos me pasa lo mismo que con las series: tengo un riesgo alto de adicción,

así que los dosifico mucho. En cuanto a las series, veo dos o tres al año; videojuegos, juego a uno o dos como mucho. ¿Y qué decir del séptimo arte? El cine es una maravilla, y algo menos adictivo. Sin embargo, el efecto de estas tres formas de entretenimiento depende mucho de la calidad del contenido y del tipo de estímulos que ofrezcan. Si son demasiado estresantes, violentos o intensos, activarán tu sistema nervioso simpático en lugar del parasimpático. Además, la luz azul de las pantallas antes de dormir inhibe el sueño profundo. Por todo ello, no recomiendo establecer ninguna de estas actividades como tu *snack* parasimpático principal, pero de vez en cuando son una buena elección.

Nivel de las tres semanas al año

Aquí incluyo actividades ideales para llevar a cabo durante unas largas vacaciones, esas de las que la mayoría de la gente disfruta una o dos veces al año. Son actividades que pueden ocuparte días o semanas. De nuevo, puedes adaptarlas a cualquiera de los niveles si lo deseas.

- **Cuidar de otras personas**, siempre que no te estrese más. Hacer voluntariado puede ser profundamente transformador. Se ha demostrado que cuidar de otros activa el sistema parasimpático y favorece la emisión de oxitocina. Pero, ojo, si dedicas todo tu tiempo libre a los demás, te recomiendo revisar el capítulo 10, en el que hablamos sobre el rasgo salvador.
- **Viajar o pasar tiempo en la naturaleza.** Puedes dedicar tus vacaciones a hacer largas caminatas o a disfrutar de estancias en la naturaleza para desconectar profundamente y recargarte. En el capítulo 12 te cuento el impacto que esto tuvo en mi vida.

- **Hacer algo diferente.** Visita una zona de tu ciudad que no conozcas, pasea sin rumbo fijo, parándote a fijarte en los detalles de los árboles, de las tiendas... Prueba cosas nuevas y déjate sorprender. La vida siempre tiene mucho que ofrecerte, pero si nos quedamos encerrados en nuestros pisos de hormigón o atrapados en nuestras listas de tareas, nos lo perdemos.

- **Perder el tiempo.** En las vacaciones corremos el riesgo de acabar igual de estresados o más que en la temporada laboral. Hace poco una persona me dijo: «He tenido tantos compromisos estas vacaciones que he vuelto más cansada de lo que me fui». A veces, la manera en la que planificamos los viajes parece pensada para seguir produciendo: hacer fotos para compartir en las redes sociales o visitar frenéticamente todos los rincones del lugar al que viajamos sin llegar a conectar con ellos. Antes de organizar unas vacaciones, te recomiendo que te preguntes: «¿Qué es lo que deseo y necesito realmente?».

   Precisamente, hace una semana, cancelé un viaje que tenía programado para hacer un *trekking* por Nepal. Analicé lo que deseaba y lo que necesitaba, y me di cuenta de que prefería quedarme tranquilamente en mi valle y permitir que la vida me sorprendiera aquí. Curiosamente, ya hay algo importante que voy a poder vivir gracias a que no voy a ese viaje. A veces hay que darle espacio a la vida para que suceda.

3. Aumenta tu ventana de tolerancia

Llevamos de momento dos de mis claves maestras para reducir el estrés: mantenerte a la escucha y aplicar la desconexión, a través de la regla 6-6-6-3 y los snacks parasimpáticos. Pero hay más herramientas que te pueden ayudar si ampliamos el foco.

Es importante que sepas que el estrés que experimentes en una situación concreta va a depender en gran parte de tu **sensibilidad** ante ese estímulo y de cómo tu mente esté habituada a ese tipo de situaciones. Esta sensibilidad, mayor o menor, es lo que se conoce como la **ventana de tolerancia** de cada persona, es decir, la capacidad que tiene cada uno para manejar el estrés antes de sentirse desbordado. Lo que para mí puede resultar estresante, como dar un paseo por el centro de Madrid —especialmente si llevo mucho tiempo sin ir— para ti puede ser algo muy relajante. De la misma forma, quizá yo me sienta tranquilo y en paz colgado de una montaña a 3.000 metros de altitud, mientras que para ti podría ser una experiencia inquietante. Todo depende de tus experiencias y de lo que estés acostumbrado a vivir. Sin embargo, aunque la ventana de tolerancia varía entre personas, hay **límites universales**. Por ejemplo, trabajar dieciséis horas al día es una fuente de estrés seas quien seas.

Cuando estuve en el pódcast *Tengo un plan* con Sergio y Juan, con los que compartí una gran entrevista, me hicieron una pregunta muy buena y era si alguien se podía volver más **tolerante** al estrés, si se podía llegar a soportar mejor a base de «entrenarse». La respuesta es **no**. No te puedes volver más tolerante a la hiperactivación que tu cuerpo genera. Es como pensar que hay alguna manera de tener el azúcar o el colesterol alto en la sangre sin que te afecte. No funciona así. Por mucho que estés acostumbrado a estresarte, el daño que provocará en tu cuerpo el exceso crónico de hiperactivación será siempre el mismo. Lo que sí puedes hacer es reducir la cantidad de glucosa y de colesterol que entra en tu cuerpo, es decir, la cantidad de estrés que generas.

Pero volviendo a la ventana de tolerancia, las primeras veces que te enfrentas a un reto generarás mucho más estrés dentro de ti, pero, según te vayas acostumbrando a ese reto (o estímulo), necesitarás generar menos para superarlo. No es que te hayas vuelto más tolerante al estrés, sino que **generas menos**, que es muy diferente. Te has vuelto más tolerante al estresor externo, al que a veces llamamos también estrés, de ahí la confusión. Si hablas en público con frecuencia, estoy seguro de que al principio te ponías mucho más nervioso que ahora, porque te has acostumbrado al estresor externo.

Por lo tanto, sí podemos ampliar nuestra ventana de tolerancia. Podemos conseguir que estímulos que antes nos estresaban, ahora nos afecten menos. ¿Qué te recomiendo para lograr esto?

- **Enfrentarte poco a poco** a los retos y estresores que encuentres en tu vida. Pasar de 0 a 100 es la mejor manera de acabar quemándote. Si vas paso a paso, permitirás que tu mente o tu cuerpo se vaya adaptando a esa situación y generen menos estrés.
- Adquirir hábitos que te ayuden a **fortalecer tu cuerpo y tu mente** mediante la hormesis, un proceso a través del cual pequeñas dosis de estrés **controlado** van ampliando tu tolerancia general. La exposición al frío —duchándote con agua fría, aunque sea unos segundos—, al calor —saunas—, practicar deporte o el ayuno intermitente —algo que llevo haciendo con gusto desde hace años— son buenos ejemplos de esto. Prácticas como estas, además de ampliar tu ventana de tolerancia, alargan tu esperanza de vida y mejoran tu salud general.
- **Salir de tu zona de confort** con desafíos que aún no has enfrentado amplía también tu ventana de tolerancia psicológica. Por ejemplo, aprender algo nuevo —un idioma—, exponerte a algún reto social —ir a un taller de ligar— o intelectual —jugar a juegos de estrategia o cognitivos— te preparará para manejar mejor esas situaciones de alta demanda emocional y mental que serán inevitables en el futuro.

En resumen, avanza poco a poco, pero proporciónate pequeñas dosis de reto si consideras que no tienes suficiente con lo que el propio día a día te da. Prepárate para tiempos difíciles, así, cuando llegues, los gestionarás mucho mejor.

4. Cambia tu percepción ante situaciones estresantes

El *reframing*, o cambio de perspectiva, es una técnica psicoterapéutica propia de la psicología cognitivo-conductual. A veces, no podemos eliminar el estímulo estresante, pero sí podemos cambiar la manera en que lo percibimos. En general, el problema está tanto en la situación a la que nos enfrentamos como en la manera en la que la **interpretamos**. Por ejemplo, una sobrecarga de trabajo puede ser vista como una agresión más de la vida hacia ti, como una oportunidad para aprender a delegar y confiar en los demás o como un reto que, al superarlo, te hará crecer y te producirá satisfacción. Hay varios estudios que muestran cómo una visión más optimista del trabajo reduce el estrés y aumenta la satisfacción. Incluso si tenemos la misma carga de trabajo que alguien más pesimista.

La reconfiguración de tu perspectiva sobre el estrés te permite verlo como algo manejable y temporal en lugar de como una amenaza permanente.

Como ya comenté, durante la recta final de la escritura de este libro, empecé a rozar la línea roja de mi gráfica. Algo que me ayudó, además de reestructurar mi horario y mis rutinas, fue plantearme: «¿Qué me está estresando exactamente?». Detecté entonces un miedo irracional que me decía que, si no dedicaba el máximo de tiempo posible al libro esos días, este no sería lo suficientemente bueno. Ya ves, años trabajando estos aspectos y se me siguen colando pensamientos que no tienen ningún sentido. Y sé que me seguirá pasando. Por eso esta técnica es tan interesante.

¿Cómo utilizarla? Una conversación con un buen amigo o, por supuesto, con un terapeuta que te hagan de espejo puede servir. Pero también puedes trabajarlo tú mismo y acostumbrarte a reestructurar tus pensamientos y emociones. Puedes hacerte estas preguntas como guía:

- ¿Qué es lo peor que podría pasar en esta situación?
- ¿Cuál es la manera optimista de ver esta situación?

- Cuando esté en mi lecho de muerte, dentro de muchos años, ¿qué me diré a mí mismo sobre este momento y qué consejo me daría? (Esta es una pregunta con muchas resonancias estoicas).
- ¿Qué emoción quiero sentir hoy? ¿Qué necesito pensar para conseguirla?
- ¿Qué le dirías a un amigo que estuviera pensando lo mismo?

5. Reduce tu estrés... en relación

Al nacer, nuestra capacidad para regular el estrés es prácticamente nula. Si tenemos hambre, lloramos desesperadamente y el estrés nos invade hasta que un adulto nos calma y nos alimenta. Es natural que un niño no tenga habilidades de autorregulación emocional o del estrés y que necesite que sus padres y cuidadores cercanos ejerzan de reguladores externos temporales. Dicho de otro modo, esos adultos actúan como una «corteza prefrontal auxiliar» que regula nuestro sistema límbico hasta que la nuestra se desarrolla lo suficiente. A medida que el niño crece, va «absorbiendo» la manera en que esos adultos gestionan sus propios niveles de estrés y la integra de forma espontánea hasta que la hace suya y adquiere la capacidad de regularse por sí mismo y se vuelve más independiente.

En otras palabras, nuestra habilidad para gestionar el estrés se forja **dentro de la relación** con nuestros padres o cuidadores principales durante la infancia. Esa relación influye tanto en nuestras capacidades más básicas de regulación como en aspectos más profundos de nuestra personalidad, como la autoexigencia, la necesidad de cuidar a los demás o la conexión con nosotros mismos. Si en nuestra casa no se hablaba de emociones o sensaciones, habremos aprendido a desconectar de ellas. Si las emociones eran caóticas y desbordantes, es probable que tengamos dificultad para no explotar. Y si el mensaje era que, pese al agotamiento, había que seguir adelante sin descanso ni disfrute, eso será lo que replicaremos en nuestra gestión del estrés.

¿Por qué te cuento todo esto?

Porque, del mismo modo que aprendimos a regular el estrés en nuestras primeras relaciones de vida, trabajar nuestra regulación del estrés actual **dentro de una relación de ayuda**, tendrá efectos especialmente poderosos. Un entorno relacional nos permite revisitar y sanar aquellas creencias y heridas sobre el estrés que adquirimos en el pasado de una forma especialmente transformadora. El cambio más profundo y rápido en la forma en que lo gestionamos ahora, **también ocurrirá en una relación**. Concretamente, en un entorno relacional que nos permita revisitar y superar aquellas creencias sobre el estrés que adquirimos en el pasado. Es gracias a esa conexión profunda que podemos transformar lo necesario para sanar.

Esta es una de las verdades más sólidas sobre los procesos de cambio personal que se conocen. Ya lo decían los grandes psicoterapeutas humanistas como Carl Rogers hace casi un siglo, y la neurociencia del apego y la recuperación del trauma más recientemente lo han ido fundamentando. Lo que hace que la psicoterapia en cualquiera de sus formas sea efectiva, independientemente de la corriente a la que pertenezca, es la **calidad de la relación** que se establece. Por eso, hay mucha gente que, aunque no sabe demasiado, logra ayudar a las personas a cambiar, porque son capaces de generar confianza y de facilitar ese viaje psicológico hacia el cambio. De hecho, una relación segura ya reduce el estrés por sí misma. El problema es que alguien sin conocimiento suficiente puede hacer daño a las personas inculcándoles ideas peligrosas, un daño que será mucho mayor si el supuesto terapeuta no se ha trabajado antes a sí mismo y acaba estableciendo un vínculo tóxico con aquellos a quienes debería ayudar, algo que sucede más de lo que piensas. De hecho, uno de los motivos por los que empecé a trabajar de manera online fue que me harté de ver a gente sin formación hablando de todo tipo de temas psicológicos por internet y llegando, así, a miles de personas. Al final, los que necesitaban ayuda gastaban su energía y su dinero para nada, o incluso para acabar peor de lo que estaban.

Concederle importancia a la relación es el motivo por el que envío un e-mail diario, y no cada semana o cada mes, a mi comunidad. Al hacerlo, genero un vínculo y tengo una presencia para quien está dentro, y sé que esto les va a ayudar mucho más. Y es el mismo motivo por el que mi programa CIMA para el *burnout* es la herramienta que mejor me funciona para ayudar a las personas a solucionar este problema. Porque allí puedo estar mucho más cerca de las personas, al igual que lo está mi equipo de psicoterapeutas. Además, los propios usuarios del programa establecen entre ellos vínculos transformadores y muy poderosos. No es lo mismo enfrentarte solo al reto de salir del *burnout* que hacerlo acompañado de personas que comparten el camino y te apoyan. Ese contacto uno a uno y esa relación grupal generan un sentimiento de «tribu» que, en mi opinión, ha logrado los mejores resultados que he visto en cualquiera de los proyectos que he desarrollado durante mi carrera como psiquiatra y psicoterapeuta. Por eso, más de una persona me ha dicho frases como: «He ido a terapia, he leído muchos libros, he hecho de todo, pero lo tuyo es lo único que me ha funcionado». Una vez un ingeniero especialmente racional añadió: «Y aún no entiendo por qué ha funcionado». Pues esta es la explicación.

Si te dedicas a ayudar a otras personas a salir del *burnout* o a mejorar en cualquier ámbito, recuerda bien lo que te he transmitido aquí y, además de formarte lo mejor que puedas, trabaja en tu propio crecimiento psicológico para poder ofrecer una relación de acompañamiento sana a quienes confíen en ti. No hay nada más destructivo psicológicamente que un líder abusivo, narcisista o cobarde. Y me he encontrado con muchos a lo largo de mi vida.

Puntos de resumen:

- El estrés no se gestiona, se reduce.
- Tu sistema nervioso simpático es el acelerador que genera el estrés ante un reto y el parasimpático, el freno que lo reduce y te repara.

- Para vivir en equilibrio y tener salud debes buscar el constante fluir entre activación simpática y la parasimpática.
- Cuidado con el ciclo mortal del estrés: cuanto más te actives, más adicto te volverás al estrés y más difícil te será salir de él.
- Desconecta para volver a conectar: la regla 6-6-6-3 te servirá de orientación para saber cuándo debes descansar.
- Utiliza los *snacks* parasimpáticos para lograr el equilibrio en cada uno de los niveles. Pero recuerda: no te limites a una lista, ¡creatividad al poder!
- Puedes aumentar tu tolerancia a los estímulos estresantes. Ve poco a poco y entrena previamente.
- Además de en el estímulo estresante, el problema está en cómo tú lo percibes.
- En relación aprendiste a autorregular tu nivel de estrés y en relación acelerarás el cambio para mejorarla. Elige bien en quién confías.

14

Atención, planificación y dopamina

Al poco tiempo de llegar al valle donde ahora vivo, el guarda forestal del que te hablé en el capítulo 11 me invitó a hacer una ruta por la montaña con más gente. Íbamos con una persona que estaba lesionada y, por tanto, la cosa no prometía grandes aventuras. Yo tenía ganas de escalar y de subir todos los tres miles del valle, pero, aun así, dije que me unía a la marcha. Cuando llegó el día, estaba tan poco motivado que, sin quererlo, me metía en mi cabeza y en mis pensamientos. No conectaba con lo que tenía a mi alrededor. Durante el paseo rodeamos el macizo del pico Aneto —el más alto de la cordillera de los Pirineos— y, en un momento dado, nos lo encontramos de frente. Cubierto por las primeras nieves del año. El guarda forestal se quedó totalmente extasiado por la visión. Pero lo curioso es que ya lo estaba antes de ver esa imagen, incluso cuando estábamos subiendo al coche a las siete de la mañana para acercarnos a la zona. Recuerdo que iba diciendo: «¡Cómo me apetece este paseo!». Yo no entendía nada. «¿Cómo puede estar tan motivado con este paseíllo si él vive aquí y ve todos los días las mismas montañas?», pensaba. Hasta que caí en la cuenta: yo no estaba viendo las montañas realmente. Estaba allí, junto a ellas, pero lo único en lo que tenía puesta la atención era en mis pensamientos.

Sin atención, te pierdes la vida que tienes delante, incluso aunque estés ante uno de los paisajes más espectaculares que existen.

Desde entonces, fui mucho más consciente de que **la aten-**

ción es el bien más preciado que existe. Es lo que te conecta con la vida que te rodea. Si pierdes la capacidad de concentrarte en lo que haces, de poco te va a servir la vida. Por eso digo siempre que la atención es más importante que el amor o que la salud, porque si tienes estas dos cosas, pero no puedes conectar con ellas..., ¿para qué las quieres?

Como quizá ya has experimentado, el *burnout* machaca tu capacidad de atención y concentración. Cuando tienes este problema de salud, es muy frecuente que llegues a casa con la cabeza tan saturada que no eres capaz de escuchar lo que tu pareja te quiere contar o lo que tus hijos quieren compartir contigo. También es habitual que tu capacidad de concentración sea tan baja que todas las tareas te lleven el doble de tiempo y requieran el doble de energía, lo cual hace que te estreses más aún o que incluso sufras fallos de memoria, pues esta depende de la atención.

Socialmente, todo apunta a que nuestros patrones de atención están cambiando, aunque es un tema sobre el que habría que hacer estudios más sólidos. El dato más relevante lo aportó la doctora Gloria Mark con sus investigaciones de trabajadores en entornos digitales. Observó que, en 2004, los participantes cambiaban de tarea cada ciento cincuenta segundos de media. En 2021, este tiempo se había reducido a cuarenta y siete segundos. No es que nuestra especie esté mutando y perdiendo la capacidad de atención, como a veces parecen querer decir los titulares, sino que esta es mucho más saltatoria. ¿Y a qué se debe? Seguro que te vienen muchas respuestas a la cabeza, pero cuando termines este capítulo entenderás bien las causas y las consecuencias negativas a las que nos está llevando. Entre otras, por supuesto, el *burnout*.

El cerebro no es un ordenador

Lo primero que tienes que entender es que, como ya hemos comentado en el capítulo 6, tu cerebro no es una máquina. Tras la aparición de los ordenadores, a veces hemos comparado nuestro sistema nervioso central con los microprocesadores que realizan esas rapidísimas operaciones de cálculo. De alguna manera, nos parecía atractivo ver nuestro cerebro como un ordenador más sofisticado, quizá para poder simplificar un poco una realidad que se nos escapa. Algo parecido hacemos con nuestro cuerpo, al que, debido a la desconexión con él, tendemos a ver como una máquina que debería cumplir sin quejarse con todo lo que nosotros le pedimos. Pensamos que luego con una llave inglesa y un par de parches se puede arreglar. Todas estas ideas han facilitado que normalicemos el estrés crónico y el malestar que deriva de él.

Entonces, ¿qué diferencias hay entre un ordenador y el cerebro? Me voy a centrar en una muy concreta: los microprocesadores son estructuras estáticas que pueden funcionar durante meses o años sin necesidad de detenerse. Están hechas para aguantar en actividad constante, igual que un coche o un ventilador, por poner otros ejemplos. Y aunque son mecanismos complejos..., te aseguro que no lo son tanto como nuestro sistema nervioso. De hecho, nuestro cerebro es la **estructura más compleja que se conoce en el universo**, pues tiene una cantidad masiva de neuronas —aproximadamente ochenta y seis mil millones, una cifra que se acerca a los cien mil millones de estrellas que tiene una galaxia—, y estas tienen un nivel de conexión tan complejo entre ellas que dan lugar a una red extremadamente intrincada y dinámica. En esa red se sostiene o de ella emerge la conciencia, algo que aún estamos muy lejos de comprender.

Por esa gran complejidad que lo caracteriza y por su naturaleza biológica, el cerebro tiene unas reglas de funcionamiento muy diferentes a las de una máquina. Y la regla fundamental del juego te va a sonar bastante: para poder mantener cualquier actividad que requiera **atención** y consciencia, necesita **descansar** cada poco tiempo.

Así que ya sabes algo fundamental: para conservar tu atención y concentración todo lo posible, la clave es hacer descansos. Igual que si quieres tener controlados tus niveles de estrés. Todo está alineado.

En cuanto a los descansos, vuelvo a las recomendaciones del capítulo anterior: alternar sesenta minutos de trabajo con diez de descanso parece un ritmo óptimo para la mayoría de las personas, aunque dependerá del tipo de trabajo que estés realizando y de tus preferencias. La realidad es que no hay un consenso científico claro al respecto. Por ejemplo, para escribir este libro yo estoy haciendo periodos de foco de noventa minutos; cada treinta minutos, hago microdescansos para cambiar de postura y, pasada la hora y media, descansos más largos para hacer algo de ejercicio o algún otro *snack* parasimpático. Esto se asemeja a lo que propone Cal Newport, que recomienda sesiones de dos horas para entrar en trabajo profundo *(deep work)*, un estado de concentración máxima donde el cerebro puede rendir con un nivel de eficacia y creatividad difícil de alcanzar en condiciones normales. Después de cada bloque de dos horas, habría que hacer descansos más largos. Otros, sin embargo, recomiendan pausas más breves cada treinta minutos para descansar la vista o moverse un poco. Tendrás que encontrar tu regla, pero lo importante es: ¡haz descansos!

El *multitasking* no existe

El cerebro no solo se encarga de dos o tres tareas a la vez, como promete la idea del *multitasking*, sino que realiza miles de funciones al mismo tiempo. Lo que pasa es que de esos miles, tú te enteras de muy pocas. Si fuéramos conscientes de cómo nuestro cuerpo regula el pH sanguíneo, la temperatura corporal o el nivel de sodio en nuestra sangre, todo a la vez, tendríamos un problema. La cosa, sin embargo, cambia mucho cuando hablamos de actividad consciente y con atención, ahí nuestra capacidad está limitada a **una tarea a la vez**. No hay más discusión. El *multitasking* es un buen ejemplo de modas pasajeras de la productividad que la gente adopta de manera poco crítica, y que lleva a hacerse daño. La realidad es que solo un 2,5 por ciento de la población puede hacer dos tareas a la vez, y si se dedican a más, pierden mucha calidad. Como probablemente no estés en ese 2,5 por ciento de los llamados *supertaskers*, tu atención es completamente **secuencial** y, por lo tanto, funciona centrándose en una única cosa, y luego en otra, y luego en otra. Todas en fila de a uno. Nos puede gustar más o menos, pero estas son las reglas del juego y lo mejor que podemos hacer es ponerlas a nuestro favor.

Si aun así queremos desafiar a la naturaleza e intentamos hacer *multitasking*..., ¿qué estará sucediendo realmente? Que estaremos forzando a nuestra atención a saltar de una tarea a otra, secuencialmente también, pero muy rápido. Y esto nos hará gastar más energía de la necesaria y aumentará nuestros niveles de estrés, pues, por cada salto, tenemos que volver a concentrarnos de nuevo. Es algo así como intentar hacer una maratón frenando y acelerando a cada minuto. Agotador. Además, el multitasking reduce la cantidad de información total que podemos manejar, aumenta el número de errores y empequeñece el disfrute de lo que hacemos. Como ves, todo ventajas.

¿Cuál es mi consejo? Haz las tareas de una en una y con la máxima concentración y disfrute posibles. Todos tenemos la experiencia de haber estado absortos en una tarea y disfrutarla, aunque fuera algo mecánica y monótona. Una vez has acabado con una tarea, pasas a la siguiente. Haciendo eso de manera secuencial e introduciendo los descansos adecuados tendrás muchísimo ganado.

El gran enemigo

Hace poco fui a un banco y fui testigo de una de las causas de *burnout* más normalizadas que existen en los entornos laborales. La empleada que me atendió estaba claramente estresada, se le notaba en la mirada y en la forma de hablar. Cuando me senté a hacer mis gestiones con ella, vi cómo la interrumpían cada quince segundos, durante todo el tiempo que estuve allí. Una notificación del chat interno de la empresa, un cliente que se acercaba con cara amenazante harto de esperar, una compañera que le gritaba desde la otra punta de la oficina, el jefe que se acercaba a pedirle algo, las risas de la otra compañera desde el cubículo de al lado, una llamada de teléfono, la entrada de un e-mail, una notificación de su móvil personal... Y así podríamos seguir un buen rato. Me quedé impresionado de que esa mujer siguiera viva. El bombardeo a su atención parecía estar calculado para torturarla. ¿Cómo estaría su cerebro? Pues gastando energía y generando neurotransmisores de estrés a toda máquina para lograr mantener el ritmo de ese cambio de atención constante y poder enfocarse en algo productivo. Y así un día tras otro.

Y es que el gran enemigo de nuestra atención en el día a día son las **distracciones**. Ellas son el principal reto a superar y controlar si quieres tener una atención enfocada sin que suponga un gran gasto de energía.

Existen dos tipos de distracciones, las internas y las externas.

- **Externas:**

Serían todas las que he descrito en el ejemplo: vienen de fuera y reclaman tu atención. El único camino es intentar reducirlas al máximo. Ocúpate de las que estén bajo tu control directo sin dudarlo: bloquea notificaciones, silencia aplicaciones, pon el teléfono en modo avión, etc. Otra buena idea es tener unos cascos de música y, de vez en cuando, reproducir ruido blanco, te ayudará a aislarte del entorno. En lo que respecta a los compañeros y jefes, tendrás que dialogar con ellos y decirles a qué hora pueden contactar contigo para que reviséis cosas juntos y a en qué momentos necesitas tu espacio para estar concentrado y avanzar bien. Si gestionas las expectativas que tiene la gente sobre cuánto tiempo tardarás en responder un e-mail o un wasap, te sentirás más liberado. En este sentido, las primeras horas de la jornada, en las que además tu cerebro está más fresco, son las mejores para hacer todo aquello que requiera más concentración.

Por cierto, la idea de las oficinas abiertas donde te enteras de todo lo que sucede a tu alrededor... es interesante a nivel relacional, pero no tanto en cuanto a la atención. Deberían tenerse en cuenta otras medidas para evitar esas interrupciones constantes.

- **Internas:**

Según escribo estos párrafos me pregunto: «¿Me habrá enviado el presupuesto para trabajar juntos que estoy esperando aquella *community manager* de LinkedIn?», y mi cerebro quiere ir a la bandeja de entrada y ver qué pasa por allí. Es un deseo de salir de lo que estoy haciendo, un pensamiento que me puede sacar de mi foco actual. Otra de las distracciones internas más clásicas, en lugar de llevarte a otra tarea, es darle vueltas a una preocupación, lo que te hace que pongas el foco de atención en otra cosa. Cuando te das cuenta, tienes que gastar energía de nuevo en volver a centrar la atención.

Un parte de estas distracciones se evita según avanzas en tu trabajo psicológico personal, cuando tu pensamiento empieza a estar más tranquilo y centrado —aunque un día malo de vez en cuando será inevitable—. Pero hay que centrarse en estrategias más directas, como la planificación, que voy a desarrollar en el siguiente punto, y también en controlar las distracciones digitales. En este caso, aquellas que te puedan recordar una preocupación u otro asunto que tienes pendiente.

Si me fijo ahora en mi pantalla, estoy escribiendo en una pestaña de Google Docs —ya ves, soy un escritor sencillo—, pero antes de empezar me he cuidado de dejar esta pestaña al margen de las demás para no tener a la vista nada más que aquello en lo que estoy centrado. De hecho, lo único que veo ahora es esta pestaña, alguna más con textos de otros capítulos y mi Excel de capítulos e ideas; y en mi segundo monitor, un cronómetro con el tiempo que me queda hasta mi siguiente descanso sobre un fondo de escritorio limpio con una foto de unas montañas. Por la ventana, veo un bosque y la ladera de la montaña, ¡pero eso es otro tema! Podrán acechar las distracciones internas, pero desde luego yo no se lo pongo fácil.

Planificación

Un tipo de distracción interna muy frecuente son los «tengo que hacer» que se han quedado en el aire, o, más bien, rebotando en nuestras neuronas. Tengo que llamar a Paco, tengo que escribir tal e-mail, tengo que contestar al wasap del jefe —mal asunto—, tengo que recoger a los niños media hora antes, etc. Todas estas ideas flotantes son un obstáculo para nuestra atención, que va saltando de una a otra intentando evitar la catástrofe. Y eso es muy estresante. Es muy común en las parejas ver a una de las partes mucho más estresada que a la otra, especialmente cuando tienen hijos (y la estresada suele ser la mujer). A pesar de que parecen dedicar el mismo tiempo a sus hijos o a las tareas comunes, la diferencia suele estar en que aún tienden a ser ellas las que llevan la carga mental de la organización de todo, con lo que esto repercute en la atención y en el estrés.

Una de las claves para eliminar esta carga mental y dejar vía libre a nuestra atención es la **planificación**. Esto es un arte que se aprende y perfecciona con el tiempo, pero te quiero transmitir su esencia aquí a través de tres pasos:

1) **Escríbelo.** Quizá este es el ingrediente más liberador de la planificación, porque al escribir la tarea pendiente, sueltas esa preocupación. Ya no hay riesgo de que se te olvide y podrás decidir, cuando llegue el momento, qué hacer con ella. Pero mientras tanto, te puedes centrar en lo que tienes entre manos.

2) **Agéndalo.** Esas tareas que has añadido a tu lista, pásalas a un calendario o agenda, para que pasen a ocupar un espacio en el tiempo. Lo que no está agendado no existe, aunque esté en tu lista de tareas. Obviamente, habrá cosas en la lista a la espera de ser agendadas, pero si realmente quieres asegurarte de que algo se va a hacer, el mejor lugar donde puedes anotarlo es en tu calendario.

3) **Analiza.** Enseguida te darás cuenta de que no has sido

muy realista con tu planificación, que, por ejemplo, cuando pusiste «escribir capítulo 1 de tu libro sobre el *burnout*» y le diste dos jornadas de trabajo, fuiste muy optimista y eso te descuadró el resto de la semana. No pasa nada, es normal, intenta corregir ese error cuando planifiques el siguiente capítulo, ya has aprendido cuánto te lleva escribir un texto así. Si es la primera vez que realizas una tarea, es difícil saber cuánto tiempo te va a llevar. El análisis de la planificación es la manera de aprender a ser realista con tus tiempos y con el tiempo que llevan las tareas, y te permitirá mejorar tu planificación.

La clave de la planificación es lograr un «canal» claro para enfocar tu atención. Es como trazar el camino de tu jornada laboral (nivel micro), de tu semana o de tus próximos cinco años (nivel macro), uno al que te guiará y que te permitirá evitar todas las distracciones que vengan a sacarte de tus sueños y objetivos. Hablemos ahora de estos últimos.

Motivación

Neurobiológicamente, las cosas que generan **dopamina** son las que captan nuestra atención de manera más absorbente. La dopamina es un neurotransmisor que se libera ante estímulos placenteros y es la responsable de que tengamos deseos de repetir. Si identificamos algo que nos produce un «chute» de dopamina, nuestro cerebro buscará volver a ese estímulo. Este es el motivo por el que las redes sociales y las pantallas capturan tanto nuestra atención: porque nos proporcionan chutes de dopamina con muy poco esfuerzo. Lo mismo ocurre con las series, videojuegos, alimentos ultraprocesados... Yo mismo me sorprendo de cómo a veces se me va la mano al móvil cuando estoy en modo automático y sin ninguna necesidad de mirar nada. Eso que capta a tantas personas hoy en día, que te puede dejar minutos u horas atontado sin hacer nada más que deslizar el dedo sobre una pantalla, se debe a la dopamina. Por otro lado, nuestro cerebro no solo genera dopamina en el momento de recibir esos estímulos, sino también antes, cuando estamos **camino** de recibirlo. Es como cuando tenemos mucha hambre y llega la hora de comer; solo ante la idea, ya sentimos placer. O como cuando pensamos en las próximas vacaciones. O, y aquí viene lo importante, **cuando nos planteamos un objetivo que nos motiva** y estamos trabajando en lograrlo. En el proceso ya se genera dopamina.

La dopamina está muy relacionada con la atención. Cuando estás ante la pantalla de tu ordenador, siempre te va a atraer lo más fácil y placentero, que te va a estar reclamando para interrumpir tu atención con otro tipo de tareas. Y luego están los «placeres ocultos», como limpiar la bandeja de entrada o responder a todos los mensajes del chat interno de la empresa, tareas que con frecuencia no son prioritarias pero que constantemente dejamos que corten nuestro flujo de trabajo. Porque dan más «gustito» que otras.

¿Cómo podemos usar esto en nuestro favor? La respuesta está en estas palabras: **objetivos y sueños**. Cuanto más interesantes, motivadores y deseables sean tus objetivos, más dopamina generarás en el camino para conseguirlos y, por tanto, más fácil te resultará **centrar la atención en ellos**. Por eso lo mejor de los sueños no es conseguirlos o no, sino la capacidad que tienen de moverte y de hacerte avanzar para llevarte a quién sabe donde...

Te recomiendo que tengas claros los objetivos que quieres lograr en cada jornada. Revísalos por la mañana y conecta con lo que te motiva de ellos, aunque solo sea tacharlos de la lista. Así generarás más dopamina y te enfocarás con mucha más facilidad. Yo, por ejemplo, ahora mismo tengo claro que quiero acabar este capítulo durante la tarde de hoy. Y estoy totalmente enfocado. Ayer cometí el error de no ponerme un objetivo tan claro con otro capítulo con el que estaba trabajando y perdí bastante tiempo dándole más vueltas de las necesarias. Pero hoy no ha sucedido así. Así que, mientras yo me marcho a hacer mis *snacks* parasimpáticos de hoy, tú plantéate objetivos claros, sencillos y directos para cada día. Eso estimulará tu motivación y, por tanto, arrastrará tu atención.

Puntos de resumen:

- Tu atención es un bien muy valioso. Cuídala con mimo, es la puerta de entrada a tu productividad y a tu vida.
- Dado que tu cerebro no es comparable a un ordenador, hay una necesidad clave que tienes que respetar para mantener la atención: descansar.
- La atención es secuencial y, por lo tanto, lo único que tiene sentido es enfocarse en una tarea de cada vez y disfrutarla lo máximo posible.
- Las distracciones son el gran enemigo de la atención y lo mejor que puedes hacer para evitarlas es establecer diferentes barreras.
- La planificación es una de las mejores herramientas para mantener las distracciones internas a raya y para enfocar tu atención de forma clara a nivel macro y micro.
- La motivación, conducida por la dopamina, está en el corazón de nuestra capacidad de foco y atención. Aprende a potenciarla dentro de ti.

15

Ikigai en el trabajo

Llegamos al capítulo más espiritual del libro. Vamos a hablar sobre el **sentido de la vida** y sobre el **sentido que tiene para nosotros el trabajo**, dos elementos que son fundamentales para comprender el *burnout* y que pueden ser poderosas herramientas para salir de él. Y para ello quiero apoyarme en un concepto japonés: *ikigai*.

La historia de este libro está relacionada con este concepto de una forma especial, porque uno de los pioneros en la divulgación del *ikigai*, Francesc Miralles, fue mi mentor en los primeros pasos de la escritura de este libro. Siempre se lo agradeceré, así como a la persona que me lo presentó.

Tras meses de trabajo de campo en Japón, especialmente en la isla de Okinawa, donde se encuentra una de las zonas azules del planeta (áreas donde la gente tiene la mayor esperanza de vida), Francesc Miralles y Héctor García escribieron el libro que introdujo este concepto en la cultura occidental y que hizo que se extendiera rápidamente en el mundo de la psicología y del desarrollo personal. Su obra, *Ikigai: Los secretos de Japón para una vida larga y feliz*, se ha traducido a más de 60 idiomas, una barbaridad.

La palabra japonesa 生き甲斐, *ikigai*, no tiene una traducción exacta, pero hace referencia al sentido de la vida, a **aquello que hace que te levantes con ilusión cada día**. Como ellos mismos escriben: «La palabra se compone uniendo *iki*, 生, que significa "vida" o "estar vivo", y *gai*, 甲斐, que significa "lo que vale la pena y tiene valor". Traducido literalmente sería, pues, "aquello por lo que vale la pena vivir". Según los japoneses, todos albergamos un *ikigai*, o incluso varios, en nuestro interior, aunque no lo sepamos».

Para mí, la belleza de este concepto está en la sencillez con la que describe esa parte tan profunda de nuestro ser. Para los japoneses, tu *ikigai* no tiene que ser necesariamente salvar el mundo o fundar un imperio multinacional, como nos gusta pensar a los occidentales. Cuidar un huerto, practicar cada día un *hobbie* que te ilusiona, compartir el té con tu comunidad, criar a los hijos... Todas esas cosas pueden ser tu *ikigai*. Tu propósito. Y si encuentras el tuyo, tu vida estará llena de sentido a pesar de las dificultades. Obviamente, si tu trabajo se convierte en tu *ikigai* o está relacionado con él, te apuntas un buen tanto en la vida. Así que debes explorar la manera en la que tu trabajo pueda generarte más conexión de propósito o sentido, aunque no sea tu *ikigai* principal.

En occidente, el sentido de la vida ha estado siempre vinculado a la religión y a la filosofía, ya que una de sus grandes tareas ha sido intentar responder a las preguntas: ¿qué sentido tiene la vida humana?, ¿qué sentido tiene **mi** vida? De forma más reciente, el gran psiquiatra austriaco Viktor Frankl desarrolló su nueva psicoterapia en torno al sentido de la vida (la logoterapia). Frankl sostuvo y demostró que la sanación de muchos malestares mentales pasaba por que la persona consiguiera darle un sentido profundo a su vida, y esta idea ha influido en numerosas corrientes terapéuticas posteriores. De hecho, Viktor Frankl sobrevivió contra todo pronóstico en el campo de concentración de Auschwitz gracias, entre otras cosas, a que tenía un claro propósito: salir de allí para reencontrarse con su mujer —incluso sin tener la certeza de que estaba viva— y finalizar su trabajo en torno a la logoterapia.

Muchas investigaciones han relacionado el sentido o el propósito vital con la mejora de la salud y el aumento de la esperanza de vida de las personas, algo que resaltan Frances Miralles y Héctor García en sus observaciones sobre la isla de Okinawa. Esto sucede independientemente del nivel social o económico de las personas. También se ha visto que otorga estabilidad emocional, mejora la toma de decisiones y fomenta hábitos saludables, entre otras muchas cosas.

Por supuesto, tener un propósito en tu vida o en tu trabajo te protege del *burnout*, así que vamos a sumergirnos en este tema fascinante.

Relación entre sentido y *burnout*

La **falta de sentido en el trabajo** es una de las causas del *burnout* más sólidamente establecidas por la ciencia. Sucede cuando lo que hacemos no conecta con nuestros valores, con nuestros intereses más profundos o con lo que deseamos conseguir en nuestra vida, con alguno de nuestros *ikigai*. **A la vez**, cuando el *burnout* se agrava, nos afecta más espiritualmente y **nos incapacita para sentirnos autorrealizados** con nuestra ocupación. Este es, para mí, el fondo del pozo del *burnout*: cuando ese trabajo que antes te llenaba de ilusión te deja vacío y desorientado. Y lo que es peor, el *burnout* puede llevarte a tener esa sensación en todos los ámbitos de tu vida.

Desde pequeño, he buscado con intensidad el sentido o el propósito de mi vida. Me refiero a que, con doce años, ya me hacía esta pregunta. Y de una forma bastante dramática: como no le veía ningún sentido a ir al colegio por las mañanas —además, había un profesor al que no le caía bien y me daba miedo—, me entristecía pensar que mi vida iba a ser siempre así. No le veía ningún sentido. Y la idea de la vida laboral como esa tortura pero «para mayores» no mejoraba la situación. ¿A qué no sabes lo que me pasaba con doce años? Tenía *burnout*. Vale, quizá esté exagerando, pero desde luego sentía cosas muy parecidas a las que sentí de manera temporal años después durante mi crisis de *burnout* más fuerte: esa sensación de neblina y vacío al mirar hacia el futuro, esa que te hace creer que nada te podrá llenar de nuevo. Curiosamente, con quince años leí *El hombre en busca de sentido*, de Viktor Frankl, y mi juventud temprana estuvo muy marcada por un viaje religioso y espiritual en busca de mi vocación y del sentido de mi vida, lo que me llevó a aprender unas cuantas lecciones que te quiero transmitir en este capítulo.

Una de las primeras reflexiones que quiero que te lleves es que, aunque tu trabajo no te guste demasiado, la realidad es que te da un motivo para levantarte de la cama cada mañana. He visto a personas deprimirse tras dejar un trabajo que no les gustaba, porque de repente no eran capaces de encontrar nada que les motivara lo suficiente para avanzar en su día a día. En este sentido, el trabajo nos pone al servicio de otras personas y nos hace dar algo de nosotros cada día. Nos da una responsabilidad, sea la que sea. Y es evidente que los humanos necesitamos eso para sentirnos plenos, necesitamos tener un rol en este mundo y el trabajo suele ser satisfacer esa necesidad. La idea, claro, sería conseguir que ese motivo se transforme en algo luminoso que no nos empuje por pura obligación, sino también por ilusión y deseo.

¿Qué nos lleva a la falta de sentido en el trabajo? ¿Cómo podemos recuperarlo? Vamos a responder a estas preguntas.

El psiquiatra «exitoso»

Cuando llevaba un año en el hospital donde me formé, recibimos una charla de uno de los psiquiatras con más fama en España. Todos teníamos ganas de saber lo que nos iba a contar, porque no nos importaría seguir sus pasos hacia el éxito profesional. En esa charla, nos dijo lo siguiente: «Existen cuatro tipos de psiquiatra. Y es importante que sepáis desde el principio a qué grupo queréis pertenecer. El primer tipo es el de los psiquiatras que están quemados y que ya pasan de todo. Solo quieren cumplir con sus horas de trabajo, hacen las cosas a medio gas y su principal motivación es volver a casa lo antes posible».

Todos pensamos: «No, yo no quiero ser de ese grupo, qué mal».

«El segundo tipo son los que solo piensan en ganar dinero. Tienen su consulta privada, trabajan muchas horas allí y así consiguen una posición económica especial que, todos lo sabemos, no se puede alcanzar en el sistema público».

Entonces pensamos: «Uf, qué deshonra, el dinero es malo. Vamos a ver el siguiente».

«El tercer tipo son los psiquiatras a los que únicamente les interesa el poder político y se codean con personas de las altas esferas para influir en decisiones importantes».

Yo ni siquiera sabía que existía esa opción, y creo que mis compañeros tampoco, así que pensamos: «Venga, ¡ahora viene el bueno! ¡Dinos cuál debe ser nuestro futuro!».

«Y el cuarto tipo... El cuarto tipo son los psiquiatras que quieren tener reconocimiento en la comunidad científica, que consagran su tiempo a la investigación, que saben que tienen que publicar mucho y esforzarse para algún día llegar alto. Yo estoy en ese grupo. Vosotros tenéis que elegir».

He recordado muchas veces aquella charla a lo largo de los años. Aquel hombre quería vendernos su modelo de trabajo, lo que para él era el *ikigai*, manipulándonos con bastante poca sutileza. Sin embargo, muchos de los que le escuchamos nos quedamos fríos porque ninguna de sus opciones reflejaba nuestra vocación, lo que nos había empujado a hacernos médicos y psiquiatras: ayudar a las personas a través de nuestra pasión por el cuerpo y la mente humana.

Yo tenía este tema bastante trabajadito, pues ya me había enfrentado a esa manera de pensar en la facultad —una mentalidad muy frecuente en el mundo académico de la medicina—, pero hubo compañeros que acabaron siguiendo ese cuarto camino a pesar de que no era realmente el suyo. Y, obviamente, acabaron quemados. Otros sí deseaban entrar en ese mundo científico-médico y fueron felices allí.

Te cuento esto porque, probablemente, la manera más peligrosa de acabar en *burnout* por falta de sentido es comprarle la

definición de éxito a otra persona, o a una empresa, una que nada tiene que ver con quién eres ni con tus valores. Y esto se puede aplicar a cualquier ámbito de la vida. El miedo suele jugar un papel muy importante aquí: miedo a no encajar, a morirte de hambre o a quedarte fuera del grupo.

Por lo tanto, si quieres evitar este factor de riesgo para acabar quemado, debes hacerte esta pregunta con mucha frecuencia: «¿Es este el camino que deseo?». Y debes responder con honestidad. Otra formulación de la misma pregunta sería: «¿Qué es lo que quiero de verdad?». Para mí, esa es la pregunta más difícil, peligrosa e interesante que nos podemos hacer en la vida. Por eso entiendo que no te guste o que te resulte incómoda y que su respuesta te lleve a meterte en un berenjenal. Pero, si lo ves claro, lo único que te puedo recomendar es que seas valiente y sigas el rumbo que te marca tu alma. Siempre habrá una manera de avanzar poco a poco y que no sea tan dramático como parece. Conviene repetirse esta pregunta de vez en cuando porque nuestro *ikigai* puede cambiar según vamos evolucionando.

Una vez más, te invito a levantar la mirada del libro y, sin dejarte llevar por la promesa de dopamina de mirar tu móvil, a hacerte estas preguntas: «¿Es este el camino que deseo en mi trabajo? ¿Cuál sería si no?».

No te preocupes, no te voy a dejar a solas con ellas. Simplemente quería que tuvieras un punto de partida. Veremos en seguida herramientas interesantes de las que echar mano.

El sentido en las organizaciones

Antes de pasar a un plano de trabajo más personal, quiero recalcar que esto del propósito no está únicamente en manos de las personas, igual que todo lo relacionado con el *burnout*. En las empresas e instituciones hay muchas decisiones que se toman y que van a afectar al *ikigai* de todos los miembros, para bien o para mal. Hay que tener esto muy en cuenta, porque cuando un trabajador no le ve sentido a su trabajo, es un trabajador potencialmente quemado.

Hace poco una profesora de instituto me hablaba de cómo la **burocracia** absorbía cada vez más su tiempo, restándoselo a lo que realmente era su vocación: enseñar desde la creatividad y el contacto con sus alumnos. Eso estaba afectando mucho a la autorrealización que sentía con su trabajo.

Pero además de las tareas que no están alineadas con nuestros talentos o que sentimos como inútiles, hay otros elementos que hay que destacar. La **falta de control** sobre los resultados o la falta de autonomía también pueden afectar drásticamente a la autorrealización de la persona. Cuando un profesional no sabe qué resultados está teniendo su trabajo, porque es solo una mínima pieza dentro de una maquinaria enorme, es fácil que se desmotive y deje de verle el sentido a lo que hace. Esto sucede con más frecuencia, como es lógico, en las grandes multinacionales. También que las personas sientan que no pueden controlar hacia dónde va su carrera o que no tengan nada que decir sobre las decisiones que afectan directamente, puede tener un impacto negativo en la conexión con el sentido que les genera el trabajo. Pueden llegar a sentirse como meras piezas en un tablero de ajedrez en el que las protagonistas son otras personas, no ellos.

Otro elemento frecuente relacionado con la falta de sentido es la **desalineación de valores** entre un empleado y su empresa. Además de los ejemplos evidentes de choque frontal de valores, hay situaciones en las que esto se da de forma más sutil. Por ejemplo, pasa con las *start-ups*. Los trabajadores más aventureros empiezan a aburrirse cuando la empresa crece y todo se formaliza. He escuchado frases como «Hemos perdido la frescura» o «Siento que esto ya no tiene sentido». Muchas veces esto tiene que ver con esa desconexión con los valores que una vez existieron y que fueron cambiando. Esto no habla necesariamente mal de la organización, que quizá necesite eso en su nueva etapa, pero no se adapta a lo que ciertos empleados necesitan.

De forma similar, la **rutina y la monotonía** pueden matar la sensación de autorrealización de los trabajadores. Ya te hablé de mi hermano, el policía, que en una etapa de su carrera se encontró haciendo tareas repetitivas día tras día; realmente recibía pocos estímulos estresantes aparentes... y aun así se quemó. Su frase fue: «En mi departamento estamos todos quemados». Si en un departamento todo el mundo está quemado, quizá haya que plantearse que no debería existir o encontrar una manera diferente de realizar esas funciones.

¿Cambiar de trabajo o no?

Cuando alguien con *burnout* empieza a sentir la falta de autorrealización, una de sus inquietudes es si debería cambiar de trabajo. Como te he dicho, el propio *burnout* mina tu capacidad de sentirte realizado y, al sentir ese vacío, una de las conclusiones a las que puedes llegar es que el problema es el trabajo en sí mismo, así que, si lo cambias, todo volverá a estar bien. De este modo, algunas personas inician una peregrinación que las lleva de empresa en empresa, incluso de una carrera profesional a otra, sin encontrarse nunca satisfechos ni superar su *burnout*. ¿Por qué pasa esto? Cuando el problema te persigue allá donde vas, suele ser porque lo llevas dentro.

Mi propuesta es empezar siempre trabajando en ti mismo. De todas las personas que siguen mi programa para el *burnout*, el 90 por ciento llegan al final sin deseos de cambiar de trabajo. No hace mucho, llegó al programa una abogada que estaba apuntada a las oposiciones de policía, tenía intención de cambiar de rumbo drásticamente. Pensaba que su vocación no era la abogacía; tras años ejerciendo esa profesión, creía que se había equivocado. Sin embargo, tras completar su recorrido con nosotros, nos regaló esta frase: «He vuelto a conectar con el motivo por el que estudié Derecho y creo que ese es mi camino». El estrés, el dolor y el malestar físico del *burnout* la habían llevado a la conclusión equivocada.

Este es uno de tantos casos que he visto con este patrón. Muchas veces simplemente necesitas un cambio de enfoque sobre tu manera de trabajar, tu empresa o tu profesión, y esto encaja muy bien con la idea sencilla del *ikigai*, que se puede encontrar de muchas maneras. Ahora bien, también es cierto que hay un 10 por ciento que necesita ese cambio de rumbo. A continuación, te daré herramientas importantes para afrontar los dos casos.

El *ikigai* de lo sencillo

Una de las cosas que más me gusta y que me aportó el concepto de *ikigai* es que se aleja del dramatismo del concepto del sentido de la vida y de la vocación más occidentales. Durante una etapa de mi vida, estaba constantemente preocupado pensando en que aún no había descubierto mi verdadero propósito y en que cada día que pasaba sin encontrarlo era un día perdido en el que no estaba siendo feliz de verdad. ¡Cómo me encantaba pensar que todo dependía de mí y de mi esfuerzo! Era una buena táctica para llenar el vacío que sentía, aunque en realidad solo conseguía estresarme.

Si estás buscándole sentido a lo que haces, es muy buena idea ir reenfocando poco a poco las cosas. Para empezar, puedes buscarle sentido a tu vida **fuera del trabajo**. Esto parece evidente, pero no lo es tanto, porque, como ya hemos hablado, muchas personas con *burnout* han puesto todos los «huevos» de su vida en la misma cesta y, por lo tanto, cuando el trabajo deja de llenarles, no tienen nada más a lo que agarrarse. Trabajar en encontrar ilusión y sentido, o incluso obsesión, en algo ajeno a tu trabajo ya es una buena manera de llenar el vacío que el *burnout* te está dejando y equilibrar las cosas. Una buena amiga es ingeniera en una gran multinacional y siempre ha sido muy buena en lo que hace. Cuando fue madre, indudablemente, ese nuevo *ikigai* desbancó al anterior. Ella me decía algo así como: «Ahora mi propósito es crear una familia feliz y tengo claro que esa es mi prioridad». Esta es la realidad de muchas personas, pero a veces parece que hay que esconderse y avergonzarse por dejar de ser el número uno en el ámbito laboral para abrazar otros propósitos. El tiempo y las energías son limitadas, y es sabio elegir dónde queremos poner nuestro foco en cada etapa

Siguiendo esta línea, una de las cosas más **difíciles** que invito a hacer a las personas con *burnout* es encontrar aficiones o intereses personales cuando no los tienen. En serio, es de las cosas que más les cuesta. Hay personas que realmente no han tenido nunca algo que les haya interesado u obsesionado, fuera de su trabajo o de estar con otras personas. Esto las deja en una situación de vulnerabilidad importante frente a posibles pérdidas vitales, además de que están dejando de disfrutar de una parte muy bella de la vida. Luego te daré unas recomendaciones que pueden ser útiles para avanzar en esto.

Por otro lado, en el **propio trabajo** se puede aplicar el *ikigai* buscando el sentido en matices y detalles. Por ejemplo, puedes centrarte en cómo estás ayudando a las personas con tu trabajo. Todos los trabajos generan un servicio a la sociedad, ya sea directo o indirecto; si no, nadie te pagaría por ello. Reconectar con eso puede ser de las cosas que más sentido den a un trabajo.

Hacer las cosas con excelencia —que no perfeccionismo—, es decir, con más mimo y con más presencia, también puede llenar mucho. Como si trabajar fuera una meditación, como si quisieras hacer una obra de arte de ello, aunque solo tú la vayas a disfrutar. Esto está además relacionado con lo que veíamos en el capítulo anterior sobre la atención y la motivación.

Otro elemento que considerar son las personas que nos rodean en el trabajo. Si tienes una posición de liderazgo, el hecho de ser un buen líder y generar confianza, seguridad y cercanía en tu equipo puede ser todo un reto y un propósito que te llene profundamente. También la conexión con tus compañeros o tus clientes, las vivencias compartidas y la comunicación pueden ser una gran fuente de sentido.

Finalmente, creo que la variedad y los retos son fundamentales para sentir la energía de un propósito. La monotonía es uno de los elementos que matan el sentido, así que será bueno para ti proponerte nuevas actividades, formaciones u objetivos que te saquen del estancamiento en el trabajo. Obviamente, con cabeza y teniendo en cuenta el tiempo del que disponemos y el estrés que manejamos, pues el hecho de añadir más cosas a la agenda puede empeorar la situación y hacer que no podamos conectar con nada nuevo.

El concepto de *ikigai* nos invita a valorar lo ordinario, lo pequeño, lo que a menudo pasa desapercibido. A veces, el sentido está en esos pequeños momentos que normalmente ignoramos: disfrutar de una taza de café por la mañana, charlar con un colega de trabajo, realizar bien una tarea. No siempre tiene que ser algo espectacular.

Con todo lo expuesto hasta aquí, creo que tienes un campo de experimentación muy amplio que, junto con todas las otras cosas que cuento en este libro, puede ser más que suficiente para reconectar con el sentido de tu trabajo.

Aun así, vamos a ponernos un poco más épicos.

La búsqueda del gran propósito

Quizá en tu caso tienes claro que quieres cambiar de trabajo o de rumbo vital, porque, por más que lo intentas, ves que ese no es tu camino. Hay algo que te quema por dentro y necesitas encontrar un propósito sólido que te llene. Si es así, me gustaría ayudarte en esa búsqueda.

Un primer punto a tener en cuenta es que los grandes relatos sobre el sentido de la vida o del trabajo que hayas recibido probablemente **no sean suficientes**. No digo que sean falsos o inútiles, solo digo que no bastan para llenarte, y por eso te sientes así. Te pondré un ejemplo.

Tengo una buena amiga que está atravesando ahora una gran crisis de sentido vital. Ella es creyente y el sentido de su vida se ha basado de forma muy sólida en lo que la religión cristiana le había indicado. Sin embargo, eso no ha sido suficiente. Hace poco me dijo esta frase: «Tengo todo lo que siempre he querido y lo que me han dicho que me tendría que hacer feliz, pero me siento vacía. Me siento traicionada y engañada». ¿Qué ha pasado aquí? Para mí, el problema no está tanto en el relato de sentido que ella ha elegido, sino en que para su caso concreto no era suficiente. Y debido a que se ha confiado demasiado en esa promesa externa de sentido, ha dejado de hacer su búsqueda personal, lo que la ha llevado al vacío. Como además es una persona muy inquieta espiritualmente, el vacío es grande. Esto se acompaña de emociones desagradables como la culpa, pues, cuando no nos satisface lo que otros nos han dicho que debería funcionar, tendemos a pensar que el problema está en nosotros y no en la idea de propósito que nos han transmitido, o creemos que no hemos sabido adaptar bien esa idea a lo que somos, como pienso que sucede muchas veces con la religión.

Muchas personas no se sienten realizadas con sus trabajos a pesar de haber conseguido todo lo que se supone que tenían que conseguir, lo que su colectivo profesional siempre había entendido como éxito, lo que su familia esperaba o lo que la sociedad le decía. Entonces aparece ese inquietante pensamiento: «¿Y esto era todo?», una pregunta que caracteriza a las personas que han cumplido todos los hitos vitales, pero que aun así se sienten vacías. Quizá sí era «todo» lo que esa idea de sentido te podía aportar, pero por supuesto que no es todo lo que la vida tiene para ti si te abres a nuevos caminos. Así que repito: es fundamental que encuentres tu propio relato de sentido vital, tu propio *ikigai*, independientemente de en dónde te apoyes, de qué modelos sigas, de qué objetivos te marques o de cuáles sean tus creencias.

Otro punto importante en la búsqueda de tu propósito vital es entender que **no va a ser un flechazo instantáneo**, salvo en raras excepciones. No lo vas a encontrar repentinamente debajo de una piedra, por suerte o por casualidad. Y mucho menos lo pensando tirado en el sofá o meditando. Mi experiencia personal es este tema me ha mostrado que tu propósito lo vas encontrando **dentro de ti** en la medida en que **vives experiencias** y **pruebas cosas**. Es algo que se va tejiendo según te vas conociendo y te vas relacionando con la vida. Lo creas tú y a la vez se te regala, lo descubres. Las dos cosas a la vez, aunque parezca contradictorio.

Pero para ello es fundamental escuchar tus sensaciones y tu cuerpo, cómo te vas sintiendo con cada pequeña experiencia nueva. **No se trata tanto de pensar como de sentir.** Por eso, a los que somos muy racionales nos cuesta tanto tener claro nuestro propósito, porque vemos demasiadas opciones y no nos dejamos guiar por esa voz interna que nos va marcando el camino.

Y lo más esencial: el sentido de tu vida se va forjando a través de pequeñas (o a veces no tanto) **elecciones vitales.** En tus decisiones diarias te arriesgas y dices que sí a cosas y, dado que somos limitados, cada sí conlleva un no a otras cosas que no van a tener cabida en tu tiempo. La vida consiste en elegir con acierto qué síes coleccionamos de todos los que nos caben dentro.

Creo que todos tenemos muchos posibles *ikigai* y que, en función de las elecciones que vamos haciendo, son unos u otros los que se van desenvolviendo ante nosotros y nos acaban llenando de sentido. Estoy seguro de que hace unas décadas, en la época en la que los médicos teníamos mejor calidad de vida en este país, habría sido un buen médico de hospital. Sobre todo, si mi jefe me hubiera dejado un poco de libertad. Habría tenido mi consulta, mis cafés a media mañana y habría organizado algún grupo de terapia para el *burnout* en mi hospital. Pero las condiciones laborales que tenía despertaban tanto mi rabia que tuve que buscar otro camino. Eso me ha llevado a potenciar aspectos diferentes como la creatividad, el emprendimiento y la autonomía. Siento que estoy en «mi camino» profesional, pero también sé que no es el único que me podría haber hecho sentir así.

Al final, estamos en un diálogo constante con la vida. El asunto es asegurarnos de que ese diálogo no está construido con frases que están en disonancia con nuestra esencia, sino con las que nos suenan bien y reflejan quiénes somos. **Con unas cuantas será suficiente para llenar tu vida.** Pero repito: si quieres encontrar la ilusión, tendrás que pasar a la acción; difícilmente escucharás nada nuevo si sigues haciendo lo mismo una y otra vez.

La vocación no lo es todo

Quizá hayas encontrado tu gran propósito y tu *ikigai* en tu trabajo. ¿Está todo hecho entonces? No. Me gustaría recordar aquí a los profesionales sanitarios que se dejaron la piel y la vida en la pandemia del COVID-19. Yo no estuve en la primera línea de fuego, pero sí atendí a muchos que sufrieron traumas severos tras lo vivido. Fue una época en la que se mencionaba mucho la vocación, se les dieron muchas palmaditas en la espalda y muchos agradecimientos públicos, pero no se les subió el sueldo a pesar de dedicar más horas que nunca al trabajo, ni se les mejoraron las condiciones laborales que venían reclamando desde hacía años.

El concepto de vocación es un arma de doble filo que no debe ser usado a la ligera, ni por las organizaciones ni por las personas. En mi opinión, es evidente que las administraciones saben que los sanitarios aguantarán todo lo que les echen porque, al final, se deben a sus pacientes. Esto se utiliza muchas veces como excusa política para no hacer los cambios que se tienen que hacer. Aunque tengas claro tu propósito, ten en cuenta que eso no te va a proteger infinitamente contra el *burnout*. Es un protector, sí, pero tiene sus límites. Se te siguen aplicando todas las otras reglas que hemos mencionado en el libro y el exceso de estrés acabará con tu salud igual que le sucede al resto de la gente. Y, en tu caso, acabará también con tu vocación.

¿Tenemos una misión?

La cuestión del sentido es una cuestión espiritual, porque nos conecta con la trascendencia. Si tu vida o tu trabajo tienen un sentido es porque, de alguna manera, te sacan de ti mismo, de tu vida y de tus problemas y te hacen apuntar más allá de ti. A veces la gente me pregunta si creo que tenemos una misión, algo para lo que Dios, el universo o como lo quieras llamar nos ha elegido. Desde luego, esta pregunta es espiritual, está en un plano en el que solo puedes creer o no creer en base a lo que has experimentado, no hay más. Mi experiencia espiritual personal me lleva a pensar que sí, que tengo una misión y que todos la tenemos. Como ya te he contado, esa idea me llevó a utilizar métodos de búsqueda muy equivocados durante un tiempo y, sobre todo, a frustrarme. Ahora entiendo que esa misión no es algo cerrado, un destino único o específico, es más una dirección que se te marca y en la que tú vas construyendo también. Y no creo que vaya a venir una voz divina a revelártela en medio de una tormenta, al menos a mí no me ha pasado. La manera de buscar y relacionarte con esa trascendencia está en el día a día, en probar cosas y en escucharte por dentro, algo que te servirá tengas las creencias que tengas y sea cual sea esa misión para ti.

Al final, se trata de navegar por ese paisaje tan especial de la vida donde solo podemos seguir la voz sin voz que tenemos dentro.

16

Decisiones

Dos caminos se bifurcaban en un bosque y yo,
yo tomé el menos transitado,
y eso marcó la diferencia.

Robert Frost, *El camino no tomado*

Para salir del *burnout* debes tomar decisiones. Debes **actuar** porque, si no lo haces tú, nadie lo va a hacer por ti. Y porque la vida no te va a poder devolver nada si solo lees o piensas.

En primer lugar, deberías **comunicar** en tu empresa u organización lo que está sucediendo. Siempre. A recursos humanos, a tu gerente, directivo o a quien tengas por encima. A la figura o departamento correspondiente. Habrá respuesta o no, pero es importante que quede claro que lo que te ocurre no solo tiene que ver contigo. No eres un eslabón débil en una cadena perfecta, sino un ser humano normal en un sistema y una cultura antinaturales. Y por eso, tu *burnout* siempre será normal. Siempre que haya un caso de *burnout* el sistema debe tener noticia para que surjan soluciones que vengan de él y así evitar que les suceda a otras personas o, al menos, para que no quede oculto y haya una estadística real al respecto.

Y si eres autónomo o empresario, comunícatelo a ti mismo. Siéntate delante de un espejo y sé honesto con cómo te estás sintiendo. Y actúa en consecuencia, porque si no, todo irá a peor. Si tienes socios o un equipo cercano, será bueno que sepan que necesitas cambiar cosas y por qué los necesitas. No pasa nada por mostrar que no somos indestructibles, seguro que eres un buen ejemplo para los que tienes debajo.

Después, sea cual sea tu trabajo o posición, debes intentar hacer **cambios en ti**. Tienes que ir poco a poco, planteándote un objetivo cada semana. Una pequeña victoria diaria que te suponga poco tiempo, que te obligue a poner límites físicos y mentales al trabajo, que te lleve a mejorar tus hábitos físicos y de descanso, que favorezca tu crecimiento psicológico y la conexión con tu parte más espiritual. El camino del cuidado. Y si la naturaleza es tu compañera en alguna medida, lo tendrás mucho más fácil.

El *burnout* es la pandemia de la cultura occidental. Es la **enfermedad del ser humano desconectado**.

Estamos desconectados de nuestra propia naturaleza y de la naturaleza que nos rodea. Pretendemos vivir según unas reglas artificiales que nos hemos inventado y que no nos sirven, y por eso nuestro cuerpo y nuestra mente acaban enfermando.

Pensamos que siendo hiperactivos e hiperproductivos le sacaremos más partido a la vida, pero solo logramos que esta se nos escape de las manos como la arena de la playa entre los dedos.

Hoy mismo, antes de escribir estas palabras, estaba entrenando en la ribera del río que hay cerca de mi casa. Siempre tengo una lista infinita de tareas por hacer, pero se queda encima de mi escritorio, no en mi cabeza. Yo estaba sobre la hierba radiante y húmeda, con el sol acariciándome la piel y trabajando en mi interior, y las montañas majestuosas de fondo. En paz. Y me preguntaba cuál era el mejor mensaje que te podía transmitir ahora que has llegado al final de este viaje conmigo. La respuesta es: no olvides que **este momento no volverá**. Que la vida es un regalo que se te da a cada instante. Y que el estrés crónico y el *burnout* te arrebatan cada uno de esos momentos.

Momentos que no volverán.

Allí, respirando el aroma de los árboles y disfrutando el otoño luminoso, me di cuenta de que no había **nada más importante** que esas montañas, que ese sol, que mi respiración. Me di cuenta de que ese presente era insuperable, no porque fuera bonito, sino porque era mi presente. Vivimos agotados dando vueltas y vueltas para intentar conectar de nuevo con algo que nos llene. Peleamos por volver a sentir la vida como alguna vez lo hicimos, quizá hace ya muchos años, en los veranos de cuando éramos niños. Y esa pelea solo nos lleva a más agotamiento y más desconexión.

Lo más fascinante de todo es que **no hay nada que ganarse**. El presente y la vida en su sencillez pueden llenarte y son ya tuyos por derecho, por regalo. Da igual cuánto dinero ganes, cuantos éxitos coseches o cuánta gente esté satisfecha contigo. La vida es tuya porque sí. Simplemente, tienes que detenerte, aferrarte a ella y volver a vivir.

Detente.

Aférrate a la vida.

Y vuelve a vivir.

Y el verano será **eterno**.

He visto a muchas personas hacer ese camino de vuelta conmigo y sé que tú podrás hacerlo también.

Me encantaría seguir ayudándote cada día a recorrerlo con mis consejos, mis nuevos aprendizajes diarios y mis aventuras. Así que renuevo, por última vez, mi invitación a que te unas a mi lista de e-mail gratuita; cada día te haré reconectar en medio de tu rutina. Junto al test de *burnout* que te regalo al unirte, puede ser una muy buena **decisión** para empezar una nueva vida.

Te espero al otro lado:

https://carloscenalmor.com/test-libro

Y si quieres que me ponga a tu servicio con la herramienta más potente que tengo, esa que hará que el *burnout* pase a la historia de tu vida en tan solo tres meses, aquí tienes toda la información sobre mi **programa CIMA para el** *burnout*.

www.carloscenalmor.com/metodoCIMA-libro

Cuídate mucho y disfruta de la vida.

Carlos Cenalmor

BIBLIOGRAFÍA

Capítulo 1

Adecco Group, (2023). *Global workforce of the future: 2023 report. Adecco Group.* <https://www.adecco.com>.

Agencia Europea para la Seguridad y la Salud en el Trabajo (EU-OSHA) (2014). *La estimación del coste del estrés y los riesgos psico-sociales relacionados con el trabajo: Revisión bibliográfica.* Oficina de Publicaciones de la Unión Europea. <https://doi.org/10.2802/20493>.

Balayssac, D., Pereira, B., Virot, J., Collin, A., Alapini, D., Cuny, D., Gagnaire, J. M., Authier, N., Vennat, B., (2017) «Burnout, associated comorbidities and coping strategies in French community pharmacies-BOP study: A nationwide cross-sectional study». *PLoS One.* 11 de agosto de 2017; 12(8):e0182956. <DOI: 10.1371/journal.pone.0182956. PMID: 28800612; PMCID: PMC5553933>.

Cooper, C. L., Liukkonen, P., y Cartwright, S., (1996) *Stress prevention in the workplace: assessing the costs and benefits to organisations.* Dublin: European Foundation for the Improvement of Living and Working Conditions.

Gallup, (2019). «Employee burnout, causes and cures». *State of the global workplace:* Gallup, Inc.

—, (2020). *Gallup's perspective on employee burnout: Causes and cures.* Gallup, Inc.

—, (2021). *State of the global workplace 2021 report.* Gallup, Inc. <https://bendchamber.org/wp-content/uploads/2021/12/state-of-the-global-workplace-2021-download.pdf>.

Iacovides, A., Fountoulakis, K., Kaprinis, S., & Kaprinis, G., (2003). «The relationship between job stress, burnout and clinical depression». *Journal of affective disorders*, 75 3, 209-21. <https://doi.org/10.1016/S0165-0327(02)00101-5>.

Lastovkova, A., Carder, M., Rasmussen, H. M., Sjoberg, L., Groene, G. J., Sauni, R., Vevoda, J., Vevodova, S., Lasfargues, G., Svartengren, M., Varga, M., Colosio, C., y Pelclova, D., (2018). «Burnout syndrome as an occupational disease in the European Union: an exploratory study». *Industrial health*, 56(2), 160–165. <https://doi.org/10.2486/indhealth.2017-0132>.

Maslach, C., Schaufeli, W. B., & Leiter, M. P., (2001). «Job Burnout». *Annual Review of Psychology*, 52(1), 397–422. <https://doi.org/10.1146/annurev.psych.52.1.397>.

Organización Internacional del Trabajo (OIT) (2016). *Estrés en el trabajo: Un reto colectivo*. Servicio de Administración del Trabajo, Inspección del Trabajo y Seguridad y Salud en el Trabajo - LABADMIN/OSH. Ginebra: OIT.

The American Institute of Stress (2022). *What is Stress?* <https://www.stress.org/what-is-stress/#:~:text=Probably%20the%20most%20common%20is,individual%20is%20able%20to%20mobilize.%E2%80%9D>.

Vaillant, G. E., (2012). *Triumphs of Experience: The Men of the Harvard Grant Study*. Belknap Press.

Waldinger, R., y Schulz, M., (2023). *The Good Life: Lessons from the World's Longest Scientific Study of Happiness*. Simon & Schuster.

World Health Organization., (2019). *Burn-out an «occupational phenomenon»: International classification of diseases* (11th rev.). <https://www.who.int/mental_health/evidence/burn-out/en/>.

Capítulo 2

Bayes, A., Tavella, G. y Parker, G., (2021). «The biology of burnout: Causes and consequences». *The World Journal of Biological Psychiatry*, 22, 686-698. <https://doi.org/10.1080/15622975.2021.1907713>.

Hobfoll, S. E., (1989). «Conservation of Resources: A New Attempt at Conceptualizing Stress». *American Psychologist*, 44(3), 513-524. <ttps://doi.org/10.1037/0003-066X.44.3.513>.

Iacovides, A., Fountoulakis, K., Kaprinis, S. y Kaprinis, G., (2003). «The relationship between job stress, burnout and clinical depression». *Journal of affective disorders*, 75 3, 209-21. <https://doi.org/10.1016/S0165-0327(02)00101-5>.

Maslach, C., y Leiter, M. P., (2016). «Burnout: A Multidimensional Perspective». En: Cooper, C. L., (Ed.), *The Handbook of Stress and Health: A Guide to Research and Practice* (pp. 68-85). Wiley-Blackwell.

Maslach, C., Schaufeli, W. B. y Leiter, M. P., (2001). «Job Burnout». *Annual Review of Psychology*, 52(1), 397–422. doi:10.1146/annurevpsych.52.1.397.

McEwen, B., (2008). «Central effects of stress hormones in health and disease: Understanding the protective and damaging effects of stress and stress mediators». *European journal of pharmacology*, 583 2-3, 174-85. <https://doi.org/10.1016/j.ejphar.2007.11.071>.

Organización Mundial de la Salud (OMS). *Clasificación Internacional de Enfermedades (CIE-11)*. Disponible en: <https://www.who.int/stan-

dards/classifications/classification-of-diseases>.Revise Sociology, (2022). *What Percentage of Your Life Will You Spend at Work?* <https://revisesociology.com/2016/08/16/percentage-life-work/?utm_content=cmp-true>.

Schaufeli, W. B. y Taris, T. W., (2014). «A Critical Review of the Job Demands-Resources Model: Implications for Improving Well-Being and Resilience in Employees». *Journal of Occupational Health Psychology*, 20(2), 147-169. <https://doi.org/10.1037/a0038874>.

Teixeira, R., Díaz, M., Santos, T., Bernardes, J., Peixoto, L., Bocanegra, O., Neto, M. y Espíndola, F., (2015). «Chronic Stress Induces a Hyporeactivity of the Autonomic Nervous System in Response to Acute Mental Stressor and Impairs Cognitive Performance in Business Executives». *PLoS ONE*, 10. <https://doi.org/10.1371/journal.pone.0119025>.

Tomar, A., Polygalov, D. y McHugh, T., (2021). «Differential Impact of Acute and Chronic Stress on CA1 Spatial Coding and Gamma Oscillations». *Frontiers in Behavioral Neuroscience*, 15. <https://doi.org/10.3389/fnbeh.2021.710725>.

Capítulo 3

Charmandari, E., Tsigos, C., Chrousos, G., (2005). «Endocrinology of the stress response». *Annual Review of Physiology*, 67:259-84. doi: 10.1146/annurev.physiol.67.040403.120816. PMID: 15709959. <https://pubmed.ncbi.nlm.nih.gov/15709959/>.

Cooke, A., Kavussanu, M., McIntyre, D. y Ring, C., (2010). «Psychological, muscular and kinematic factors mediate performance under pressure». *Psychophysiology*, 47(6), 1109–1118. <https://doi.org/10.1111/j.1469-8986.2010.01021.x>.

Dragoş D., Tănăsescu M. D., (2010). «The effect of stress on the defense systems». *Journal of Medicine and Life*, enero-marzo; 3(1):10-8. PMID: 20302192; PMCID: PMC3019042.

Jung, S., Choe, S., Woo, H., Jeong, H., An, H. K., Moon, H., Ryu, H. Y., Yeo, B. K., Lee, Y. W., Choi, H., Mun, J. Y., Sun, W., Choe, H. K., Kim, E. K., Yu, S. W., (2020). «Autophagic death of neural stem cells mediates chronic stress-induced decline of adult hippocampal neurogenesis and cognitive deficits». *Autophagy*. Marzo; 16(3):512-530. doi: 10.1080/15548627.2019.1630222. Epub 24 de junio de 2019. PMID: 31234698; PMCID: PMC6999625.

Lazarus, R. S. y Folkman, S., (1984). «Stress, Appraisal, and Coping». *Encyclopedia of Behavioral Medicine*. Springer.

Mark, G., (2023). *Attention Span: A Groundbreaking Way to Restore Balance, Happiness and Productivity*. Hanover Square Press.

McEwen, B. S., (2005). «Glucocorticoids, depression, and mood disorders: Structural remodeling in the brain». *Metabolism*, 54(5 Supl 1), 20-23. doi: 0.1016/j.metabol.2005.01.008

—, (2006)., «Protective and damaging effects of stress mediators: central role of the brain». *Dialogues Clinical Neuroscience*. 8(4):367-81. doi: 10.31887/DCNS.2006.8.4/bmcewen. PMID: 17290796; PMCID: PMC3181832.

—, (2007). «Central effects of stress hormones in health and disease: Understanding the protective and damaging effects of stress and stress mediators». *European Journal of Pharmacology*, 583(2-3), 174-185. https://doi.org/10.1016/j.ejphar.2007.11.071.

Segerstrom, S. C. y Miller, G. E., (2004). «Psychological stress and the human immune system: a meta-analytic study of 30 years of inquiry». *Psychological bulletin*, 130(4), 601–630. <https://doi.org/10.1037/0033-2909.130.4.601>. Selye, H., (1976). *The Stress of Life*. McGraw-Hill.

Capítulo 4

Anagnostopoulos, F., Demerouti, E., Sykioti, P., Niakas, D. y Zis, P., (2015). «Factors Associated with Mental Health Status of Medical Residents: A Model-Guided Study». *Journal of Clinical Psychology in Medical Settings*, 22, 90-109. <https://doi.org/10.1007/s10880-014-9415-2>.

Brill, P. L., (1984). «The need for an operational definition of burnout». *Family and Community Health*, 6(1), 12-24.

De la Gándara, J. J., (1998). *Estrés y trabajo: el síndrome del burnout*. Cauce Editorial.

Freudenberger, H., (1974). «Staff burnout». *Journal of Social Issues, 30*(1), 159-165.

Garcés de los Fayos Ruiz, E. J., (1996). *Tésis sobre burnout*.

Gil-Monte, P. R., (2005). *El síndrome de quemarse por el trabajo: una enfermedad laboral en la sociedad del bienestar*. Madrid, Pirámide.

Gong, Y., Han, T., Chen, W., Dib, H., Yang, G., Zhuang, R., Chen, Y., Tong, X., Yin, X., y Lu, Z., (2014). «Prevalence of Anxiety and Depressive Symptoms and Related Risk Factors among Physicians in China: A Cross-Sectional Study». *PLoS ONE*, 9. <https://doi.org/10.1371/journal.pone.0103242>.

Harrison, W. D., (1983). «A social competence model of burnout». En B. A. Farber (Ed.), *Stress and burnout in the human services professions* (pp. 29-39). Nueva York, Pergamon Press.

Ruisoto, P., Ramírez, M., García, P., Paladines-Costa, B., Vaca, S. y Clemente-Suárez, V., (2021). «Social Support Mediates the Effect of Burnout on Health in Health Care Professionals». *Frontiers in Psychology*, 11. <https://doi.org/10.3389/fpsyg.2020.623587>.

Capítulo 5

Bauman, Z., (2000). *Liquid Modernity*. Polity Press.

Frankl, V. E., (2015). *El hombre en busca de sentido*. Herder Editorial.

Fromm, E., (2008). *El miedo a la libertad*. Paidós.

Han, B. C., (2012). *La sociedad del cansancio*. Herder Editorial.

Harari, Y. N., (2015). *Sapiens. De animales a dioses: Breve historia de la humanidad*. Barcelona, Debate.

Jiang, L. y Probst, T., (2017). «The Rich Get Richer and the Poor Get Poorer: Country- and State-Level Income Inequality Moderates the Job Insecurity-Burnout Relationship». *Journal of Applied Psychology*, 102, 672–681. <https://doi.org/10.1037/apl0000179>.

Lederbogen, F., Haddad, L. y Meyer-Lindenberg, A., (2013). «Urban social stress-risk factor for mental disorders. The case of schizophrenia». *Environmental pollution*, 183, 2-6. <https://doi.org/10.1016/j.envpol.2013.05.046>.

Marchand, A., Blanc, M. y Beauregard, N., (2018). «Do age and gender contribute to workers' burnout symptoms?». *Occupational medicine*, 68 6, 405-411. <https://doi.org/10.1093/occmed/kqy088>.

Pontzer, H., Wood, B. M., y Raichlen, D. A., (2018) «Hunter-gatherers as models in public health». *Obesity Reviews*, 19: 24–35. <https://doi.org/10.1111/obr.12785>.

Proper, K. I., Picavet, H. S. J. y Bemelmans, W. J. E., (2013). «Sedentary behaviors and health outcomes among adults: a systematic review of prospective studies». *American Journal of Preventive Medicine*, 44(2), 182-190.

Purvanova, R., y Muros, J., (2010). «Gender differences in burnout: A meta-analysis». *Journal of Vocational Behavior*, 77, 168-185. <https://doi.org/10.1016/J.JVB.2010.04.006>.

Raiger, J., (2005)., «Applying a Cultural Lens to the Concept of Burnout». *Journal of Transcultural Nursing*, 16, 71-76. <https://doi.org/10.1177/1043659604270980>.

Richter, A., Al-Bayati, M., Paraskevopoulou, F., Krämer, B., Pruessner, J., Binder, E. y Gruber, O., (2021). «Interaction of FKBP5 variant rs3800373 and city living alters the neural stress response in the anterior cingulate cortex». *Stress*, 24, 421-429. <https://doi.org/10.1080/10253890.2020.1855420>.

Schaufeli, W. y Bakker, A., (2004). «Job demands, job resources, and their relationship with burnout and engagement: a multi-sample study». *Journal of Organizational Behavior*, 25, 293-315. <https://doi.org/10.1002/JOB.248>.

Silla, I., Cuyper, N., Gracia, F., Peiró, J. y Witte, H., (2008). «Job Insecurity and Well-Being: Moderation by Employability». *Journal of Happiness Studies*, 10, 739-751. <https://doi.org/10.1007/S10902-008-9119-0>.

Stubbs, B., Vancampfort, D., Smith, L., Rosenbaum, S., Schuch, F., Firth, J. y Hallgren, M., (2018), «Physical activity and mental health». *The Lancet Psychiatry*, 5(11), 873-882.

Capítulo 6

Arches, J., (1991). «Social structure, burnout, and job satisfaction». *Social work*, 36 3, 202-6. <https://doi.org/10.1093/SW/36.3.202>.

Barthauer, L., Kaucher, P., Spurk, D. y Kauffeld, S., (2020)., «Burnout and career (un)sustainability: Looking into the Blackbox of burnout triggered career turnover intentions». *Journal of Vocational Behavior*, 117, 103334. <https://doi.org/10.1016/J.JVB.2019.103334>.

Cal Newport, (2024). *Slow productivity. El arte secreto de la productividad sin estrés*. Kairós.

De la Gándara, J. J., (1998). *Estrés y trabajo: el síndrome del burnout*. Cauce Editorial.

Demerouti, E., Le Blanc, P. M., Bakker, A. B., Schaufeli, W. B. y Hox, J., (2009). «Present but sick: A three-wave study on job demands, presenteeism and burnout». *The Career Development International, 14*(1), 50–68. <https://doi.org/10.1108/13620430910933574>.

Fernet, C., Austin, S., Trépanier, S. y Dussault, M., (2013). «How do job characteristics contribute to burnout? Exploring the distinct mediating roles of perceived autonomy, competence, and relatedness». *European Journal of Work and Organizational Psychology*, 22, 123-137. <https://doi.org/10.1080/1359432X.2011.632161>.

Gil-Monte, P. R., (2005). *El síndrome de quemarse por el trabajo: una enfermedad laboral en la sociedad del bienestar*. Madrid, Pirámide.

Henning, R. A., Jacques, P., Kissel, G. V., Sullivan, A. B. y Alteras-Webb, S. M., (1997). «Frequent short rest breaks from computer work: effects on productivity and well-being at two field sites». *Ergonomics, 40*(1), 78–91. <https://doi.org/10.1080/001401397188396>.

Javier Cantera, (2023). *La salud mental en la empresa*. Almuzara.

Johnson, J., Corker, C. y O'Connor, D., (2020). «Burnout in psychological therapists: A cross-sectional study investigating the role of supervisory relationship quality». *Clinical Psychologist*, 24, 223-235. <https://doi.org/10.1111/cp.12206>.

Madathil, R., Heck, N. y Schuldberg, D., (2014). «Burnout in psychiatric nursing: examining the interplay of autonomy, leadership style, and depressive symptoms». *Archives of psychiatric nursing*, 28 3, 160-6. <https://doi.org/10.1016/j.apnu.2014.01.002>.

Messias, E., Flynn, V., Gathright, M., Thrush, C., Atkinson, T. y Thapa, P., (2021). «Loss of Meaning at Work Associated with Burnout Risk in Academic Medicine». *Southern Medical Journal*, 114, 139-143. <https://doi.org/10.14423/SMJ.0000000000001220>.

Portal de Transparencia (2023). Datos sobre bajas médicas por problemas de salud mental en España. <https://transparencia.gob.es/>.

Rollins, A., Eliacin, J., Russ-Jara, A., Monroe-DeVita, M., Wasmuth, S., Flanagan, M., Morse, G., Leiter, M. y Salyers, M., (2021). «Organizational conditions that influence work engagement and burnout: A qualitative study of mental health workers». *Psychiatric Rehabilitation Journal.* <https://doi.org/10.1037/prj0000472>.

Song, J., Liu, F., Li, X., Qu, Z., Zhang, R. y Yao, J., (2021). «The Effect of Emotional Labor on Presenteeism of Chinese Nurses in Tertiary-Level Hospitals: The Mediating Role of Job Burnout». *Frontiers in Public Health*, 9. <https://doi.org/10.3389/fpubh.2021.733458>.

Strelca, A., (2021). *Productivity research, experiments and statistics: DeskTime's best findings,* DeskTime. Tom DeMarco (2001). *Slack: Getting Past Burnout, Busywork, and the Myth of Total Efficiency.* Dorset House Publishing.

Capítulo 7

Arnsten, A. y Shanafelt, T., (2021). «Physician Distress and Burnout: The Neurobiological Perspective». *Mayo Clinic proceedings*, 96 3, 763-769. <https://doi.org/10.1016/j.mayocp.2020.12.027>.

Chow, Y., Masiak, J., Mikołajewska, E., Mikołajewski, D., Wójcik, G., Wallace, B., Eugene, A. y Olajossy, M., (2018). «Limbic brain structures and burnout-A systematic review». *Advances in medical sciences*, 63 1, 192-198. <https://doi.org/10.1016/j.advms.2017.11.004>.

Damasio, A. R., (1994). *Descartes' Error: Emotion, Reason, and the Human Brain.* Nueva York, Putnam.

Golkar, A., Johansson, E., Kasahara, M., Osika, W., Perski, A. y Savic, I., (2014). «The Influence of Work-Related Chronic Stress on the Regulation of Emotion and on Functional Connectivity in the Brain». *PLoS ONE*, 9. <https://doi.org/10.1371/journal.pone.0104550>.

Grossi, G., Perski, A., Osika, W. y Savic, I., (2015). «Stress-related exhaustion disorder-clinical manifestation of burnout? A review of assessment methods, sleep impairments, cognitive disturbances, and neuro-biological and physiological changes in clinical burnout». *Scandinavian Journal of Psychology*, 56 6, 626-36. <https://doi.org/10.1111/sjop.12251>.

Hultman, R., Mague, S.D., Li, Q., Katz, B., Michel, N., Lin, L., Wang, J., David, L.K., Blount, C., Chandy, R.J., Carlson, D., Ulrich, K.R., Carin, L., Dunson, D., Kumar, S., Deisseroth, K., Moore, S.D. y Dzirasa, K., (2016). «Dysregulation of Prefrontal Cortex-Mediated Slow-Evolving Limbic Dynamics Drives Stress-Induced Emotional Pathology». *Neuron, 91*, 439-452.

Lee, Y. y Goto, Y., (2011)., «Chronic stress modulation of prefrontal cortical NMDA receptor expression disrupts limbic structure–prefrontal cortex interaction». *European Journal of Neuroscience*, 34. <https://doi.org/10.1111/j.1460-9568.2011.07750.x>.

Miller, E. K. y Cohen, J. D., (2001). «An integrative theory of prefrontal cortex function». *Annual Review of Neuroscience*, 24, 167-202.

Van der Kolk, B. A., (2003). «The neurobiology of childhood trauma and abuse». *Child and Adolescent Psychiatric Clinics of North America*, 12(2), 293-317.

Capítulo 8

Biazus-Sehn, L. F., Schuch, F. B., Firth, J. y Stigger, F. S., (2020). «Effects of physical exercise on cognitive function of older adults with mild cognitive impairment: A systematic review and meta-analysis». *Archives of gerontology and geriatrics*, 89, 104048. <https://doi.org/10.1016/j.archger.2020.104048>.

Bouillon, R., (2017). «Comparative analysis of nutritional guidelines for vitamin D». *Nature Reviews Endocrinology*, 13, 466-479. <https://doi.org/10.1038/nrendo.2017.31>.

Bouza, E., Gil-Monte, P., y Palomo, E., (2020). «Work-related burnout syndrome in physicians in Spain». *Revista clínica española*. <https://doi.org/10.1016/j.rce.2020.02.002>.

Boyle, N. B., Lawton, C., y Dye, L., (2017). «The effects of magnesium supplementation on subjective anxiety and stress—A systematic review». *Nutrients*, 9(5), 429. <https://doi.org/10.3390/nu9050429>.

Breymeyer, K. L., Lampe, J. W., McGregor, B. A., Neuhouser, M. L., «Subjective mood and energy levels of healthy weight and overweight/obese healthy adults on high-and low-glycemic load experimental diets». *Appetite*. 1 de diciembre de 2016; 107:253-259. doi: 10.1016/j.appet.2016.08.008. Epub 6 de agosto de 2016.

Cryan, J. F., y Dinan, T. G., (2012). «Mind-altering microorganisms: the impact of the gut microbiota on brain and behaviour». *Nature Reviews Neuroscience*, 13(10), 701-712. <https://doi.org/10.1038/nrn3346>.

Díaz-Rizzolo, D. A., Kostov, B., Gomis, R. *et al.* «Paradoxical suboptimal vitamin D levels in a Mediterranean area: a population-based study». *Scientific Reports*, 12, 19645 (2022). <https://doi.org/10.1038/s41598-022-23416-1>.

Firth, J., Gangwisch, J. E., Borisini, A., Wootton, R. E. y Mayer, E. A., (2020). «Food and mood: how do diet and nutrition affect mental well-being?». *BMJ (Clinical research ed.)*, 369, m2382. <https://doi.org/10.1136/bmj.m2382>.

Hirshkowitz, M., Whiton, K., Albert, S. M., Alessi, C., Bruni, O., Don-Carlos, L., Hazen, N., Herman, J., Katz, E. S., Kheirandish-Gozal, L., Neubauer, D. N., O'Donnell, A. E., Ohayon, M., Peever, J., Rawding, R., Sachdeva, R. C., Setters, B., Vitiello, M. V., Ware, J. C. y Adams Hillard, P. J., (2015). «National Sleep Foundation's sleep time duration recommendations: methodology and results summary». *Sleep Health*, 1(1), 40–43. <https://doi.org/10.1016/j.sleh.2014.12.010>.

Instituto Nacional de Estadística (INE), (2022). «Ejercicio físico regular y sedentarismo en el tiempo libre». <https://www.ine.es/ss/Satellite?param1=PYSDetalleFichaIndicador&c=INESeccion_C&param3=12599

37499084&p=1254735110672&pagename=ProductosYServicios%2F PYSLayout&cid=1259944495973&L=0>.

Jacka, F. N., Pasco, J. A., Mykletun, A., Williams, L. J., Hodge, A. M., O'Reilly, S. L., Nicholson, G. C., Kotowicz, M. A., y Berk, M. (2010). «Association of Western and traditional diets with depression and anxiety in women». *American Journal of Psychiatry*, 167(3), 305-311. <https://doi.org/10.1176/appi.ajp.2009.09060881>.

Jomova, K. y Valko, M. «Advances in metal-induced oxidative stress and human disease». *Toxicology*. 10 de mayo de 2011, 283(2-3):65-87. doi: 10.1016/j.tox.2011.03.001. Epub 23 de marzo de 2023.

Kandola, A., Ashdown-Franks, G., Stubbs, B., Osborn, D. P. J., Hayes, J. F., «The association between cardiorespiratory fitness and the incidence of common mental health disorders: A systematic review and meta-analysis». *Journal of Affective Disorders*, 1 de octubre de 2019; 257:748-757. doi: 10. 1016/j.jad.2019.07.088. Epub 30 de julio de 2019. PMID: 31398589; PMCID: PMC6997883.

Kiecolt-Glaser, J. K., Belury, M. A., Andridge, R., Malarkey, W. B., y Glaser, R., (2011). «Omega-3 supplementation lowers inflammation and anxiety in medical students: A randomized controlled trial». *Brain, Behavior, and Immunity*, 25(8), 1725-1734. <https://doi.org/10.1016/j.bbi.2011.07.229>.

Ministerio de Sanidad, (2020). *Salud mental en datos: prevalencia de los problemas de salud y consumo de psicofármacos y fármacos relacionados a partir de registros clínicos de atención primaria*. BDCAP, Serie 2, datos 2017. Madrid.

Minkel, J., Banks, S., Htaik, O., Moreta, M., Jones, C., McGlinchey, E., Simpson, N., y Dinges, D., (2012). «Sleep deprivation and stressors: evidence for elevated negative affect in response to mild stressors when sleep deprived». *Emotion*, 12 5, 1015-20. <https://doi.org/10.1037/a0026871>.

Schuch, F. B., Vancampfort, D., Sui, X., Rosenbaum, S., Firth, J., Richards, J., Ward, P. B., Stubbs, B., «Are lower levels of cardiorespiratory fitness associated with incident depression? A systematic review of prospective cohort studies». *Preventive Journal, diciembre de 2016*, 93:159-165. doi: 10.1016/j.ypmed.2016.10.011. Epub 2016 Oct 17. PMID: 27765659.

Schuch, F. B., Vancampfort, D., Sui, X., Rosenbaum, S., Firth, J., Richards, J., Ward, P. B. y Stubbs, B., (2016). «Are lower levels of cardiorespiratory fitness associated with incident depression? A systematic review of prospective cohort studies». *Preventive Medicine*, 93, 159–165. <https://doi.org/10.1016/j.ypmed.2016.10.011>.

Stewart, N. y Arora, V., (2019). «The Impact of Sleep and Circadian Disorders on Physician Burnout». *Chest*. <https://doi.org/10.1016/j.chest.2019.07.008>.

Vina, J., Sanchis-Gomar, F., Martinez-Bello, V. y Gomez-Cabrera, M. C.,

(2012). «Exercise acts as a drug; the pharmacological benefits of exercise». *British Journal of Pharmacology, 167*(1), 1-12.

World Health Organization (WHO), (2020). *Global strategy on digital health 2020–2025.* <https://www.who.int/publications/i/item/978924 0015128>.

Yuguero, O., Marsal, J., Esquerda, M., Vivanco, L., y Soler-González, J., (2016). «Association between low empathy and high burnout among primary care physicians and nurses in Lleida, Spain». *The European Journal of General Practice*, 23, 4-10. <https://doi.org/10.1080/138147 88.2016.1233173>.

Capítulo 9

Dittner, A., Rimes, K., y Thorpe, S., (2011). «Negative perfectionism increases the risk of fatigue following a period of stress». *Psychology & Health*, 26, 253-268. <https://doi.org/10.1080/08870440903225892>.

D'Souza, F., Egan, S., y Rees, C., (2011). «The Relationship Between Perfectionism, Stress and Burnout in Clinical Psychologists». *Behaviour Change*, 28, 17-28. <https://doi.org/10.1375/bech.28.1.17>.

Eley, D., Bansal, V., y Leung, J., (2020). «Perfectionism as a mediator of psychological distress: Implications for addressing underlying vulnerabilities to the mental health of medical students». *Medical Teacher*, 42, 1301-1307. <https://doi.org/10.1080/0142159X.2020.1805101>.

Frost, R., Marten, P., Lahart, C., y Rosenblate, R., (1990). «The dimensions of perfectionism». *Cognitive Therapy and Research*, 14, 449-468. <https://doi.org/10.1007/BF01172967>.

Hill, A., y Curran, T., (2016). «Multidimensional Perfectionism and Burnout». *Personality and Social Psychology Review*, 20, 269-288. <https://doi.org/10.1177/1088868315596286>.

Kempke, S., Luyten, P., Mayes, L., Houdenhove, B., y Claes, S., (2016). «Self-critical perfectionism predicts lower cortisol response to experimental stress in patients with chronic fatigue syndrome». *Health Psychology: Official Journal of the Division of Health Psychology, American Psychological Association*, 35 3, 298-307. <https://doi.org/10.1037/ hea0000299>.

Magnusson, A., Nias, D., y White, P., (1996). «Is perfectionism associated with fatigue?». *Journal of Psychosomatic Research*, 41 4, 377-83 . <https:// doi.org/10.1016/S0022-3999(96)00189-4>.

Philp, M., Egan, S., y Kane, R., (2012). «Perfectionism, over commitment to work, and burnout in employees seeking workplace counselling». *Australian Journal of Psychology*, 64, 68-74. <https://doi.org/10.1111 /J.1742-9536.2011.00028.X>.

Rice, K., y Liu, Y., (2019). «Perfectionism and burnout in R&D teams». *Journal of Counseling Psychology*. <https://doi.org/10.1037/cou0000 402>.

Stoeber, J., y Rennert, D., (2008). «Perfectionism in school teachers: Relations with stress appraisals, coping styles, and burnout». *Anxiety, Stress, & Coping*, 21, 37-53. <https://doi.org/10.1080/10615800701742461>.

Wirtz, P., Siegrist, J., Rimmele, U., y Ehlert, U., (2008). «Higher overcommitment to work is associated with lower norepinephrine secretion before and after acute psychosocial stress in men». *Psychoneuroendocrinology*, 33, 92-99. <https://doi.org/10.1016/j.psyneuen.2007.10.003>.

Capítulo 10

Benotsch, E., Sawyer, A., Martin, A., Allen, E., Nettles, C., Richardson, D., y Rietmeijer, C., (2017). «Dependency Traits, Relationship Power, and Health Risks in Women Receiving Sexually-Transmitted Infection Clinic Services». *Behavioral Medicine*, 43, 176-183. <https://doi.org/10.1080/08964289.2017.1297291>.

Bornstein, R., (2012). «Illuminating a neglected clinical issue: societal costs of interpersonal dependency and dependent personality disorder». *Journal of Clinical Psychology*, 68 7, 766-81. <https://doi.org/10.1002/jclp.21870>.

Bramstedt, K., (2012). «Pathological Altruism». *Journal of Bioethical Inquiry*, 9, 211-212. <https://doi.org/10.1007/s11673-012-9362-2>.

Carson, A., y Baker, R., (1994). «Psychological correlates of codependency in women». *The International Journal of the Addictions*, 29 3, 395-407. <https://doi.org/10.3109/10826089409047388>.

Lin, L., Chan, M., Hendrickson, S., y Zuñiga, J., (2020). «Resiliency and Self-Care Behaviors in Health Professional Schools». *Journal of Holistic Nursing*, 38, 373-381. <https://doi.org/10.1177/0898010120933487>.

Maner, J., Luce, C., Neuberg, S., Cialdini, R., Brown, S., y Sagarin, B., (2002). «The Effects of Perspective Taking on Motivations for Helping: Still No Evidence for Altruism». *Personality and Social Psychology Bulletin*, 28, 1601-1610. <https://doi.org/10.1177/014616702237586>.

Newell, J., (2019). «An Ecological Systems Framework for Professional Resilience in Social Work Practice». *Social work*. <https://doi.org/10.1093/sw/swz044>.

Overholser, J., (1996). «The dependent personality and interpersonal problems». *The Journal of Nervous and Mental Disease*, 184 1, 8-16. <https://doi.org/10.1097/00005053-199601000-00003>.

Ozer, D., y Benet-Martínez, V., (2006). «Personality and the prediction of consequential outcomes». *Annual Review of Psychology*, 57, 401-21. <https://doi.org/10.1146/ANNUREV.PSYCH.57.102904.190127>.

Rijn, M., Jaarsma, T., Ginkel, J., y Weldam, S., (2022). «Association Between Self-care and Resilience». *The Journal of Cardiovascular Nursing*, 38, E70-E77. <https://doi.org/10.1097/JCN.0000000000000908>.

Staub, E., y Vollhardt, J., (2008). «Altruism born of suffering: the roots of caring and helping after victimization and other trauma». *The Ameri-*

can Journal of Orthopsychiatry, 78 3, 267-80. <https://doi.org/10.1037/a0014223>.

Thomas, G., y Batson, C., (1981). «Effect of helping under normative pressure on self-perceived altruism». Social Psychology Quarterly, 44, 127. <https://doi.org/10.2307/3033708>.

Capítulo 11

Bravata, D., Watts, S., Keefer, A., Madhusudhan, D., Taylor, K., Clark, D., Nelson, R., Cokley, K., y Hagg, H., (2019). «Prevalence, Predictors, and Treatment of Impostor Syndrome: a Systematic Review». Journal of General Internal Medicine, 35, 1252-1275. <https://doi.org/10.1007/s11606-019-05364-1>.

Clance, P. R., Imes, S. A., (1978). «The imposter phenomenon in high achieving women: Dynamics and therapeutic intervention». Psychother Theory Research and Practice 1978;15(3):241-7. Ferrari, M., Hunt, C., Harrysunker, A., Abbott, M., Beath, A., y Einstein, D., (2019). «Self-Compassion Interventions and Psychosocial Outcomes: a Meta-Analysis of RCTs». Mindfulness, 1-19. <https://doi.org/10.1007/S12671-019-01134-6>.

Fromm, E., (2007). El arte de amar. Paidós.

Grant, A., (2022). Piénsalo otra vez: El poder de saber lo que no sabes. Deusto.

Johnson, A., Jayappa, R., James, M., Kulnu, A., Kovayil, R., y Joseph, B., (2020). «Do Low Self-Esteem and High Stress Lead to Burnout Among Health-Care Workers? Evidence From a Tertiary Hospital in Bangalore, India». Safety and Health at Work, 11, 347-352. <https://doi.org/10.1016/j.shaw.2020.05.009>.

Jurado, M., Pérez-Fuentes, M., Linares, J., y Martín, A., (2018). «Burnout in Health Professionals According to Their Self-Esteem, Social Support and Empathy Profile». Frontiers in Psychology, 9. <https://doi.org/10.3389/fpsyg.2018.00424>.

Kolligian, J. Jr., Sternberg, R. J., (1991). «Perceived fraudulence in young adults: is there an "imposter syndrome"?» Journal of Personality Assessment, abril; 56(2):308-26. doi: 10.1207/s15327752jpa5602_10. PMID:2056424.

Kotera, Y., y Gordon, W., (2021). «Effects of Self-Compassion Training on Work-Related Well-Being: A Systematic Review». Frontiers in Psychology, 12. <https://doi.org/10.3389/fpsyg.2021.630798>.

Lai, K., Sarkar, C., Kumari, S., Ni, M., Gallacher, J., y Webster, C., (2021). «Calculating a national Anomie Density Ratio: Measuring the patterns of loneliness and social isolation across the UK's residential density gradient using results from the UK Biobank study». Landscape and Urban Planning, 215, 104194. <https://doi.org/10.1016/J.LANDURBPLAN.2021.104194>.

Capítulo 12

Antonelli, M., Barbieri, G., Donelli, D., «Effects of forest bathing (shinrin-yoku) on levels of cortisol as a stress biomarker: a systematic review and meta-analysis». *International Journal of Biometeorolgy*, agosto de 2019: 63(8):1117-1134. doi: 10.1007/s00484-019-01717-x. Epub 18 de abril de 2019. PMID: 31001682.

Chevalier G., Sinatra S. T., Oschman J. L., Sokal K., Sokal P., (2012) «Earthing: Health implications of reconnecting the human body to the earth's surface electrons». *Journal of Environmental and Public Health*, Article ID 291541.

Chevalier, G., (2015). «The Effect of Grounding the Human Body on Mood. Psychological Reports», 116(2), 534-542. <https://doi.org/10.2466/06.PR0.116k21w5>.

Goto, S., Takase, H., Yamaguchi, K., Kato, T., Sun, M., Koga, A., Liang, T., Poy, I., y Herrup, K., (2023). «Correlating stress reduction and eye movement patterns in a world famous Kyoto Japanese garden». *BioRxiv*. <https://doi.org/10.1101/2023.08.21.554170>.

Hansen, M., Jones, R. J. F., y Tocchini, K., (2017). «Shinrin-Yoku (Forest Bathing) and Nature Therapy: A State-of-the-Art Review». *International Journal of Environmental Research and Public Health*, 14. <https://www.mdpi.com/1660-4601/14/8/851>.

Li, Q., (2022). «Effects of Forest Environment (Shinrin-yoku/Forest Bathing) on Health Promotion and Disease Prevention—The Establishment of "Forest Medicine"». *Environmental Health and Preventive Medicine*, 27.

Li, Q., Kobayashi, M., Wakayama, Y., Inagaki, H., Katsumata, M., Hirata, Y., y Miyazaki, Y., (2009). «Effect of Phytoncide from Trees on Human Natural Killer Cell Function». *International Journal of Immunopathology and Pharmacology*, 22(4), 951-959.

Liu, C., Herrup, K., Goto, S., y Shi, B., (2020). «Viewing garden scenes: Interaction between Gaze Behavior and Physiological Responses». *Journal of Eye Movement Research*, 13. <https://doi.org/10.16910/jemr.13.1.6>.

Oschman, J. L., Chevalier, G., Brown, R., «The effects of grounding (earthing) on inflammation, the immune response, wound healing, and prevention and treatment of chronic inflammatory and autoimmune diseases». *Journal of Inflammation Research*, 24 de marzo de 2015; 8:83-96. doi: 10.2147/JIR.S69656. PMID: 25848315; PMCID: PMC4378297.

Rogers, T., Alderman, B., y Landers, D., (2003). «Effects of Life-Event Stress and Hardiness on Peripheral Vision in a Real-Life Stress Situation». *Behavioral Medicine*, 29, 21-26. <https://doi.org/10.1080/08964280309596171>.

Scott, E., LoTemplio, S., McDonnell, A., McNay, G., Greenberg, K., Mc-

Kinney, T., Uchino, B., y Strayer, D., (2020). «The autonomic nervous system in its natural environment: Immersion in nature is associated with changes in heart rate and heart rate variability». *Psychophysiology*, e13698. <https://doi.org/10.1111/psyp.13698>.

White, M. P., Alcock, I., Grellier, J., Wheeler, B. W., Hartig, T., Warber, S. L., Bone, A., Depledge, M. H., Fleming, L. E., «Spending at least 120 minutes a week in nature is associated with good health and wellbeing». *Sci Rep.* 13 de junio de 2019; 9(1):7730. doi: 10.1038/s41598-019-44097-3. PMID: 31197192; PMCID: PMC6565732.

Capítulo 13

Akerstedt, T., Olsson, B., Ingre, M., Holmgren, M., Kecklund, G., «A 6-hour working day-effects on health and well-being». *Journal of Human Ergology* (Tokyo). Diciembre de 2001; 30(1-2):197-202. PMID: 14564882.

Al'Absi Mustafa (2007). «Stress and Addiction: Biological and Psychological Mechanisms» Elsevier Academic Press.Baier, A., Kline, A., y Feeny, N., (2020). «Therapeutic alliance as a mediator of change: A systematic review and evaluation of research». *Clinical Psychology Review*, 82, 101921. <https://doi.org/10.1016/j.cpr.2020.101921>.Benson, H., Beary, J. F., y Carol, M. P. (1974)., «The relaxation response». *Psychiatry*, 37(1), 37–46. <https://doi.org/10.1080/00332747.1974.11023785>.Bowlby, J., (1989). *Una Base Segura. Aplicaciones Clínicas de la Teoría del Apego.* Argentina: Editorial Paidós.

Brown, S. L., Brown, R. M., House, J. S., y Smith, D. M., (2008). «Coping with spousal loss: Potential buffering effects of self-reported helping behavior». *Personality and Social Psychology Bulletin*, 34(6), 849-861.

Brown, S., y Vaughan, C., (2009*). Play: How it shapes the brain, opens the imagination, and invigorates the soul.* Penguin.

Carmichael, M. S., Humbert, R., Dixen, J., Palmisano, G., Greenleaf, W., y Davidson, J. M., (1987). «Plasma oxytocin increases in the human sexual response». *The Journal of Clinical Endocrinology & Metabolism*, 64(1), 27-31.

Cousins, J., Wong, K., Raghunath, B., Look, C., y Chee, M., (2018). «The long-term memory benefits of a daytime nap compared with cramming». *Sleep*, 42. <https://doi.org/10.1093/sleep/zsy207>.

Fredrickson, B. L., Cohn, M. A., Coffey, K. A., Pek, J., y Finkel, S. M., (2008). «Open hearts build lives: Positive emotions, induced through loving-kindness meditation, build consequential personal resources». *Journal of Personality and Social Psychology*, 95(5), 1045-1062.

Gump, B., Hruska, B., Pressman, S., Park, A., y Bendinskas, K., (2020). «Vacation's lingering benefits, but only for those with low stress jobs». *Psychology & Health*, 36, 895-912. <https://doi.org/10.1080/08870446. 2020.1814958>.

Horvath, A., Re, A., Flückiger, C., y Symonds, D., (2011). «Alliance in individual psychotherapy». *Psychotherapy*, 48 1, 9-16 . <https://doi.org/10.1037/a0022186>.

Jerath, R., Edry, J. W., Barnes, V. A., y Jerath, V., (2006). «Physiology of long pranayamic breathing: Neural respiratory elements may provide a mechanism that explains how slow deep breathing shifts the autonomic nervous system». *Medical Hypotheses*, 67(3), 566-571.

Kaimal, G., Ray, K., y Muniz, J., (2016). «Reduction of cortisol levels and participants' responses following art making». *Art Therapy*, 33(2), 74-80.

Kaplan, R., y Kaplan, S., (1989). *The experience of nature: A psychological perspective*. CUP Archive.

Kattenstroth, J. C., Kalisch, T., Holt, S., Tegenthoff, M., y Dinse, H. R., (2013). «Six months of dance intervention enhances postural, sensorimotor, and cognitive performance in elderly without affecting cardiorespiratory functions». *Frontiers in Aging Neuroscience*, 5, 5.

Milner, C., y Cote, K., (2009). «Benefits of napping in healthy adults: impact of nap length, time of day, age, and experience with napping». *Journal of Sleep Research*, 18. <https://doi.org/10.1111/j.1365-2869.2008.00718.x>.

Nesvold, A., Fagerland, M. W., Davanger, S., Ellingsen, Ø., Solberg, E. E., Holen, A., Sevre, K., y Atar, D. (2012)., «Increased heart rate variability during nondirective meditation». *European Journal of Preventive Cardiology*, 19(4), 773–780. <https://doi.org/10.1177/1741826711414625>.

Park, B. J., Tsunetsugu, Y., Kasetani, T., Kagawa, T., y Miyazaki, Y., (2010). «The physiological effects of Shinrin-yoku (taking in the forest atmosphere or forest bathing): Evidence from field experiments in 24 forests across Japan». *Environmental Health and Preventive Medicine*, 15(1), 18-26.

Pennebaker, J. W., y Beall, S. K., (1986). «Confronting a traumatic event: Toward an understanding of inhibition and disease». *Journal of Abnormal Psychology*, 95(3), 274-281.

Rogers, C. R., (1981). *Psicoterapia centrada en el cliente*. Ediciones Paidós.

Russoniello, C. V., O'Brien, K., y Parks, J. M., (2009). «The effectiveness of casual video games in improving mood and decreasing stress». *Journal of CyberTherapy and Rehabilitation*, 2(1), 53-66.

Strauss-Blasche, G., Ekmekcioglu, C., y Marktl, W. (2000). «Does vacation enable recuperation? Changes in well-being associated with time away from work». *Occupational Medicine* (Oxford, England), 50(3), 167-172. <https://doi.org/10.1093/occmed/50.3.167>.

Tang, Y., Hölzel, B., y Posner, M., (2015). «The neuroscience of mindfulness meditation». *Nature Reviews Neuroscience*, 16, 213-225. <https://doi.org/10.1038/nrn3916>.

Thoma, M. V., La Marca, R., Brönnimann, R., Finkel, L., Ehlert, U., y Nater, U. M., (2013). «The effect of music on the human stress response». *PLoS One*, 8(8), e70156.

Tishby, O., y Wiseman, H. (Eds.). (2018). *Developing the therapeutic relationship: Integrating case studies, research, and practice.* American Psychological Association. <https://doi.org/10.1037/0000093-000>.

Tschacher, W., Haken, H., y Kyselo, M., (2015). «Alliance: a common factor of psychotherapy modeled by structural theory». *Frontiers in Psychology*, 6. <https://doi.org/10.3389/fpsyg.2015.00421>.

Tuten, T., y Neidermeyer, P., (2004). «Performance, satisfaction and turnover in call centers: The effects of stress and optimism». *Journal of Business Research*, 57, 26-34. <https://doi.org/10.1016/S0148-2963(02)00281-3>.

Uvnas-Moberg, K., (1997). «Oxytócin linked antistress effects—the relaxation and growth response». *Acta Physiologica Scandinavica*, 640, 38-42.

Vernooij-Dassen, M., Draskovic, I., McCleery, J., y Downs, M., (2011). «Cognitive reframing for carers of people with dementia (Review)». *Cochrane Database of Systematic Reviews*.

Capítulo 14

Kieras, D. E., Meyer, D. E., Ballas, J. A., Lauber, E. J., (2000). «Modern computation perspectives on executive mental processes and cognitive control: Where to from here?» En Monsell S., Driver J., (Eds.), *Control of cognitive processes: Attention and performance XVIII* (pp. 681–712). Cambridge, MA: MIT Press. Leroy S., (2009). «Why is it so hard to do my work? The challenge of attention residue when switching between work tasks». *Organizational Behavior and Human Decision Processes*, 109, 168–181.

Mark, G., (2023). *Attention Span: A Groundbreaking Way to Restore Balance, Happiness and Productivity.* Hanover Square Press.

Newport, C., (2022). *Céntrate (Deep Work): Las cuatro reglas para el éxito en la era de la distracción.* Península.

—, (2024). *Slow Productivity: El arte secreto de la productividad sin estrés.* Reverte Management (REM).

Ophir, E., Nass, C., y Wagner, A. D., (2009). «Cognitive control in media multitaskers». *Proceedings of the National Academy of Sciences*, 106(37), 15583-15587. <https://doi.org/10.1073/pnas.0903620106>. Pashler, H., «Dual-task interference in simple tasks: data and theory». *Psychol Bull.* Septiembre de 1994. 116(2):220-44. doi: 10.1037/0033-2909.116.2.220. PMID: 7972591.

Srna, S., Schrift, R., y Zauberman, G., (2018). «The Illusion of Multitasking and Its Positive Effect on Performance». *Psychological Science*, 29, 1942-1955. <https://doi.org/10.1177/0956797618801013>. Watson, J., y Strayer, D., (2010). «Supertaskers: Profiles in extraordinary multitasking ability». *Psychonomic Bulletin & Review*, 17(4), 479-485. <https://doi.org/10.3758/PBR.17.4.479>.

Capítulo 15

Aronsson, G., Theorell, T., Grape, T., Hammarström, A., Hogstedt, C., Marteinsdóttir, Í., Skoog, I., Träskman-bendz, L., y Hall, C., (2017). «A systematic review including meta-analysis of work environment and burnout symptoms». *BMC Public Health*, 17. <https://doi.org/10.1186/s12889-017-4153-7>.

Delroisse, S., Rimé, B., y Stinglhamber, F., (2022). «Quality of social sharing of emotions alleviates job burnout: The role of meaning of work». *Journal of Health Psychology*, 28, 61-76. <https://doi.org/10.1177/13591053221091039>.

Frankl, V. E., (2004). *El hombre en busca de sentido*. Herder. García, H., y Miralles, F., (2016). *Ikigai: Los secretos de Japón para una vida larga y feliz*. Ediciones Urano.

García, H., y Miralles, F., (2018). *El método Ikigai: Despierta tu verdadera pasión, cumple tus propósitos vitales y encuentra el sentido de tu vida*. Penguin Random House Grupo Editorial.

Hill, P. L., Turiano, N. A., «Purpose in life as a predictor of mortality across adulthood». *Psychol Sci*. Julio de 2014; 25(7):1482-6. doi: 10.1177/0956797614531799. Epub 2014 May 8. PMID: 24815612; PMCID: PMC4224996. Iacovides, A., Fountoulakis, K., Kaprinis, S., y Kaprinis, G., (2003). «The relationship between job stress, burnout and clinical depression». *Journal of Affective Disorders*, 75 3, 209-21. <https://doi.org/10.1016/S0165-0327(02)00101-5>.

Kang, Y., Strecher, V. J., Kim, E., y Falk, E. B., (2019). «Purpose in life and conflict-related neural responses during health decision-making». *Health Psychology: Official Journal of the Division of Health Psychology, American Psychological Association*, 38(6), 545–552. <https://doi.org/10.1037/hea0000729>.

Ribeiro, C. C., Yassuda, M. S., Neri, A. L., «Purpose in life in adulthood and older adulthood: integrative review». *Cien Saude Colet*. Junio de 2020; 25(6):2127-2142. Portuguese, English. doi: 10.1590/1413-8123 2020256.20602018. Epub 2018 Oct 13. PMID: 32520260.

Shiba, K., Kubzansky, L. D., Williams, D. R., VanderWeele, T. J., Kim, E. S., «Associations Between Purpose in Life and Mortality by SES». *American Journal of Preventive Medicine*, agosto de 2021. 61(2):e53-e61. doi: 10.1016/j.amepre.2021.02.011. Epub 18 de mayo de 2021. PMID: 34020851; PMCID: PMC8319073.

Thunman, E., (2012). «Burnout as a social pathology of self-realization». *Distinktion: Journal of Social Theory*, 13, 43-60. <https://doi.org/10.1080/1600910X.2012.648744>.

ALGUNAS SORPRESAS

www.carloscenalmor.com/libroextra1

www.carloscenalmor.com/libroextra2